U0512454

经信智声丛书

编写组

主　　编： 郑凯捷　熊世伟

副 主 编： 邵　祺　俞　彦　吴剑栋　黄治国　席　斌

编辑成员：

李　成　王　建　顾　晨　肖莉芳　高世超　杨　华　邱静峰

邵　娟　朱　佐　张　敏　金　毅

编写成员（按姓氏笔画排名）：

王呵成　王　建　田倩仪　刘　珊　杨　华　吴寄志　沈屹磊

沈逸婷　张春林　张渊阳　陆　游　陈燕琼　季钰姗　郑佳昀

施雨润　顾　晨　高世超　蔡晶静　蔡　懿　潘　帅　爨　谦

城市绿色转型发展

"双碳"战略和上海选择

上海市经济和信息化发展研究中心◎编著

上海人民出版社

序言

  应对气候变化是当今人类社会面临的最大挑战之一。作为世界上最大的发展中国家，中国正以前所未有的决心和行动，推动绿色低碳转型。习近平主席在第七十五届联合国大会一般性辩论上向世人郑重宣布：中国将提高国家自主贡献力度，二氧化碳排放力争于 2030 年前达到峰值，努力争取 2060 年前实现碳中和。这充分彰显了中国积极应对气候变化、推进绿色低碳发展的坚定决心和负责任大国形象。作为中国的经济中心城市，上海在这一进程中扮演着先行者和示范者的角色。《城市绿色转型发展——"双碳"战略和上海选择》一书，正是在这样的背景下应运而生。

  全书紧扣绿色低碳主题，从全球视角出发，审视了欧盟、美国、日本等国家和地区在绿色低碳发展方面的先进经验，通过对这些国家和地区碳排放交易市场、气候法案、碳中和战略等政策的分析，为读者提供一个宏观的国际比较框架，从而更好地把握上海在绿色化浪潮中的地位和作用，学习借鉴先进经验。书中还特别关注技术创新对绿色低碳发展的影响，详细介绍了国际碳捕集、利用与封存技术（CCUS）的产业化做法，以及上海在新型燃气轮机制造业、数据中心绿色低碳发展、动力电池回收利用产业等方面的创新实践。与此同时围绕数字化与绿色化融合发展，本书还重要介绍了数字孪生技术、区块链技术、太赫兹频谱开发、元宇宙、隐私计算技术、第四代半导体材料创新等方面的发展现状，揭示了数字化和智能化如何为绿色低碳发展注入新动力。在本土实践方面，本书特别聚焦于上海如何通过创新驱动实现在"双碳"目标下的绿色转型，系统地探讨了上海在这一过程中的策略选择、技术创新路径、数字化转型和产业发展路径等关键议题。

作为一部集合了智库研究成果的书籍，本书的出版，旨在记录和分享上海在绿色低碳领域的创新实践和智库洞见，为全球绿色低碳发展贡献中国智慧和上海方案。展望未来，绿色低碳发展仍将是全球和中国发展的重要方向。上海将继续发挥其在绿色低碳领域的引领作用，不断探索和实践新的绿色低碳技术、模式和产业化发展路径。智库的研究成果也将为上海乃至全国的绿色低碳发展提供更加有力的智力支持。我们也期待读者能够通过阅读本书，对绿色低碳发展有更深入的了解和认识，共同为推动绿色低碳发展贡献力量。

是为序。

经信智声丛书编辑委员会

目 录

第三编 | 绿色转型

第四编 | 绿色智能

第五编 ｜ 绿色联动

第一编
绿色嬗变

浅探中国实施"双碳"战略的选择

推进绿色低碳产业是实现碳达峰、碳中和战略目标的重要抓手。"十四五"期间，我国生态文明建设进入了以降碳为重点方向、促进经济社会发展全面绿色转型的关键时期。为此，要全面实施产业绿色发展战略，推动社会经济高质量发展。

一、中国实施"双碳"战略的外部背景

近年来，全球气候变化和极端天气现象频发，比如，2021 年亚马逊热带雨林山火持续燃烧半年，被大火吞噬的森林可能要数百年才能恢复。又如 2021 年我国河南郑州发生强降雨和洪灾，导致大量人员伤亡。根据"全球生态足迹网络"（GFN）测算，几乎每隔 10 年，"地球超载日"会提前一个月到来。凡此种种情况表明，人类生产活动的透支行为，导致地球生态超载，这不仅危害自然生态系统的平衡，而且影响人类健康，甚至威胁人类生存。

为应对气候变化，欧盟委员会公布了《关于建立碳边境调节机制的立法提案》（以下简称"碳边境税"），该提案将对中国造成较大影响。采用 2020 年我国出口数据做基础

分析，在加征欧盟碳关税情况下，我国受影响的出口规模约为 1.1 万亿美元，占总贸易额的 42.1%。如果仅对高碳行业征收碳关税，受影响的出口规模约为 4550 亿美元，占总贸易额的 17.6%。由此可见，如果征收碳边境税的话，我国出口贸易会缴纳高额的碳关税，增加企业的成本，缩减企业的利润空间，导致产品出口难度加大，继而影响我国产品在欧洲市场的贸易竞争力。

二、中国绿色低碳转型所面临的机遇、挑战和路径选择

（一）中国在绿色低碳转型过程中的机遇

1. 重塑全球能源新秩序

随着《巴黎协定》的生效，未来能源结构会发生显著变化。据能源集团 BP 预测，到 2035 年，化石能源在一次能源消费中的比重显著降低，而非化石能源的比重迅速上升，尤其是新能源。2019 年，全球可再生能源项目开发和制造业投资总额达到 3017 亿美元，远超传统发电技术的投资。由此可见，在全球清洁低碳的能源发展大势下，谁掌握了技术先进、效率高、成本低的新能源应用技术，谁就能在重塑全球能源供需格局中占据先机和主动。

当前，在全球能源版图中，中国是全球最大煤炭、石油消费国，化石能源占一次能源消费的 85%，且较为依赖进口。未来，中国将大幅度提高新能源在能源使用中的占比。根据中国能源研究会预测，到 2030 年，清洁能源合计（包括天然气和非化石能源）占比达到 34%，较 2015 年提高 16 个百分点。我国要加快在新能源技术领域取得突破性进展，加之我国可再生能源资源禀赋远超过化石能源，未来中国或将逐渐成为世界能源生产大国。这一革命性的巨大变革，将颠覆全球能源供求关系，并彻底改变全球能源格局。

2. 建立能源贸易新格局

由于碳边境税将冲击全球自由贸易体系，这将带来新能源设备、低碳产品贸易增长，构建绿色贸易体系，促进技术先进国家占据贸易优势地位。

近几年我国低碳和新能源产品的出口呈现高速增长态势，随着全球能源转型对清洁能源设备需求增加，我国低碳及新能源行业的规模效应将充分发挥，低碳产品的出口竞争优势进一步增强。此外，碳中和也将加快中国第三产业出口竞争力提升，推动我国从"制造加工贸易"转向"知识服务贸易"，未来随着我国知识型服务贸易竞争优势逐渐增强，出口增长仍有较大空间。综上所述，我国应加快工业体系尤其是制造行业的革新，

促使我国高碳行业改进技术、提高生产率，实现节能减排和优化升级，重塑中国出口竞争优势。

（二）中国绿色低碳转型所面临的挑战

1. 中国减排压力较大

中国目前尚未完成工业化进程，经济增长依赖于工业和制造业。2020年我国能源消耗总量49.8亿吨标准煤，占能源消费总量的56.8%。中国还是二氧化碳排放大国，2020年碳排放总量98.94亿吨，居全球第一，占全球总排放量30.93%。加之我国仍以化石能源为主的能源结构，大量化石能源在开采、运输、使用的各环节对自然生态环境造成严重的污染和破坏。上述情况都增加了减排的难度，而我国提出实现"双碳"目标的时间比发达国家短，更会凸显实现"双碳"目标的任务重、时间紧等压力。

2. 技术路线存在不确定性

全球推进能源清洁低碳转型，催生了一系列可再生能源新技术取得重大突破。

煤炭清洁高效转化技术。目前先进的煤化工主要是以传统煤化工为基础，以煤炭的清洁利用和高效转化为目标的现代煤化工。近年来，我国在煤炭清洁转化方面的技术发展很快，取得了一系列重大成果，对我国这种以煤炭使用为主的能源消费大国来说是重大利好，有望在煤气化、煤液化、煤制烯烃等方面处于世界领先水平。核能减碳技术。核能是低碳电力和热能的重要来源，有助于实现碳中和，缓解气候变化。我国核能资源丰富，开采前景较好，是世界上少数拥有比较完整核工业体系的国家之一，在核技术应用领域，具有较大的市场潜力。受日本福岛核电站泄漏事件影响，未来更灵活、更安全、成本更低的小型模块化核反应堆（SMR）将成为下一代核能减碳发展趋势。储能技术。储能技术对于促进能源转型方面起着至关重要的作用，发展储能技术，可最大程度平抑用电峰谷负荷，并推动煤炭消费转型升级。下一代新型电化学储能技术正处在重要突破关口，未来电池储能研究继续向高能量密度、高比功率、快速响应、高安全性、长寿命电池材料发展。能源数字化、智能化技术。随着数字化技术的发展，世界各地的能源系统联通将更加便利、高效、智能化，且更为可靠和可持续化。数字化正成为我国实现碳中和的重要路径。未来能源系统将进一步加快向智能化、数字化、网联化转型升级，能源生产、消费各环节将更优化高效。光伏发电技术。目前光伏发电技术已经较为成熟，但光伏发电存在转换效率较低、受气候环境因素影响大等缺点。未来在人口密度高、闲置土地有限的国家，漂浮式太阳能电站是极具前景的可再生能源技术。风力发电技术。风力发电技术虽然在加快应用，但受气候和地理位置影响较大，且产生电力有限，适用于缺水、缺燃料和交通不便的沿海岛屿、草原牧区、山区和高原等地带。氢能技术。氢能被誉为"终极清洁能源"，许多国家把氢能发展上升到国家能源战略高度，但我国技术水平与世界相比有较大差距，未来需要进一步发力氢能技术。碳地热发电技术。近年来，全球多国强化了对地热能资源的开发利用，但地热资源分布不平衡，且开发成本较高。未来随着石油公司加入，地热能开发或将迎来更快发展。捕集利用与封存技术。作为碳减排技术之一，其减排潜力大、可促进煤等化石能源的清洁利用，该技术目前在中国应用程度尚浅且项目规模较小。未来发展氢能和 CCUS 结合或成新方向。此外，直接空气碳捕集、生物质能碳捕集与封存等负碳技术、Allam-Fetvedt 循环技术等前沿技术尚处于研发和示范阶段，仍难以实现大规模部署。

虽然目前有较多低碳减排技术，但综合我国资源禀赋、能源战略、技术水平、环境承载力等基础条件，核能减碳技术、煤炭清洁高效转化技术、储能技术和能源数字化、智能化技术是较为适合在我国能源领域广泛应用的技术路线，应集中力量推动上述低碳技术重大突破，丰富低碳技术产品供给。

（三）中国实施"双碳"路线的技术选择

中国利用自身的体制优势和模式优势，选择切实可行的双碳技术路线，力图如期完成"双碳"目标。

1. 大力发展节能减排技术

强化产业节能减排科技推动力。要从工业、交通、建筑三大耗能产业节能为抓手，持续推动节能减排。根据相关统计数据，我国工业、建筑和交通领域二氧化碳排放占比分别为 65%、20% 和 10%，工业作为碳排放量最大的行业，减碳压力也最大。为此要大力减少在工业领域的碳排放，推动制造业向数字化、网络化和智能化转型，提高能源效率，以实现我国制造业高质量发展。同时，在交通领域，要持续以新能源 / 智能汽车推进交通节能减排；在建筑节能领域，要大力采用低碳绿色技术和装备，打造数字化与节能技术相结合的智能型生态节能建筑。

2. 大力发展新能源技术

进一步提升煤炭清洁高效转化技术。我国是煤炭消耗大国，未来，应构建我国煤炭清洁高效可持续开发利用技术和管理体系，重点研究开展煤炭 / 合成气直接转化制燃料与化学品的反应和催化基础科学问题研究；煤制清洁燃气关键技术，煤制液体燃料及大宗化学品关键技术的研究等。力争实现煤炭向科学开发方式转变，突破一批关键技术和重大装备，形成煤矿无害化开发和资源化利用技术体系，使我国成为煤炭开发国际标准制定者和技术主导者。同时，持续优化我国电力结构，减少火力发电占比；推进温室气体替代和再利用，加快研究开发对气候影响轻微的制冷剂。

三、上海实施"双碳"战略的对策建议

根据中共中央关于碳达峰、碳中和工作的部署，上海应按照"生态优先，绿色发展"总要求，服务国家战略转型升级大局，提升绿色低碳技术、绿色产品、服务供给能力，着力构建高效、清洁、低碳、循环的绿色制造体系，具体建议如下：

一是推动数字化改造，建设上海数字化低碳能源管理体系。培育一批节能降碳工程服务型企业，加强碳排放在线监测及高排放项目监管；建立新能源汽车动力电池全生命周期数字化服务平台，实现动力电池有效分级、有效使用和环保回收；建设平台化的城市再生资源公共服务平台，改变现有二手物资流转难和废旧物资回收成本高等问题，通过平台化、社群化的方式，加速城市再生资源的回收和二次开发利用，降低资源加工回收企业的成本。

二是创新碳金融，打造具有国际影响力的碳交易市场。完善碳交易市场相关制度，确立公平开放透明统一的市场规则；提升企业主动减碳减排意愿；鼓励有经验的金融机构、碳资产管理公司、第三方咨询机构甚至个人参与碳市场交易、带动碳金融产品创新，形成全民、全社会齐力推进"双碳"目标的良好局面。如推动国内商业银行在融资登记系统中增设碳排放权等环境权益的抵押登记和征信系统；加快推进上海"碳普惠"工作，探索建立区域性个人碳账户，制定个人碳配额金融激励措施，将个人生活和消费行为与减碳相联系，或与居住证和落户挂钩，或抵扣水电煤等日常账单，推动民众重视减碳，调动市民参与的积极性。

三是加快产业融合创新，加强攻克关键共性技术。联合行业企业、研究机构、高校、人才等多方力量，基于重点领域，合力攻克"卡脖子"关键共性技术，以提升产业核心竞争力。随着我国新能源产业发展，节能低碳将与集成电路、人工智能等领域融合发展，如功率半导体器件广泛应用于新能源交通、工业控制、发电与配电等电力；IGBT模块在工业领域已逐步替代 MOSFET 和 BJT，并有望大规模在电网轨交领域布局；SiC

功率器件将更多应用于新能源汽车领域；同时节能低碳技术将帮助集成电路产业提升器件功率，减少能耗，降低挥发性有机废气（VOCs）排放。

四是加大财政扶持力度，助力新能源产业发展。新能源产业将促进上海的配套产业发展，应加强财政扶持，推动工商业园区、工商业企业甚至个人家庭投资新能源，如光伏和风电；针对储能产业，对企业投资的储能项目，可按储能量进行补贴，储能设施可对高功率充换电产业发展提供支撑，同时给予储能运行补贴，如移峰填谷每 kwh 给予一定金额补贴，大型储能项目参与虚拟电厂交易的可给予更多补贴金额。

参考文献：

【1】郑俊镗：《绿色低碳产业引导经济体系变革的对策建议》，载《上海工业》2022年第 1 期（总第 129 期）。

【2】连平：《碳中和对我国外贸的挑战与对策》，载《新金融》2022 年第 1 期。

【3】贤集网：《主要国家 / 地区能源技术发展战略及前沿技术最新动态及趋势》，https://www.xianjichina.com/special/detail_498946.html。

欧盟发展碳排放交易市场的经验及启示

目前，欧盟碳排放交易市场在法规基础、交易制度、监管机制等方面处于全球领先地位，被认为是全球其他国家学习的范式之一。上海是国家碳排放权交易市场交易中心所在地，学习借鉴欧盟的相关做法有助于进一步健全交易中心功能，推动全国碳排放交易市场发展。

发展碳排放交易市场是利用市场机制引导企业低碳化转型的重要措施，也是国际社会普遍的共识和做法。其中，欧盟碳排放交易市场发展最早、规模最大、影响广泛，被认为是全球其他国家学习的范式之一，也是我国探索发展碳排放交易市场的重要方向。上海是我国碳排放交易市场"双中心"之一，学习借鉴欧盟的相关经验做法有助于进一步完善碳排放交易中心功能，助力全国碳排放交易市场发展。

一、欧盟发展碳排放交易市场的经验做法

欧盟碳排放交易市场启动于 2005 年 1 月 1 日，是目前全球建立最早、规模最大、覆盖最广的碳市场，具有较为准确的价格发现以及完善的市场交易功能，已经基本实现资源配置与市场运行效率的最优化，在市场框架、法规基础、交易制度、监管机制等方

面积累了丰富的发展经验。

（一）确立目标明确的市场基本框架

在欧盟降低碳排放阶段性目标的指引下，欧盟碳排放市场（EU ETS）建立了典型的限额与交易（Cap and Trade）体系。市场的减排效果主要依靠压降总配额，即通过逐年降低的限额实现总量控制目标，并利用碳交易引导资金在实体经济不同部门及不同环节流转，实现碳约束下的经济发展效率最优化。目前，全球大部分的碳交易市场也均遵循这一框架。

（二）制定完善的法规制度基础

欧盟委员会主要通过基础性法规和技术性法规两方面对 EU ETS 进行制度保障。基础性法规由欧盟层面制定，对各成员国具有普遍约束力，主要对 EU ETS 的目标、原则和基本内容做出了总体性的规定。其中，对关于碳排放配额分配方式及对碳排放监督、报告与核查的规定等是基础性法规的核心。在发展过程中，欧盟委员会曾多次根据市场发展需求在市场覆盖范围、交易成本、结构性改革等方面做出修正。技术性法规是欧盟层面指定的技术性规则，以保障各成员国在统一的规则之下颁布适用于本国的法律制度，主要围绕设立统一登记簿、安全标准、配额拍卖、MRV（监测、报告、核查）、重复计算等技术问题展开。在这一制度体系下，欧盟既保持了市场主体框架的统一性，也保证了各成员国具有足够的灵活修正空间，保障了市场的整体稳定运行。

（三）确定配额与市场交易品种

碳排放配额的确定是碳市场的核心环节之一，直接影响了碳交易市场运行的最终成效。在 2013 年之前，由于历史数据的缺失以及减少推行阻力的考虑，EU ETS 主要采用"祖父法"＋免费分配的方式实现，即根据各企业的历史碳排放数据免费给予企业碳排放配额，并限制配额的跨期使用。这一做法显然违背了"污染者付费"的基本原则、扭曲了市场公平，导致长期以来的碳价疲软、市场交易低迷。2013 年之后，EU ETS 采用"基准线法"＋有偿分配法，即碳排放强度高的设施依据其产量将得到少量配额，并且配额拍卖的比例被逐步提高以强化市场化的价格发现作用。2020 年，EU ETS 约有 60% 的配额是通过拍卖发放的，其中发电行业从 2013 年起几乎完全得不到免费配额。2021 年之后，欧盟则要求碳排放量呈每年 2% 的线性下降趋势，因此预计未来 EU ETS 将有更大的拍卖比例。

随着欧盟碳金融的不断发展以及国际低碳化共识的确立，EU ETS 的市场交易品种向国际化和金融化两方面不断扩充。目前，EU ETS 主要的现货交易品种包括欧盟碳排放配额（EUAs）、欧盟航空碳排放配额（EUAAs）及《京都议定书》项下的减排单位（ERUs）及核证减排量（CERs）[①]；碳金融交易品种主要是相关碳期货产品。

（四）不断完善市场碳价机制

在市场发展过程中，EU ETS 建立了多种交易制度，以强化市场的碳价发现功能。一是逐渐扩大市场规模。EU ETS 的覆盖范围从最初的电力及能源密集型行业，逐步扩展至航空业及钢铁水泥等特定产品的生产以及碳捕获行业，使得碳交易规模不断上升，进一步趋近实际的社会减碳成本。二是设立稳定碳价机制。通过市场稳定储备机制（MSR）收回富余配额，并限制 ERU 及 CER 的交易数量，来应对市场供过于求的状态，达到了传递长期稳定碳价信号的目的。三是发展碳金融产品。主要通过发展碳期货交易，并利用杠杆效应显著提升了市场交易的活跃度以及交易主体的风险管理水平。四是完善监管制度。EU ETS 建立了完善的信息披露水平、交易规则、履约机制等市场规则，并根据实际情况进行及时调整。以超额排放的惩罚为例，2005 年企业二氧化碳排放每超标 1 吨将被处以 40 欧元的罚款，从 2008 年开始罚款额提升至每吨 100 欧元，并将在次年的排放许可额度中扣除相应数量，以此来引导企业逐步加大减碳力度。

二、欧盟发展碳排放交易市场对上海的启示

EU ETS 为全国碳排放权交易市场提供了具有指引性的发展经验，也体现了国内碳

---

① 减排单位（ERUs）：根据《联合国气候变化框架公约》，发达国家和经济转型国家之间基于减排项目产生的减排量被称为"减排单位"（Emission Reduction Units，ERUs），项目的东道国可以将 ERUs 转让给那些需要额外的排放权才能兑现其减排义务的国家，依此抵消其减排任务。

核证减排量（CERs）：根据《京都议定书》，附件一国家与非附件一国家（发展中国家）基于减排项目的合作机制，项目产生的减排量被称为"核证减排量"（Certified Emission Reductions，CERs），非附件一国家可以将 CERs 出售给附件一国家，依此抵消其减排任务。

市场未来发展的部分趋势。上海是全国碳排放权交易市场交易中心所在地，在国家统一部署下负责承建全国碳交易系统平台、交易机构建设等工作。为进一步完善交易中心功能，支撑全国碳市场发展，建议上海在国家统一领导部署下，重点围绕完善交易机制、发展碳金融市场、发展交易主体三方面进一步探索谋划。

（一）根据市场需求及时优化改进交易管理机制

根据 EU ETS 交易品种由少到多、配额拍卖比例逐步上升等发展经验以及国内碳市场实际情况，及时完善主体履约机制、竞价规则、主体管理、信息披露等细则，平衡释放市场交易活力和防范市场风险的两方面需求，探索利用大数据等技术手段提升市场监管效能。在国家碳交易相关制度不断完善的背景下，及时修订交易市场的交易细则，满足交易市场逐渐扩容的发展需求。协同武汉登记结算中心，探索设立碳价稳定机制，助力提升市场交易价格的信号功能。

（二）协同金融中心优势培育发展碳金融

依托上海金融要素齐全、金融业务创新活跃、金融基础设施完备、金融人才资源聚集的优势基础，将碳金融方向作为未来上海国际金融中心发展的重点着力方向之一，支持发展一批碳金融投资机构，持续推进碳金融业务创新，重点发展碳基金、碳债券、碳质押等产品。支持相关机构提前谋划碳期货等金融衍生品，有序推进碳金融衍生品的创新和入市。依照欧盟相关经验，积极探索建立碳金融风险管理机制，做好金融产品交易规模管控，形成有序、稳健、活力的交易格局。

（三）鼓励主体参与助力提升减碳效率

进一步加强碳交易市场的宣传推广，推进企业开户服务和投资者教育，提升交易主体的参与度和交易意识。支持石化、化工、钢铁等碳排放量高的行业企业提前做好参与碳交易的准备工作，积极参与碳市场交易，并通过碳交易助力上海"双碳"目标实现，促进低碳技术创新，引导提升产业低碳发展水平。充分利碳交易市场获利机会带来的激励机制，进一步激发企业低碳化转型的动力，引导上海低碳化转型成效显著的企业不断提升碳资产的管理能力，以低碳技术实现企业整体效益增值。

参考文献：

【1】白丹、李霁晨：《国内外碳交易市场监管制度的比较分析——以监管机构设置为视角》，载《商》2014年第2期。

美国史上最大"气候法案"细节、影响及建议

  2022 年 8 月 16 日，美国总统拜登签署《2022 年降低通胀法案》，法案包含高达 3690 亿美元的气候条款，被民主党视为国会中期选举前的重大胜利。借此法案，美国计划到 2030 年减排 40% 的二氧化碳，并通过税收优惠，将美国生产的绿氢价格降至全球最低水平，不仅有望使美国成为氢能产业的全球引领者，还将彻底改变全球能源市场格局。我国"十四五"规划将氢能列为六大未来产业，上海正加快布局绿色低碳"新赛道"。美国"先发制人"的政策举动，预计将在全球氢能市场产生"鲶鱼效应"，可能引发新一轮低碳"政策竞赛"，也将对我国和上海氢能产业发展产生不可低估的外溢影响。

  《2022 年降低通胀法案》(以下简称《法案》)，将提供总额高达 4330 亿美元的补贴，用于税收、健康和气候三大领域的变革。其中规模达到 3690 亿美元的气候条款（以下简称"气候法案"）是法案的重中之重，尤其是其中涉及清洁氢气的生产支持计划，在补贴力度上不亚于此前引发广泛关注的"芯片法案"，如顺利实施将大幅压低清洁氢生

产成本，首次实现绿氢对灰氢的成本优势，扫除绿氢大规模商用的障碍，由此对全球氢能产业产生重大影响。具体分析如下。

一、细节

首先，"气候法案"雄心勃勃、力度空前、目标明确，影响不容低估。在目标上，作为"美国历史上最大刀阔斧的清洁能源一揽子计划"，"气候法案"将使美国到2030年减排约40%。在项目上，已明确5大类、共24条投资项目，涉及能源成本、能源安全、经济脱碳、弱势群体和农村复原力。在资金上，3690亿美元的投资总额中，已有约1841亿美元得到了具体分配，电力部门脱碳、能源制造业（如太阳能电池板、风力涡轮机制造）等几个项目各获得了高达300亿美元的税收抵免。一旦落实，将产生"鲶鱼效应"，对全球范围清洁能源领域的投资、生产、消费、贸易格局等产生深远影响。

其次，法案采用严格的清洁氢标准界定和精密设计的税收抵免方式，将有力引导美国的清洁氢生产。在概念确定上，《法案》以氢气生产中排放的二氧化碳当量来界定"合格的清洁氢气"——须符合每千克氢气生产的生命周期二氧化碳排放量不超过4千克的标准。在抵免额的计算中，基本税收抵免率固定为0.6美元/千克，并根据氢气生产中的生命周期温室气体排放率（经"无关的第三方"核实）确定浮动规模。排放率低于 $0.45\,kgCO_2e/kgH_2$ 的生产，可享受100%浮动规模的税收抵免。

此外，值得借鉴的是，法案引导清洁能源生产企业致力于创造更多高薪就业岗位。《法案》要求，对于"合格的清洁氢气"生产设施的建造（或改造/修复），生产者及其承包商、分包商所雇佣的工人、机械师的工资，不应低于现行费率，即在当地建造（或改造/修复）一个类似设施的费率，且该数值须遵循劳工部长的决定。对于符合上述条件的生产者，可将其税收抵免额在原本基础上乘以5倍。因此，绿氢生产可获得最高每千克3美元的补贴，将美国的绿氢生产成本降至约每千克0.73美元的水平。

最后，为确保实施效果，后续还将有细则出台。有关绿氢生产税收抵免的具体操作，相应部长将于《法案》生效之日起的一年内颁布相关条例——依据其决定，对生命周期温室气体排放率的判断、建造工人现行工资的界定、"无关第三方"核实方式的制定等作出具体规定。条例出台之后，生产者将依据部长的要求开展规范操作。

二、影响

依据《法案》的规定，对于清洁氢气生产的税收优惠将持续 10 年，支持力度和持续时间将对美国氢能行业和国际氢能体系产生深远影响。绿氢条款及"气候法案"的具体影响如下。

（一）绿氢税收优惠对美国本土市场的影响

绿氢将发挥价格优势，占据至少 1000 万吨的市场规模。首先，就价格而言，根据 Researchnews 的研究分析，目前世界灰氢最低月均价为 1.71 美元 / 千克（位于美国中西部），而美国绿氢生产成本经 3 美元 / 千克的最高税收抵免后，可降至 0.73 美元 / 千克，仅为灰氢最低价格的 43%。除非天然气定价降为 0，灰氢将不再相比绿氢拥有价格优势。第二，就市场潜力而言，短期来看，目前灰氢年用量为 1000 万吨，将成为低价绿氢的直接潜在市场。长期来看，叠加可再生能源税收抵免（价值 30 美元 / 兆瓦时）后，绿氢将始终保持成本优势，低价绿氢将应用于更多工业部门（如水泥和玻璃制造）和运输场景（公路运输），市场潜力巨大。①

（二）"气候法案"对美国本土市场的影响

美国可再生能源行业的增长步伐将加快、社会福祉将提升。首先，能源行业对"气候法案"有积极展望。美国清洁电力协会（ACP）预测，到 2030 年，该"气候法案"有望推动共计 525—550 吉瓦规模的可再生能源项目，并创造 55 万个就业机会。② 国际能源咨询公司伍德麦肯兹（Wood Mackenzie）预计，在政策鼓励下，到 2035 年，3690 亿美元的"气候法案"将释放 1.2 万亿美元的总投资规模。③ 普林斯顿大学气候专家杰

---

① 数据来源：Recharge: "Why the US climate bill may be the single most important moment in the history of green hydrogen", 2022.08.09.（部分数据源于标普全球普氏能源资讯、Keynumbers 平台、欧洲氢能报告）https://www.rechargenews.com/energy-transition/analysis-why-the-us-climate-bill-may-be-the-single-most-important-moment-in-the-history-of-green-hydrogen/2-1-1275143。

② Recharge: "US climate bill could spur 550GW clean power build and half-a-million new jobs: ACP", 2022.08.04.（源于美国清洁电力协会的分析）https://www.rechargenews.com/wind/us-climate-bill-could-spur-550gw-clean-power-build-and-half-a-million-new-jobs-acp/2-1-1272675。

③ 华尔街见闻：《美国参议院通过史上最大气候法案　全球吹响新能源"冲锋号"》，2022 年 8 月 8 日。https://baijiahao.baidu.com/s?id=1740565176469161137&wfr=spider&for=pc。

西·詹金斯（Jesse Jenkins）预测，温室气体排放量最大的交通领域将减少 2.8 亿公吨的排放。[①] 第二，在社会福祉方面，"气候法案"将降低消费者的能源成本、提升弱势群体的生活质量，并将农村社区置于气候治理的最前沿。此外，由于烟灰排放量减少，每年将有超过 3500 人可避免因吸入污染物而过早死亡。

（三）绿氢税收优惠对国际市场的影响

低价绿氢将为美国吸引大量外部投资，并在全球市场上彰显价格优势。首先，美国市场将发挥国际吸引力。目前全球绿氢市场的投资潜能巨大，美国作为首批出台优惠政策、同时也是补贴力度最大的国家，预计将迅速吸引众多已有投资意向的绿氢开发商、设备制造商。第二，《法案》生效后，美国生产的绿氢将达到全球最低价格。对于欧洲竞争者和印度、中国、澳大利亚等有志于引领绿氢行业的国家，其相关政策仍未使绿氢生产具有价格优势。目前，仅有美国的抵免方案能够确保绿氢价格低于蓝氢和灰氢，以吸引全球投资者，进而推动绿氢生产扩张和绿氢国际市场的开拓。对于其他国家而言，将有较大的竞争挑战。

（四）"气候法案"对国际市场的影响

也有观点认为，美国将致力于借此从中国夺回发展势头，并压低国际产品价格、提升自身影响力。首先，美国将努力减少对中国市场的依赖。根据《卫报》相关报道，目前，中国是世界领先的太阳能电板、电池和其他清洁能源材料的制造商。美国此《法案》中将 300 亿美元分配于风力涡轮机、太阳能电板、电池等的制造税收抵免，将激励本土能源材料制造技术的进步。其次，参考太阳能行业发展的经验——在大量投资中产生了价格骤降的效应，未来，"气候法案"的大量投资也可能进一步压低可再生能源和清洁技术的国际价格。此外，业内人士认为对抑制全球变暖的实际贡献将有望改善美国的形象，并吸引其他国家效仿美国的减排行动。[②]

---

① The Guardian: "Climate bill could slash US emissions by 40% after historic Senate vote", 2022.08.07. https://www.theguardian.com/environment/2022/aug/05/us-climate-bill-slash-emissions-analysis-biden.

② Ibid.

三、建议

对中国而言，在大力发展氢能产业、追求国际领先地位的过程中，一旦美国成功将绿氢价格降低至全球最低水平，将对我国氢能市场形成较大冲击。中国既要借鉴美国的经验，又要警惕美国此项法案中的潜在问题，从而加速氢能，尤其是绿氢产业的发展。

一是加大资金投入，加速技术突破。目前，我国绿氢制造技术仍然有待攻破，相关瓶颈问题导致绿氢生产成本较高。可以借鉴美国《法案》中的绿氢生产税收抵免措施，通过较大力度的优惠政策，帮助绿氢生产者降低成本，并充分调动企业自主研发、技术攻关的积极性，从而早日取得技术突破、争取绿氢技术领域的国际领先地位。

二是加强工资要求，保障劳动收入。《法案》的绿氢生产相关条款中，"现行工资"要求具有举足轻重的地位，可将税收抵免额度扩大至 5 倍。比如，对于温室气体排放率处于最低区间的氢气生产，满足工资要求可以使单位氢气抵免额从 0.6 美元扩大到 3 美元，在成本中占比从 16% 提升至 80%。媒体指出，这将使绿氢开发者的生产成本降低几百万美元。[①] 不仅如此，在"气候法案"的其他抵免项目中，也都提出了类似要求，此举可以在很大程度上保障工人群体的工资收入，值得参考借鉴。

三是限制补贴上限，警惕超额支出。在 2004 年，为了促进光伏发电的发展，西班牙曾启动了无限制的高额光伏电价补贴。然而，由于补贴的激励效果是预期的十倍，项目超额支出严重，最终造成了西班牙光伏行业夭折、数千例破产、国家投资信用降低的局面。目前，美国《法案》中的绿氢条款也未有对税费抵免上限的规定，存在类似的超额支出隐患。在中国补贴氢能和绿氢生产的过程中，应及时设置补贴上限，避免此类问题。

四是确保政府监管，加强项目核查。《法案》要求由"无关的第三方"对绿氢生产进行检验，然而并未明确其聘请费用由谁负担，这会导致巨大隐患。由于税费抵免可带

---

① Recharge: "Why the US climate bill may be the single most important moment in the history of green hydrogen", 2022.08.09. https://www.rechargenews.com/energy-transition/analysis-why-the-us-climate-bill-may-be-the-single-most-important-moment-in-the-history-of-green-hydrogen/2-1-1275143.

来数百万美元的收益，因此，如果由绿氢开发者支付查验费用、同时政府监管不到位，加上贿赂行为已是美国油气产业巨头的惯例，则无法保证第三方检验结果的可靠性。在中国国内有关项目认证与检测环节中，政府可指定权威的第三方，并加强监管措施，防止此类漏洞。

四、总结

虽然《法案》面临日后被美国共和党政权推翻的风险，但气候与能源相关条款已得到了美国国内诸多利益集团和能源巨头的支持，此类政策延续的可能性仍然较大。中国应充分发挥产氢量优势，借鉴他国经验、改进本国方案，从而优化资源利用、加快灰氢向绿氢转化，争取氢能产业的世界领先地位。

附件：美国《2022 年降低通胀法案》内容摘要

一、目标和举措

（一）三大目标

总额 4300 亿美元的《降低通胀法案》[①]，旨在（1）减少碳排放，推动消费者转向绿色能源，同时（2）降低老年人的处方药价格，并（3）加强对企业和富人的税收执法。

（二）相应举措

1. 气候方面："美国历史上最大刀阔斧的清洁能源一揽子计划"。

• 美国将在应对全球变暖影响方面进行有史以来最大规模的投资；

• 目标：到 2030 年将温室气体排放量减少 40%；

• 举措：将 3690 亿美元用于气候变化和清洁能源，主要内容涉及 5 大方面（详见表 2），其中第二部分颇受市场重视。

2. 医保方面：降低部分处方药价格，并将奥巴马医改补贴延长至 2024 年。

• 降价：将首次授权美国政府与制药公司谈判某些药物的成本，以降低美国老年人的药物价格；

• 补贴：医疗保险补贴的延长惠及数百万人。

---

① 法案原文及相关内容详见：美国参议院民主党，"2022 年降低通胀法案"网页，https://www.democrats.senate.gov/inflation-reduction-act-of-2022。

3. 税收方面：增加了美国国税局的执法力度，将向年收入超过 10 亿美元的大型公司征收 15% 的最低税率，还将对股票回购征收 1% 的消费税。

- 执法：将增加 87000 名联邦税务代理，进一步审查个人和公司的纳税申报表，以抓捕逃税者。
- 公司税：预计将筹集 3130 亿美元，在增加的总收入中占比超过 40%（详见表 1）。
- 股票回购税：可能减缓股市需求，但这一举措是为了争取民主党参议员吉尔斯滕·西内马（Krysten Sinema）的"沉默的第 50 票"（通过 1% 的消费税来弥补附带权益税条款的取消，可以带来约 5 倍于附带权益措施的收入）。

二、程序阶段

- 2022 年 8 月 7 日，参议院民主党人以 51 票赞成、50 票反对的表决结果通过了该项法案；
- 2022 年 8 月 12 日，众议院以 220 票赞成、207 票反对的表决结果通过了该项法案；
- 当地时间 2022 年 8 月 16 日，该法案由美国总统拜登签署成为法律。

三、具体预测

表 1　收支预测 [①]

增加的收入（估算值）	7390 亿美元
15% 最低税率	3130 亿美元
处方药价格改革	2880 亿美元
国税局税收执法	1240 亿美元
附股权益漏洞	140 亿美元
投资总额（国会预算办公室的规划值）	4330 亿美元
能源安全与气候变化	3690 亿美元
平价医疗法案（奥巴马医改补贴）延续	640 亿美元
赤字总额将减少：	＞ 3000 亿美元

[①] 数据来源：美国参议院民主党，《2022 年降低通胀法案概要》，www.democrats.senate.gov%2Fimo%2Fmedia%2Fdoc%2Finflation_reduction_act_one_page_summary.pdf。

四、能源、气候相关的具体项目

表2　能源安全与气候变化投资法案-项目汇总 [①]

1. 降低消费者能源成本	
目标：减轻高昂的能源成本、减少公用事业费用	
项目内容	项目金额
（1）消费者家庭能源补贴计划： 　　主要针对低收入消费者，用于家用电器电气化和节能改造	90 亿美元
（2）能源消费税收抵免（10 年）： 　　使家庭更节能、更多使用清洁能源，使热泵、屋顶太阳能、电动暖通空调（HVAC）和热水器费的费用更实惠	暂无
（3）清洁动力车辆消费税收抵免： 　　针对中低收入个人提供——为购买二手清洁动力车辆提供 4000 美元的消费税收抵免，为购买全新清洁动力车辆提供最高 7500 美元的税收抵免	暂无
（4）拨款计划： 　　使经济适用房更加节能	10 亿美元
2. 美国能源安全与国内制造业	
目标：缓解通胀、降低未来价格冲击的风险（超过 600 亿美元投资）	
项目内容	项目金额
（1）生产税收抵免： 　　用于加速美国太阳能电池板、风力涡轮机、电池和关键矿物加工制造业的发展	300 亿美元
（2）投资税收抵免： 　　用于建造清洁技术制造设施，例如制造电动汽车、风力涡轮机和太阳能电池板的设施	100 亿美元
（3）国防生产法案（Defense Production Act）： 　　法案中的 5 亿美元用于热泵和关键矿物加工	5 亿美元
（4）拨款计划： 　　用于改造现有的汽车制造设施，以制造清洁动力汽车，确保汽车制造业的就业机会留在当地社区	20 亿美元
（5）贷款项目： 　　用于在全国建设新的清洁能源汽车制造设施	200 亿美元
（6）研究款项： 　　用于国家实验室加速突破性能源研究	20 亿美元

① 信息来源：美国参议院民主党，《2022 年降低通胀法案中的能源安全和气候变化投资概述》，www.democrats.senate.gov%2Fimo%2Fmedia%2Fdoc%2Fsummary_of_the_energy_security_and_climate_change_investments_in_the_inflation_reduction_act_of_2022.pdf

（续表）

3. 实现经济脱碳	
目标：减少每个经济部门的碳排放	
项目内容	项目金额
（1）清洁电力和能源存储领域： 清洁电力和能源存储的税收抵免，以及大约300亿美元的有针对性的拨款和贷款计划，用于各州和电力公司加速向清洁电力的过渡	300亿美元
（2）清洁燃料和清洁商用车领域： 为清洁燃料和清洁商用车辆提供税收抵免和补助，以减少运输部门中所有部分的排放	暂无
（3）工业制造领域： 赠款和税收抵免，以减少工业制造过程中的排放，包括近60亿美元投入于一个新的先进工业设施部署项目、针对目前排放量最大的项目（如化学厂、钢铁厂和水泥厂），以减少排放量	（含）60亿美元
（4）政府采购领域： 超过90亿美元用于联邦政府采购国产的清洁技术，以创造一个稳定的清洁产品市场，其中30亿美元用于美国邮政服务采购零排放车辆	超90亿美元
（5）技术应用领域： 270亿美元的清洁能源技术加速器，用于支持减排技术的部署，特别是在贫困社区的部署	270亿美元
（6）甲烷排放领域： 一项减少甲烷排放项目，以减少在天然气生产、分配中的泄漏	暂无
4. 投资于社区正义、环境正义	
目标：通过环境正义优先事项（600多亿美元），推动对弱势社区的投资	
计划亮点	项目金额
（1）环境和气候正义基金： 投资于贫困社区和社区能力建设中心的社区主导项目，以解决污染和气候变化有关的不成比例的环境、公共健康损害	30亿美元
（2）邻里访问和公平赠款： 第一，支持邻里交通出行的平等性、安全性和可负担性；第二，有竞争力的赠款用于重新连接被现有基础设施障碍分割的社区，减轻交通设施或建设项目对弱势/服务匮乏的社区的负面影响，并支持公平的交通规划和社区活动	30亿美元
（3）减少港口空气污染的赠款： 支持在港口购买和安装零排放设备和技术	30亿美元
（4）清洁动力车辆投资： 用于清洁动力的重型车辆，比如校车、公交巴士和垃圾车	10亿美元
上述关注弱势群体、低收入群体的项目对环境正义也很重要	

（续表）

5. 农业生产者、林地所有者和有复原力的农村社区	
目标：确保农村社区处于气候解决方案的核心和最前沿	
项目内容	**项目金额**
（1）支持气候智能型农业操作	超 200 亿美元
（2）支持健康且防火的森林、森林保护和城市植树	50 亿美元
（3）税收抵免和拨款： 支持国内生物燃料生产、建设可持续航空燃料和其他生物燃料所需的基础设施	暂无
（4）保护和恢复沿海栖息地，保护依赖这些栖息地的社区	26 亿美元

图 1　减排效果预测 ①

五、氢气生产的税收优惠 ②

法案全文并未强调氢能。比如，在能源投资领域，法案中要求发展清洁能源（含生物燃料、可持续航空燃料和清洁氢气）；在运输部门减排领域，法案中要求推进清洁动

①　图源：The Guardian: "Climate bill could slash US emissions by 40% after historic Senate vote", 2022.08. 07. https://www.theguardian.com/environment/2022/aug/05/us-climate-bill-slash-emissions-analysis-biden

②　内容定位：《清洁的氢气》（第 13204 章节）位于法案原文 "Title 1—Committee on Finance" 中 "Subtitle D—Energy Security" 的第二部分，即 "Part 2—Clean Fuels"（PP. 319—345）。

力商用车的发展。但是，根据相关报道，对氢气生产的支持可能是气候投资法案中最具变革性的内容[①]，尤其是针对由清洁能源生产的绿氢。

能源投资部分中，对于绿氢生产税收优惠的政策内容如下（适用时间为 2023 年 1 月 1 日至 2032 年 12 月 31 日）：

（一）绿氢生产税收抵免

1. "合格的清洁氢气"界定标准

- 排放率要求：对于每千克氢气生产，排放不超过 4 千克的二氧化碳。

- 其他要求：产地、归属、用途、第三方查验等。

- 与《2021 年清洁氢气生产和投资税收抵免法案》[②]的标准不同：

2021 年法案对"合格的清洁氢气"的界定为：与甲烷水蒸气重整制氢（灰氢）相比，生命周期温室气体排放量减少了至少 40% 的制氢流程所产生的氢气。

2. 绿氢生产税收抵免额计算

抵免额 = 合格的绿氢产量（千克数）×0.6（美元）× 浮动规模（百分比）

- 浮动规模与生命周期温室气体排放率成反比，最高可达 100%。

表 3　绿氢生产税收抵免百分比的确定标准

二氧化碳排放量（每千克氢气）	浮动规模
2.5—4 千克	20%
1.5—2.5 千克	25%
0.45—1.5 千克	33.4%
低于 0.45 千克	100%

- 按公式计算后，还需进行通胀调整，并四舍五入、保留 1 位小数点。

3. 更大规模的抵免

符合现行工资要求（以及绿氢生产设施的建造 / 修理时间要求）的合格绿氢生产，

---

① 信息来源：华尔街见闻，"美国参议院通过史上最大气候法案　全球吹响新能源'冲锋号'"，2022 年 8 月 8 日。https://wallstreetcn.com/articles/3667018。

② US 117th Congress (2021—2022): Clean Hydrogen Production and Investment Tax Credit Act of 2021. https://www.congress.gov/bill/117th-congress/house-bill/5192/all-info?r=78.

可获得 5 倍于原先价值的抵免额度。

- 现行工资要求：纳税者需要确保任何其或其承包商 / 分包商所雇佣的、从事建造（或改造 / 修复）绿氢生产设施的工人和机械师的工资，不得低于现行费率——在当地建造（或改造 / 修复）一个类似设施的费率。
- 该"现行工资"须遵循劳工部长的决定
- 因此，绿氢生产的最高抵免额度可达每千克 3 美元。

（二）绿氢生产用电抵免

- 从可再生能源发电中获取电力的清洁氢项目，可以要求获得可再生能源项目的生产税收抵免；
- 适用条件规定：使用场景、用途、第三方查验等。

（三）绿氢生产设施被视为能源资产

- 绿氢生产抵免不可与碳捕捉设备抵免同享，但允许将绿氢生产设施视为能源资产，使绿氢生产抵免与能源税收抵免同享；
- 该能源资产的"能源百分比"同样与生命周期温室气体排放率成反比，最高可达 6%。

表 4 绿氢生产设施中能源资产百分比的确定标准

二氧化碳排放量（每千克氢气）	能源百分比
2.5—4 千克	1.2%
1.5—2.5 千克	1.5%
0.45—1.5 千克	2%
低于 0.45 千克	6%

《日本 2050 年碳中和绿色增长战略》的借鉴

　　积极应对气候变化是当今世界大势所趋，世界各国和地区都采取了一些政策来强化减碳力度，催生了新一轮能源技术和产业革命。日本经济产业省于 2020 年 12 月 25 日发布了《日本 2050 年碳中和绿色增长战略》，提出了较为清晰的愿景目标、实施计划和路径图，这对上海如何积极采取更加有力的政策和措施，助力实现我国宣示的"碳达峰、碳中和"目标，具有一定的借鉴作用。本文着重介绍了该战略的主要内容及海上风电产业、氢能产业、汽车和蓄电池产业、半导体和通信产业、航空业等重点行业的发展要点，并提出上海加快绿色产业布局的建议。

一、《日本 2050 年碳中和绿色增长战略》的主要内容

　　2020 年 10 月，日本宣布了到 2050 年实现碳中和目标。据先进能源科技战略情报

研究中心的《日本 2050 年碳中和绿色增长战略》一文显示[1]，为实现这一目标，日本政府将最大限度部署可再生能源，届时电力需求比目前增加 30%—50%，约 1.3—1.5 万亿千瓦时，但约 50%—60% 的发电量将由可再生能源提供，氢气和氨气发电约占 10%，核电和配备 CO_2 回收设施的火力发电约占 30%—40%。根据模型预测，该战略实施预计在 2030 年、2050 年分别为日本带来年均 90 万亿日元和 190 万亿日元的经济效益。

（一）《日本 2050 年碳中和绿色增长战略》的战略概要

该战略指出，以破坏环境为代价的经济增长时代结束了，一个全新的经济增长机遇期是要创造"经济与环境良性循环"的产业政策，即绿色增长战略。从国家层面看，为便于找到预期增长的领域和产业，日本政府将提出实现 2050 年碳中和的能源政策和能源供需前景，作为进一步讨论的有价值参考，并根据不同行业"量身定制"推进措施，促进产业结构和社会经济变革。

1. 明确战略实施的核心是能源行业

将电力行业脱碳化作为大前提，电力部门在可再生能源、氢能发电、火力发电 +CO_2 回收利用以及核能上发力。工业、交通运输业和建筑业也加快"电气化"发展，并着力推进电力储能、数字基础设施建设。日本政府将全力支持民营企业大胆投资、创新绿色技术应对挑战，要彻底改变能源行业过去的商业模式和策略。

表 1　能源行业的绿色发展战略及重点领域

能源种类	发展战略	预期增长的领域和产业
可再生能源	最大限度部署可再生能源及配套系统，降低成本、协调周边环境，合理利用储能电池	海上风能、储能电池
氢能发电	最大限度采用氢能发电，并扩大供应量和需求量，完善基础设施，降低成本	氢能产业
火力发电 +CO_2 回收利用	作为一个应大力发展的产业，要发展技术适度开发，降低成本。必须将火力发电控制在最小限度（特别是亚洲）	碳回收和氨燃料产业
核能	提高安全性、稳步重启。在尽可能减少依赖的同时，继续最大限度利用	开发具有优异安全性的下一代反应堆

数据来源：先进能源科技战略情报研究中心。

---

[1] CASEnergy：《日本 2050 碳中和绿色增长战略》，《先进能源科技战略情报研究中心》微信公众号（https://mp.weixin.qq.com/s/GizeOy6OugOqKt15GZzHrg，发布时间：2021.2.9，访问时间：2021.6.22）

表2 其他行业（除能源行业外）的碳中和绿色发展战略

	行业类别	发展战略
相关行业	工业	氢还原炼铁等制造工艺的变革
	交通运输业	电气化、生物燃料、氢燃料
	建筑业	电气化、氢能、储能电池的利用
电力储能、数字基础设施建设	电力	智能电网（系统运营）、太阳能和风能的供需调整，基础设施的维护和检查等
	交通运输业	自动驾驶（汽车、无人机、飞机、铁路运输等）
	工业	自动化工厂、机器人等
	建筑业	智能家居（可再生能源＋电力储能）、服务机器人等

数据来源：先进能源科技战略情报研究中心。

2. 明确14个重点领域实施目标、计划和路线图

日本政府对有望推动碳中和与经济增长目标的14个领域，设定了实施计划和2050路线图。分别为：能源相关产业的海上风电产业、氨燃料产业、氢能产业、核能产业；交通运输、制造业相关产业的汽车和蓄电池产业、半导体和通信产业、船舶产业，交通物流和基建产业、食品、农林和水产业、航空产业，碳循环产业；建筑相关产业的下一代住宅、商业建筑和太阳能产业、资源循环相关产业、生活方式相关产业。

此外，该战略也提出了可能面临的问题。如，可再生能源高比例并网，波动性、基础设施、成本控制等；火电＋CO_2回收技术和氢能发电，相关技术依然处于开发、示范阶段，其应用取决于今后的技术和产业发展阶段。

（二）《日本2050年碳中和绿色增长战略》的政策工具

预算方面，日本政府将在十年内设立一个2万亿日元的绿色创新基金，作为推进企业研发和资本投资的激励手段。税收方面，建立促进碳中和投资和研发的税收优惠制度，预计在未来十年内撬动约1.7万亿日元的民间投资。金融方面，建立碳中和的转型金融体系，设立长期资金支持机制和成果联动型利息优惠制度（3年内1万亿日元的融资规模），大力引导尖端低碳设备投资超过1500亿元，成立"绿色投资促进基金"提供风险资金支持，推进企业信息公开促进脱碳融资。监管改革与标准化方面，加强制定环境监管法规和碳交易市场、碳税等制度激励优先使用无碳技术，制定减排基数和设备国

际标准，向国际市场推广应用。国际合作方面，加强与美欧的国际合作，从争取市场的角度推进与新兴经济体的双边和多边合作。

二、《日本 2050 年碳中和绿色增长战略》重点领域的实施内容

（一）海上风电产业

发展目标：到 2030 年，海上风电装机容量 10 GW，2040 年达到 30—45 GW，国产化率达到 60%，同时在 2030—2035 年间将成本降低至 8—9 日元 /kWh。

实施计划：一是创造具有发展潜力的国内市场，通过调整专属海域规则以及政府早期参与推动达成新项目的加速开发；完善基础设施，优先考虑应用可再生能源，并研究建立直流电输电系统。二是吸引投资，打造有竞争力且可靠的国内供应链，产业界提高国内采购率，降低成本；通过对公开竞标时稳定提供产品服务的供应商加分以及加大对供应链建设的支持来提升供应商竞争力；改善行业环境，对行业进行规范化管理，培养海上风电行业人才。三是开发新一代浮动式海上风电技术，并抢占市场，着眼于亚洲范围内的下一代技术开发，在 2021 年制定"技术开发路线图"，对浮动式海上风电等技术开发提供基金支持；进行国际标准化和以未来市场开发为主要内容的双边政策对话。

（二）氢能产业

发展目标：到 2030 年，年度氢供应量增加到 300 万吨，氢气供应成本 30 日元 /Nm^3。到 2050 年，年度氢供应量达到 2000 万吨，氢气供应成本降至 20 日元 /Nm^3 以下。

实施计划：一是氢应用，燃氢发电装置提前投放市场并出口到亚洲等地，开展燃烧稳定性实证示范，加速商业化应用；氢燃料电池车辆开发国内市场，并向海外出口，通过支持政策加速氢燃料电池车辆和加氢站的规模化应用；支持开发氢还原炼铁技术，在世界上确立技术领先地位。二是氢供给，氢输运船舶等通过示范和创造需求扩大产氢规模，进一步降低制氢成本，在 2030 年前实现商用化，相关设备进行国际标准化，对外出口设备和技术等；氢生产方面的电解槽装置通过扩大规模和升级技术来降低成本，提高国际竞争力，向可再生能源成本低廉的海外市场出口并部署国内市场。

（三）汽车和蓄电池产业

发展目标：到 2030 年代中期时，实现乘用车新车销售 100% 为电动汽车；到 2050

年实现合成燃料成本低于汽油价格。

实施计划：一是加速电动汽车普及，包括扩大电动汽车部署和基础设施建设，有效利用车辆燃料排放标准、推进公共采购、扩大充电基础设施、支持部署和促进换购等措施；强化动力电池、燃料电池、发动机等电动汽车相关技术开发、完善供应链、价值链，支持开发数字化基础设施等；变革汽车使用方式，促使用户选择和使用电动汽车，打造可持续的出行服务。二是车用燃料碳中和，支持合成燃料规模化和技术发展，进行应用研究，并建立集成制造工艺以实现商业应用。三是建立蓄电池产业，大规模投资动力电池、矿产资源和材料以降低成本，支持部署固定应用的储能电池；通过研发提升全固态锂离子电池、新型电池性能，开发高速、高质量、低碳生产工艺，发展电池回收、循环再利用产业等；在动力电池生命周期 CO_2 排放可视化、材料合理采购、促进循环再利用等方面制定国际规则和标准，标准化家用电池性能指标，设计储能电池进入电力调节市场方案等。

（四）半导体和通信产业

发展目标：到 2030 年，数字化相关市场规模达到 24 万亿日元，数据中心服务市场规模 3 万亿日元，数据中心投资规模 1 万亿日元，所有新建数据中心节能 30%；扩大实用化部署，半导体市场产生 1.7 万亿日元的市场市值。到 2040 年，实现半导体和通信产业的碳中和目标。

实施计划：一是通过数字化提高能源消费的效率和减少 CO_2 排放（数字化绿色），包括为社会和企业推广数字化技术；扩大数据中心投资的国内采购，协助采购绿色电力的数据中心选址，并支持部署可再生能源；加快电力基础设施建设，支持下一代通信基础设施实际应用的研发与标准化。二是数字设备、工业的节能和绿色化（绿色数字化），包括支持下一代低功率半导体的研究开发、示范、设备投资，支持数据中心和信息通信基础设施节能的研发与开发，数据中心使用部分可再生能源电力。

（五）航空业

发展目标：到 2030 年，确立航空设备电气化技术、混合动力电气化技术。到 2050 年，实现 20 人以下小型飞机完全电气化、100 人以下小型飞机的混合动力部署。2035 年以后正式投入使用氢动力飞机。生物燃料 2030 年达到与现有燃料相同的价格（100 日

元 / 升)，合成燃料 2050 年实现低于汽油价格的成本。

实施计划：一是电气化，支持发展混合动力和纯电飞机，在加强与欧美厂商合作的同时，通过产学研影响国际标准制定并占领海外市场；进一步降低复合材料的轻量化和制造成本，开发用于未来航空发动机的创新材料。二是氢动力飞机，开发掌握氢燃料动力系统的核心技术，并考虑氢供应相关的基础设施和供应链建设。三是喷气燃料（生物燃料：利用藻类培养的生物喷气燃料），通过规模化生产降低成本，扩大供给，实施大规模示范，扩大具有竞争力的生物喷气燃料供应。四是喷气燃料（生物燃料：从发电厂和工厂等回收的 CO_2 和氢气合成的液体燃料），支持合成燃料的技术开发和规模化生产，开发创新的新技术和流程，并建立统一的制造工艺，以实现商用化。

三、启示和建议

2021 年 1 月 13 日，国家生态环境部《关于统筹和加强应对气候变化与生态环境保护相关工作的指导意见》中提出，抓紧制定 2030 年前二氧化碳排放达峰行动方案，鼓励能源、工业、交通、建筑等重点领域制定达峰专项方案。2024 年全国两会政府工作报告中也明确提出了要扎实做好碳达峰、碳中和的各项工作。上海作为改革开放的"排头兵、先行者"，在疫情后经济复苏的当下，"双碳"目标也是实现上海产业高质量发展的聚焦点与推动力，而《上海市 2021 年节能减排和应对气候变化重点工作安排》的发布也让上海的低碳转型有了掌舵方向。建议借鉴国际经验，加强顶层设计，综合运用多种政策工具，推进产业链、创新链、金融链融通发展，加快培育产业绿色发展的新动能。

（一）研究制定行业专项方案，完善绿色经济生态

对照全国"双碳"时间表，以及上海"十四五"规划纲要提出的 2025 年前实现碳达峰的要求，科学地谋划部署产业推进方案，分时间段、行业领域、区域范围编制专项规划及路线图，按每年、五年、十年等不同阶段精准分解目标任务，研究制定与之相对应的产业政策，明确和落实保障措施，并加强部门协调与动态监管。充分把握碳排放权交易市场、国家绿色发展基金等平台落户上海，一批碳金融首单产品已在上海发行的契机，通过碳交易市场激活碳金融，着力构建"双碳"投融资机制和适应碳中和发展的金融风险管理机制，为上海乃至全国的重点行业企业提供绿色金融服务。

（二）加强技术创新政策导向，推动绿色产业发展

发挥上海人才、科创优势，引导企业聚焦低碳转型持续创新，着力突破能源、产业等领域实现碳达峰碳中和的重大技术瓶颈，积极发展海上风电、氢能、新能源汽车等新兴产业领域，鼓励企业逐步提升可再生能源利用率，优化能源结构。推动上海交通大学碳中和发展研究院等研发机构，加快国际前沿低碳、零碳、负碳技术的研究、技术标准和规范制定，推动节能降碳环保关键技术创新策源，为构建上海现代化生态产业体系提供技术支撑。鼓励企业积极参与生态环保领域的国际公约、国际标准制定，借鉴先进的低碳零碳理念与技术，推进与日本、欧盟等国家和地区的技术合作。

（三）促进数字技术全面赋能，提升低碳减排能力

数字化将有助于能源效率的大幅提高，重点推进 ICT 行业的可再生能源电力及碳回收改造，积极推广数字化技术，打造上海标杆绿色数据中心。加速数字技术赋能能源传输、能源运营和能源消费等环节，增强合同能源管理、环境污染第三方治理、环境托管、虚拟电厂等新模式的应用推广。支持制造业企业开展全产业链智能化、绿色化改造，加强智能产品和系统方案应用，提升生产过程智能化管理技术水平，培育一批具有示范带头作用的低碳无碳企业，并形成可复制的改造模式。利用数字化手段进行减碳、零碳、碳回收活动的运行监测、数据分析以及方案模拟，有效降低政府对生产生活污染的监督管理成本。

发达国家的氢能战略对上海的启示

　　近几年，氢能因其清洁、高效、来源广泛以及可再生等特点越来越受到各国政府、科技界和企业界的关注，逐步成为全球能源研究的一个热点。美国、日本、英国、德国等发达经济体纷纷出台氢能源战略，试图抢占氢能源发展的制高点。学习和借鉴各国氢能的发展经验，对我国和上海的氢能产业发展和能源转型大有裨益。

一、发达国家氢能发展战略和经验借鉴

（一）发达国家氢能发展战略

1. 日本是最早提出氢能源战略并付诸实施的国家

日本一次能源供给严重依赖进口，福岛核事故加剧了日本对化石能源的依赖，化石燃料进口量激增，公众对核电的情绪急剧恶化，不仅阻碍了政府的核电计划，还加剧了日本能源未来重大决策的政治环境波动，基于上述原因，日本政府加快了氢能源的发展进程，于2017年发布了"氢能源基本战略"，期望摆脱能源长期依赖进口的现

状，创建一个绿色低碳，自主可控的能源体系。该战略意在创造一个"氢能社会"，主要目标包括实现氢能与其他燃料的成本平价，建设加氢站，替代燃油汽车（包括卡车和叉车）及天然气及煤炭发电，发展家庭热电联供燃料电池系统，以削减碳排放并提高能源自给率，同时，日本政府还将重点推进可大量生产、运输氢的全球性供应链建设。

2. 德国是继日本之后，又一个重视发展氢能的国家

2020 年，德国出台《德国国家氢能战略》，为德国的氢能源技术转型做出了重要的指引，凸显了德国政府大力支持和发展洁净二次能源的壮志雄心，也预示着曾经制约氢燃料电池技术的氢能产业链也即将迎来变革。它不但进一步确保了德国在氢能源技术的开发和出口方面可以继续发挥国际先驱的领导作用，同时也为德国在本土氢能市场的建设与欧盟的经济复苏计划之间找到平衡。主要目标包括：建立氢技术，并在此基础上建立作为能源转型核心要素的无碳能源，为氢技术的加速发展创造监管环境，降低实施氢技术的成本，创造全球氢市场，通过促进与创新氢技术有关的研发和技术出口，加强德国公司及其竞争力。

3. 澳大利亚力争成为具有国际影响力的氢能出口国

澳大利亚联邦政府 2020 年发布了《国家氢能战略》，确定了 15 大发展目标 57 项联合行动，旨在将澳大利亚打造为亚洲三大氢能出口基地之一，并计划到 2030 年，澳大利亚进入亚洲氢能市场的前三名，成为有国际影响力的氢能出口国，同时在氢安全、氢经济以及氢认证方面走在全球前列。

4. 英国借助氢能产业，推动英国经济绿色复苏

2020 年 8 月，英国氢能特别工作组发布的《氢经济影响力评估》报告指出，新冠肺炎疫情给英国带来了严重的经济动荡和失业，而发展氢经济将在这一关键时期扮演重要角色，不仅为英国提供成本效益较高的深入脱碳之路，帮助其实现净零排放目标，同时也带来了新的经济增长和就业机会。报告预计，到 2035 年，氢能产业将为英国创造 180 亿英镑的产值和 7.5 万个工作岗位。报告从英国上游制氢领域的优势，中游氢能储运带来的就业机会，以及下游氢能应用，实现脱碳目标等方面，阐述了发展氢能对英国的重要意义。

5. 美国发布氢经济路线图

美国燃料电池和氢能源协会（FCHEA）于 2019 年发布美国氢经济路线图。路线图

规划从 2020 年到 2022 年，实现氢能在小型乘用车、叉车、分布式电源、家用热电联产、碳捕捉等领域的应用。到 2030 年，美国氢能经济每年可产生约 1400 亿美元的收入，并在整个氢价值链中提供 70 万个工作岗位。到 2050 年，氢气将占据美国能源需求 14% 的比例；它可以通过每年创造约 7500 亿美元的收入和累计 340 万个就业机会来推动经济增长。

（二）发达国家氢能战略对上海的启示

一是各国普遍将氢能作为高效洁净的能源载体，以及替代石油和天然气等化石燃料的终极方案，对于当前以天然气为主要能源供给的上海，可以考虑将氢能作为能源转型的一个方向，逐渐发展以清洁能源为主体的新一代电力系统，形成一个绿色低碳、自主可控的能源体系，力争未来成为全国首个清洁能源之城。

二是各国都致力于将氢能产业作为推动经济增长的重要驱动力，力争实现经济增长和减排脱碳的双赢目标，上海也应该尽早建立起氢能产业体系，通过氢能的生产和消费等产业链的带动，推动氢能基础设施建设，创造新的产业和就业机会，拉动区域经济增长，促进经济高质量发展。

三是德国正与其他欧盟成员国和国际伙伴一起联手，塑造全球氢气市场，除了在气候保护方面作出贡献外，氢技术还涉及许多具体工作，和广阔的全球市场，氢及其合成次级产品在未来将在全球范围内扮演更重要的角色，上海应考虑并尽早建立起自己的氢能价值链，创建氢能交易平台以及氢能价格体系，力争在未来全球氢能市场上尽早占据优势地位。

二、上海发展氢能的瓶颈

（一）完善的天然气供应体系，使得氢能发电推进缓慢

一方面，天然气是上海当前能源供应的主体，经过多年的建设，上海已经基本形成"7+1"多气源、多通道格局，拥有西气东输一线和二线、洋山进口 LNG、川气东送、东海气，以及来自江苏如东的天然气和在建的上海第二 LNG 项目，形成了强大的保障能力，天然气储备最多能够保障上海 15 天的市场消费。另一方面，燃气发电技术和发电效率持续提高，烟尘、SO_2、NOx 排放量持续下降，减排降碳成果显著，电力系统对氢能发电的需求不是很迫切。

（二）氢燃料电池车难撼动动力电池汽车地位

上海当前新能源车市场需求旺盛，拉动磷酸铁锂、纯锂电等动力电池需求持续增长，同时，基于我国动力电池技术世界领先、产能世界规模最大等情况，市场更期待固态电池等新一代动力电池的应用落地。另外，同如火如荼的建设充电桩相比，加氢站的建设面临多重困难，也制约了氢燃料电池车的推广应用，市场对氢燃料电池车的发展仍持观望态度。

（三）氢能安全标准体系有待建立

氢气作为一种工业气体受到严格管制，在储运等各环节的安全保障尤其重要，特别是作为氢能储运的中心节点之一的加氢站，在设计、建设、运营中，防泄漏、防静电、防爆等问题都必须有妥善的安全保障措施，并且需要建立更为完善的安全标准和监督体系，另外在加氢站的选址设置方面，也会受到周边环境特别是人们对于安全的担忧的影响。

三、上海发展氢能的对策建议

（一）从顶层部署，推动氢能技术研发应用

对氢能技术的研发应用过程进行管理，研究制定详细的氢能关键技术研发路线，通过任务分解，将研发任务分配到相关的科研机构，一方面，融合企业的开发能力和大学的研究能力，推进项目的研究开发工作；另一方面，为新技术的应用落地，做好技术认证和标准制定，并提供政策法规等方面的支持。

（二）扩大氢能应用试点

推进化工行业的氢能源再利用应用示范，石油化工是上海传统优势产业，工业副产氢充足，尾气提纯氢气成本较低，可通过对供能设施的改造，建立以能效为核心的更易于"循环"的能源系统，最大程度实现副产氢能源的再利用，逐步实现化工行业的去碳化。

推进氢能在热电联供领域的研发应用推广，发挥热电联供设备高可靠性，自动化程度、效率高等优点，以及可根据客户热电负荷需求进行设计和制造的特点，推动氢热电

联供设备的研发生产，推广应用于各个工业园区和产业园区等领域，打造低碳、绿色的分布式能源供给。

加快氢能特色产业园区建设，以氢燃料电池汽车示范应用带动产业做大做强，大力发展氢燃料电池商用车、系统及零部件、加氢站等氢能主体产业，从而带动"氢+"学科的发展，同时通过加快基础设施建设、加强核心技术研发、推广氢能技术应用等措施，促进区域氢能产业融合发展。

（三）加强国际合作

加强同全球各国在氢能研发、人才交流、示范推广，以及氢能智能社区建设中的相互合作，推动制定长期的政策框架支持大规模部署氢能，通过规模效应降低氢能生产和应用成本，推进大规模可再生能源的整合发电、跨部门和跨地区的能源分配，提高能源系统的抗御能力，加速在氢能运输、建筑热能、电力及工业领域的脱碳过程。

零碳城市的探索及启示

2021 年 11 月在格拉斯哥举行的第二十六届联合国气候变化大会（Cop26）上，各国就《巴黎协定》实施细则达成共识，确定将全球升温幅度控制在 1.5 摄氏度以内。城市聚集大量人口和经济活动，城市碳排放占全球碳排放总量的 70% 以上，因此城市在全球经济低碳转型中肩负着特殊重要的责任，零碳城市的探索对全球可持续发展有着重要意义。

为实现"将全球升温幅度控制在 1.5 摄氏度以内"的目标，21 世纪中叶全球要实现深度减排，到 21 世纪末要实现净零排放，《巴黎协定》缔约各国不断更新减排计划，保持未来十年减排势头，积极探索低碳发展新模式。一些国家和城市积极推进零碳城市的探索及实践，并取得了一些进展。

一、零碳城市的概念内涵

随着城市可持续发展理念的不断推进，专家学者等提出了低碳城市、海绵城市、生态城市等不同的城市概念，从内涵来看它们是紧密联系、相辅相成的，共同促进城市可持续发展理论的发展完善。

低碳城市是以二氧化碳排放为量度，侧重城市交通、建筑、生产与消费等领域的发展与化石能源消耗所产生的温室气体（主要是二氧化碳）排放之间的关系，强调降低城市能源消耗，减少二氧化碳排放。海绵城市侧重于城市建设与水文生态系统的关系，从城市建设材料与雨洪管理角度，强调城市应对水文自然灾害的弹性。生态城市侧重人与自然的关系，强调城市人工系统与自然生态系统的关系，生态城市具有最为宽泛的可持续发展内涵，是一切生态系统关系和谐发展的总和。

零碳城市，顾名思义，就是碳排放为零的城市，是城市低碳化发展过程的极致目标，但是，零碳并不是完全没有碳排放，而是指在减排的基础上，通过技术手段将生产过程中产生的二氧化碳进行吸收和回收，从而实现对环境的零负担。目前主要以两种途径建设零碳城市，一种是以碳中和方式，通过植树造林或购买碳信用等形式抵消城市碳排放来实现零碳；另一种则是城市运行过程中完全依靠可再生能源，通过零碳交通、零碳建筑、零碳园区、零碳家庭等城市功能系统的零碳，真正实现零碳排放。因此，零碳城市是最大限度减少温室气体排放的环保型城市，也是一种生态城市。

二、世界各地零碳城市建设的探索实践

据统计，目前全球40%以上碳排放量来自工业，20%来自交通，40%来自楼宇，推动这些领域的降碳减排将成为实现零碳城市的关键。

（一）世界各地积极探索零碳城市建设的实践

1. 以新技术、新方法、新理念推进零碳城市建设

欧洲各国力推各种类型的"零碳建筑"，如英国的西格玛零碳排放住宅与"自维持"住宅，通过屋顶的太阳能热水器及涡轮式风力发电机为整栋建筑物提供部分电力需求，完善的废水利用系统提升水资源的利用效率，建筑隔热保温材料的使用有效降低冬天暖气及夏天冷气的需求，照明系统和供电系统的改建进一步降低建筑的能耗使用。德国巴斯夫的"三升房"，因采用加强建筑围护结构的保温性能、设置可回收热量的通风系统、截热技术等措施，使房屋每平方米用于供暖所消耗的燃料仅需三升而得名。

2. 以可再生能源城市实现碳中和城市

西班牙耶罗岛是全球首个100%可再生能源岛屿；瑞典马尔默市、丹麦提斯特德市、

德国小镇达尔德斯海姆均已实现 100% 可再生能源热力及电力；瑞典耶姆特兰省可再生能源实现 100% 电力、90% 热力的供应；丹麦洛兰岛和萨姆索岛的可再生能源能满足 100% 电力、70% 热能的需求；德国阿尔蔡市 2010 年实现 100% 可再生能源发电；冰岛的雷克雅未克全部利用地热取暖；美国俄亥俄州辛辛那提市是第一个向居民提供 100% 绿色电力的美国主要城市；美国密苏里州岩石港是第一个 100% 风力发电的美国城市；加拿大卡尔加里到 2012 年 1 月实现 100% 使用绿色电力。

3. 以零碳科技产业园倒逼产业转型

无锡作为我国经济总量破万亿的地级市，于 2020 年 3 月率先提出打造零碳城市的工作目标。无锡市编制落实碳达峰行动方案，率先探索建立零碳基金、零碳技术产业园，不断加大对"用能大户""排放大户"的技术改造，淘汰落后产能。同时，加强对低碳经济、产业绿色低碳转型的支持，开展碳中和先行示范区、"零碳排放"示范工程，推行"碳普惠制"等。无锡将以零碳科技产业核心区进行试点示范，以此带动 22 平方公里的零碳科技园建设，并进一步推动 220 平方公里的高新区全覆盖，实现绿色低碳循环高质量发展，推进碳达峰目标的实现。

（二）零碳城市建设的主要特点

一是加强新兴技术的开发利用，在建筑、交通、工业等领域积极应用各类新兴技术，最大限度减少碳排放，这已成为建设零碳城市的主要路径。

二是以可再生能源切入零碳城市建设，积极应用可再生能源替代化石能源，通过建设 100% 可再生能源城市、碳中和城市等实现建设零碳城市的目标。

三是欧洲城市普遍较为积极，德国城市的参与度更高，德国可再生能源发电量的份额已从 1990 年的 3.1% 增加到 2020 年的 49.3%，接近 50%。从零碳城市发展趋势来看，在少数国家大范围出现零碳城市的可能性在增大。

四是逐步由偏远小镇向大中城市发展，零碳城市试点始于一些孤立的岛屿或偏远的小城镇，因这些地方使用化石能源成本高，且能源需求总量小。随着可再生能源成本降低和大规模地开发利用，将使大中城市加入零碳城市建设成为可能。

三、对上海建设零碳城市的启示

碳达峰、碳中和是一场广泛而深刻的经济社会变革，上海应积极探索低碳发展新模式，加快打造零碳城市。

（一）加快能源结构调整

改变以煤炭为主体的一次能源结构，提升可再生能源在一次能源消费增量中的占比。发挥规划引导和约束作用，多元化发展非化石能源，有序推进核电建设、大力发展风电和太阳能发电，因地制宜推动生物质能、地热能等其他可再生能源的开发利用。

（二）大力推行绿色用能模式

采取更加严格的能耗标准，推动工业、建筑、交通等重点行业和领域非化石能源替代和用能方式改变，加快发展新能源汽车、建筑光伏一体化等绿色用能模式，实现工业、交通、楼宇等领域的减排。

（三）以数字技术提升能源利用效率

以数字化驱动绿色化发展，发挥数字技术在能源利用方面的积极作用，柔性协调城市供电系统中新能源上网的份额，确保电网运行安全。采用实时反馈机制，加强对城市内各主体的碳减状态进行实时监控，有效监管碳减指标的落实情况。

（四）积极推进零碳智慧园区建设

从园区设计开始就要考虑零碳，积极利用新技术实现比特＋瓦特的结合，兼顾低碳和园区智慧化运营，从而对能源利用和碳排放的管控更加智慧高效，同时，鼓励采用储能技术和新能源替代，加大清洁能源利用。

（五）广泛动员推行碳普惠制

借鉴江苏、广东等省经验，推行碳普惠制试点，鼓励小微企业、社区家庭和个人加入到低碳减排的行列中，以碳减排认证鼓励全社会践行低碳行为，推动节能减排、新能源发展、生态补偿、普及公众低碳意识等。

参考文献：

【1】陈迎、娄伟：《国外零碳城市探索与反思》，载《瞭望》2018 年第 9 期。

【2】《海绵城市与生态城市、低碳城市三者关系》，http://www.hbyln.cn/enwap/news_detail.aspx?channel_id=17&category_id=128&id=928，发布时间：2018.12.19。

数字技术赋能绿色低碳经济高质量发展路径分析

  中国向世界作出庄严承诺，将力争 2030 年前达到二氧化碳排放峰值，努力争取 2060 年前实现碳中和，这将为中国经济社会各方面带来全新的发展机遇。在我国致力于向碳达峰、碳中和迈进的过程中，数字经济无疑将发挥不可替代的重要作用，也将为自身带来绝好的发展机遇。未来数字空间将唱响"双碳"发展主旋律，数字经济将驱动低碳转型新跨越，数字技术将赋能行业绿色低碳发展，数字生活将引领绿色低碳新风尚，数字平台将推动生态文明进入新境界。

  近年来，以大数据、人工智能为代表的新一代信息技术迅猛发展，数字经济已成为引领全球经济社会变革、推动我国经济高质量发展的重要引擎。与此同时，围绕实现碳达峰碳中和目标要求，我国坚持以高质量发展为引领，以低碳发展为关键，促进经济社会发展全面绿色转型。数字经济和低碳经济，已经成为引领中国经济实现结构转型的重要方向，也将成为推动中国经济高质量发展的主要驱动力。

一、数字经济驱动绿色低碳转型的内涵和主要意义

（一）数字经济驱动绿色低碳转型的内涵

数字经济是人类通过大数据（数字化的知识与信息）的识别-选择-过滤-存储-使用，引导、实现资源的快速优化配置与再生、实现经济高质量发展的经济形态。在技术层面，包括大数据、云计算、物联网、区块链、人工智能、5G通信等新兴技术；在应用层面，"新制造""新零售""新消费"等都是其典型代表。

绿色低碳经济发展符合联合国《巴黎协定》制定的气候目标，有助于减缓全球气候变化，应对气候危机和极端天气，密切关系到人类文明的存续；凸显高效率、高质量、低污染等特征，不以牺牲环境为代价开展工业生产，也不以牺牲经济增长为代价降低排放消耗，符合长期可持续发展的要求；为国际合作带来新机遇，且绿色发展作为全人类的共同命题，其国际合作符合各国共同利益，有望独立于其他国际矛盾与竞争。

一方面，数字经济是继农业经济、工业经济之后的一个崭新的经济发展阶段，是经济社会发展的全新模式，不是传统经济发展方式下的简单调整，随着新一轮科技革命和产业变革深入发展，数字经济已成为世界各国抢抓发展新机遇、塑造国际竞争新优势的焦点。另一方面，绿色低碳经济与数字经济的性质不同，不能被称为经济发展的一个阶段，而是经济发展的一种方式或一条发展路线。

（二）数字经济赋能绿色低碳转型发展的重要意义

无论是全球各国提出的经济复苏方案，还是我国提出的"新基建"，都不约而同地将"数字化"和"绿色化"列为两大方向。自碳中和目标提出后，绿色低碳经济与数字经济也逐渐成为未来中国社会经济发展的两大主流，并不断实现有机衔接和深入融合。数字技术与低碳经济的有效联动具有重要意义，数字技术不仅提升了相关产业的国际竞争力，更有助于在坚持绿色可持续发展目标的基础上同时提高产业经济的发展效率和质量，进一步推进碳中和目标的实现。但数字经济和绿色低碳经济之间的联动不是割裂的，而是相互促进、相互渗透、相互驱动进化，最终实现生态共赢。

一是数字经济将从供给端对节能减排产生一系列影响。随着数字经济的发展，生产的中间环节将逐步精简化，资源投入和碳排放也会随之减少，数字技术也有助于更好地激励企业参与节能减排。通过数字化技术与传统产业的深度融合，将促进传统产业和企

业减少对资源能源的消耗，进一步促进传统产业转型升级和产业链结构的优化。数字经济的蓬勃创新为绿色低碳发展赋予了极大的动能，包括工业、能源、交通等，通过开展数字技术创新以改变低效率、高耗能、高排放的生产方式，已成为实现绿色低碳转型的最有效方式，并有助于加强数字技术设施的互联互通和绿色发展的信息共享，为实现碳中和目标提供硬件和软件基础。

二是碳数据要素交易的市场，将是数字经济发展中最大应用场景之一。当前世界各国建立并逐步完善的碳排放权交易市场，通过碳交易市场实现低碳转型的方式，本质上是在发展数字经济。而关于绿色低碳发展作为中国未来的社会经济发展方向，将为数字经济的创新方向和发展模式等提供重要指引，如相关数字企业可探索如何与工业企业开展绿色数字合作与创新，制定针对性的绿色低碳转型生产方案；云计算、大数据等数字技术可探索如何推动区域碳减排的监测与评估等。

三是新型信息基础设施可能给低碳转型发展带来额外的压力。"十四五"既是我国"双碳"发展的关键时期，也是我国新型基础设施建设的重要窗口期，新型基础设施不仅自身是节能减碳的重要领域，更是赋能千行百业进入绿色低碳发展道路的助推器。随着经济社会数字化发展的提速，新型基础设施进入快速发展期，可能会产生对于能源需求和碳排放的增长问题，其能耗总量大幅上升，低碳转型发展面临较大压力。既要积极推动新型基础设施的节能降耗，更要充分发挥信息基础设施绿色赋能作用，推动数字经济和绿色低碳经济有效联动。

二、数字经济赋能绿色低碳经济转型值得关注的问题

《中共中央关于制定国民经济和社会发展第十四个五年规划和二〇三五年远景目标的建议》描绘了2035年基本实现社会主义现代化的远景目标，明确要求深入实施可持续发展战略，促进经济社会发展全面绿色转型，建设人与自然和谐共生的现代化。国务院印发的《"十四五"数字经济发展规划》提出，"到2025年，数字经济核心产业增加值占国内生产总值比重达到10%"。《规划》指出，发展数字经济是把握新一轮科技革命和产业变革新机遇的战略选择。数字经济是数字时代国家综合实力的重要体现，是构建现代化经济体系的重要引擎。从内容来看，《规划》部署了"优化升级数字基础设施、充分发挥数据要素作用、大力推进产业数字化转型、加快推动数字产业化、持续提升公共服务数字化水平、健全完善数字经济治理体系"等八大任务。它还明确了数字经济发

展主要指标：到 2025 年，IPv6 活跃用户数达到 8 亿户；千兆宽带用户数达到 6000 万户；软件和信息技术服务业规模达到 14 万亿元；工业互联网平台应用普及率达到 45%；全国网上零售额达到 17 万亿元；电子商务交易规模达到 46 万亿元；在线政务服务实名用户规模达到 8 亿。《求是》杂志发表了《不断做强做优做大我国数字经济》重要文章，文中提到"加强关键核心技术攻关、加快新型基础设施建设、推动数字经济和实体经济融合发展、推进重点领域数字产业发展、规范数字经济发展、完善数字经济治理体系、积极参与数字经济国际合作"。国家发改委发布《大力推动我国数字经济健康发展》一文，提出要集中力量推进关键核心技术攻关，加快实现高水平自立自强；适度超前部署新型基础设施建设，夯实数字经济发展基础；深入推进传统产业数字化转型，加快数字技术和实体经济深度融合。

对标数字经济和绿色低碳经济联动的相关要求，仍亟待重点关注一些问题，如制造业相关企业要加强通过数字技术推动节能低碳的创新研发投入，不断克服技术难点；数字型绿色技术初创企业存在资金上的短板，整体上缺少足够的融资支持，亟须建立普惠型的绿色创业融资体系和面向中小微绿色企业的多元化融资模式；数字企业和工业企业可以探索技术合作以推动企业绿色转型，但目前双方因业务差异缺乏相互了解，且对数字经济和绿色经济未来的前景认识也存在不足，亟须尽快建立高效、协同、互利的业务合作模式。

三、数字经济赋能绿色低碳经济转型的重要路径

数字经济是绿色低碳发展的重要引擎，推动数字经济赋能绿色低碳经济转型就是在夯实社会发展的"绿色基石"。

（一）数字＋产业低碳转型，扩展绿色低碳经济发展边界

在保持传统产业经济增长的同时，以数字化手段提升绿色低碳经济效益和效果。即使全面进入数字经济阶段，仍然会有一定比例的传统经济产业，特别是原来工业经济阶段的关键产业，在低碳化改造方面存在较大难度，若继续沿用原来绿色低碳经济发展的手段，效果提升基本微乎其微。基于数字科技赋能而形成的产业低碳转型模式，全面引入程序、系统、模型等新型生产工具，引入数据等新型生产资料，对传统产业进行数字化改造，才能发掘传统产业隐藏的低碳发展潜力，进而提升数字经济的低碳化水平。

（二）数字＋低碳生活风尚，夯实绿色低碳经济数据基础

全面理解数据作为数字经济发展阶段最为重要的生产资料的重大经济意义和社会价值，利用数据对数字经济阶段低碳生活的模式、手段、思想进行深入分析，从而对低碳生活自身不断自审、自省、自改。数据在工业经济阶段也被使用，但没有像数字经济阶段这样被上升到生产资料地位。正是这种对数据的高度重视，让数字经济阶段的低碳生活能够以数据为基础，对自身进行改造，从而充分发挥优势，预测绿色低碳发展中可能出现的问题，倡导基于互联网和数字技术推行的低碳生活风尚模式。

（三）数字＋碳汇价值实现，推动全社会参与绿色低碳经济

数字经济阶段生产关系的变革，彻底改变了绿色低碳经济在数字经济中的发展模式，让数字治理与低碳治理能够高度统一，为绿色低碳经济发展形成自上而下的高速通道。基于数字技术而搭建的生态系统碳汇价值实现应用或创新，数字经济阶段生产工具的广泛普及与数据生产资料的易得性，全面改变原有工业经济下的生产关系，为全社会参与低碳经济发展提供了丰富的实践场景，社会所有群体都有可能从宏观和微观的角度审视低碳经济发展过程，并对绿色低碳经济发展提出建议。

（四）数字＋空间载体支撑，形成绿色低碳经济集合效应

绿色低碳经济发展实践与特定区域内的经济发展紧密相连，而这种连接性最突出的一个属性就是空间载体。一个地区或区域的绿色低碳经济发展成果必然是各个区域绿色低碳经济发展成果的集合，应充分挖掘绿色低碳经济中各种关键要素的空间属性，将绿色低碳经济发展的具体措施与空间属性特点相结合，在各个独立区域获得低碳经济发展的显著效果，进而集合成全社会数字经济发展阶段的低碳经济全面发展。

（五）数字＋精准施策支撑，打造绿色低碳经济转型政策体系

政府应起到对企业和公众的政策引导作用，加强绿色经济和低碳转型的意识宣传和政策宣讲，尤其是令企业意识到实现碳中和目标的重要性和必要性，向广大人民群众普及绿色发展的基本概念和重要理念；通过一定的政府资金引导形成杠杆效应，撬动更多的社会资本投入企业绿色转型之中。激活各种所有制企业创新活力，进一步发挥企业家

的创新精神，建立正向激励以鼓励引导消费者与生产者。推动企业认识到政府推动绿色发展和低碳经济虽然会带来减排压力，但也具备重要的发展前景与机遇，在碳中和目标下，积极响应国家政策号召，以提高生产效率、发展质量、环境责任为目标开展绿色升级转型。引导公众密切关注国家关于低碳发展与碳中和目标的各类重大政策，逐渐培养绿色低碳生活的意识和理念，自觉开展绿色出行、低碳消费，提高绿色产品和服务的消费需求，从而带动企业开展绿色生产，提高绿色产业的市场活力。

参考文献：

【1】缪陆军、陈静、范天正、吕雁琴：《数字经济发展对碳排放的影响——基于278个地级市的面板数据分析》，载《南方金融》2022年第2期。

【2】潘家华、庄贵阳、郑艳、朱守先、谢倩漪：《低碳经济的概念辨识及核心要素分析》，载《国际经济评论》2010年第4期。

【3】高世楫、俞敏：《中国提出"双碳"目标的历史背景、重大意义和变革路径》，载《新经济导刊》2021年第2期。

推动氢能在上海工业领域全面应用

　　2021 年全国两会的政府工作报告明确提出要扎实做好碳达峰和碳中和的各项工作，中央财经委员会第九次会议也聚焦碳中和，提出要把碳达峰和碳中和纳入生态文明建设整体布局。氢能战略是碳中和的重要组成部分，属于国家的重大战略布局之一。全球越来越多的国家把氢能作为重要的未来替代性的能源，纷纷制定了氢能源、氢产业、氢经济、氢社会发展的战略和路线图。氢能产业布局也成了国内很多地方政府的工作重点，上海亟须在氢能产业快速起步的时期，更多地聚焦氢能在工业领域的全面应用，以需求牵引创新，打通需求链、创新链和产业链。

一、氢能将在我国工业领域减碳进程中扮演重要角色

　　碳中和已经成为全球的共识，当前，全世界约有 50 个国家实现了碳达峰，其排放总量占到了全球排放的 36% 左右。其中，欧盟基本在 20 世纪 90 年代实现了碳达峰，其峰值为 45 亿吨；美国碳达峰时间为 2007 年，峰值为 59 亿吨。日韩提出了 2050 年碳中

和目标，欧盟也提出了 2050 碳中和的目标。瑞典、英国、法国将碳中和落实到了立法层面，加拿大和韩国正处于立法进程中。[1]

2020 年中国在联合国大会上明确提出，力争于 2030 年前使二氧化碳排放达到峰值（指某个地区或行业年度二氧化碳排放量达到历史最高值，在此之后排放量开始转升为降），努力争取 2060 年前实现碳中和（指企业、团体或个人首先测算自己在一定时间内直接或间接产生的温室气体排放总量，然后通过植树造林、节能减排等形式，以抵消自身产生的二氧化碳排放量，实现二氧化碳总量的"零排放"）。这是中国首次明确给出碳中和的时间表，也是中国首次向全世界郑重给出明确的减排目标。

（一）中国实现"双碳"目标仍面临较多制约

从实现碳达峰到实现碳中和，欧美发达国家基本都需经历 50 年到 70 年。与世界主要碳排放国家相比，中国从碳达峰到碳中和的目标期限仅为 30 年，再考虑到中国以高碳为主的能源消费结构、超 100 亿吨的年碳排放量、高耗能产业去产能化的艰巨任务等现实情况，未来实现"双碳"目标仍面临较多制约：

一是能源消耗量及碳排放量仍处于上升阶段。我国当前尚处于工业化发展阶段，能源消耗量及碳排放量仍处于上升阶段，2019 年全球二氧化碳排放 330 亿吨，我国排放约 100 亿吨，约占全球的 1/3。[2] 而近几年发达国家已经处于工业化后期，二氧化碳排放量已经逐步下降，加拿大、日本、欧盟均已实现碳达峰。

二是从 2030 年达到峰值，再到 2060 年实现"碳中和"的过渡期只有 30 年。欧美等发达国家和地区从二氧化碳排放达到峰值到"碳中和"普遍有 50—70 年的过渡期，而我国从 2030 年达到峰值，再到 2060 年实现"碳中和"的过渡期只有 30 年。考虑到我国人口数量、发展速度、经济规模以及资源禀赋，30 年意味着挑战巨大。

三是以高碳的化石能源为主，煤炭的占比较高。我国能源结构是以高碳的化石能源为主，煤炭的占比较高。我国是世界第二大炼油国和石油消费国、第三大天然气消费国，2019 年，共产生能源消费 48.6 亿吨标准煤，其中大部分来自煤炭（占比 57%），其次是石油和天然气，分别为 19% 和 8%。

---

[1] 数据来源：《观察：实现碳中和要三管齐下》，全国能源信息平台，2021-02-05. https://baijiahao.baidu.com/s?id=16908320272875384648&wfr=spider&for=pc

[2] 数据来源：《实现"碳中和"需坚持系统思维》，载《经济日报》2021 年 2 月 3 日。

四是能源利用效率偏低，能耗偏高。目前我国经济发展和就业高度依赖高能耗的制造业，单位 GDP 能耗仍然较高，为世界平均水平的 1.4 倍、发达国家的 2—3 倍。

（二）氢能将有助于中国顺利实现"双碳"目标

氢能作为新能源新兴领域，与传统化石能源相比，具有清洁环保、可再生特点，被视为全球最具发展潜力的清洁能源之一，也是构建我国新能源体系的重要支撑，目前氢能最有前景的应用方向是以氢燃料电池形式用于汽车等交通运输领域。据国际氢能委员会预计，到 2050 年，氢能将承担全球 18% 的能源终端需求，可能创造超过 2.5 万亿美元的市场价值，减少 60 亿吨二氧化碳排放。从氢能产业"生产-消费"角度，"采-制-储-运-加-用"构成了一个完整的氢能产业供需体系。

二、国内外氢能技术及产业发展的趋势和挑战

（一）关键技术分析

在氢气的制备方面，当前主要方式是化石能源制氢及工业副产氢。未来的趋势是以可再生能源制氢进一步降低能耗及污染。以 2020 年新建成的世界最大氢能源厂——日本福岛氢能研究场为例，该厂制氢方式是先通过太阳能发电，再用电解水法制氢。在氢气的储运方面，当前主要方式是高压气氢储运和低温液氢储运，国外以低温液氢储运为主，我国以高压气氢储运为主。未来的趋势是采用有机液体储氢及固态储氢，进一步提升储氢量及安全性。在氢燃料电池方面，主要部件包括电堆、氢氧循环系统、水热管理系统、电控系统及数据采集系统，其中电堆是核心部件，由双极板和膜电极两部分组成，膜电极又由催化剂、质子交换膜和碳布碳纸构成，由于电堆及电堆组件膜电极的技术壁垒较高，当前国内以进口或合作生产为主。

（二）国内外产业发展情况

从国外看，截至 2021 年初，全球已有 30 多个国家发布氢能路线图。[①] 各国政府承诺提供公共资金，支持通过氢气技术实现脱碳。其中美国、日本、韩国、欧盟等国家和

---

① 国际氢能委员会：《氢能洞察：氢能投资，市场开拓和成本竞争力透视》，2021 年 2 月 21 日。

地区不仅明确了氢能产业发展战略，制定了一系列产业政策，持续支持氢燃料电池技术研发，推进氢燃料电池试点示范及多领域应用，结合其资源禀赋特征确立制氢技术路线等，而且不断完善氢能产业政策体系。当前已经宣布的大型项目不少于228个，其中86%位于欧洲、亚洲和大洋洲，分别拥有126个、46个和24个。这228个项目分为吉瓦（GW）级制氢、大规模工业应用、运输、综合应用和基础设施等。截至2019年底，全球在运加氢站共有470个，同比增长20%以上。日本以113个加氢站排第一，第二名为德国（81个），第三名为美国（64个）。

从国内看，我国氢能资源十分丰富，氢能技术研发已取得长足进展，促进氢能产业发展的制度和政策环境正在形成。近年来，我国与氢能相关的高性能产品研发及批量生产、催化剂等核心技术研发取得了重要进展，氢能制储运技术已具备了较好的发展基础，已开发出具有自主知识产权的氢燃料电池关键部件。目前，我国是第一产氢大国，拥有中国石化、中国石油、中国神华等一批副产氢和煤制氢企业，年氢产量约2200万吨，占全球的三分之一。[①]中国在氢气制取上有巨大优势，化工工业副产氢相关企业多达百家，仅煤化工板块年产氢就超过400万吨。特别是，我国可再生能源制氢具有较大的潜力，可以用于以电解水方式制取"绿氢"。同时，可发挥氢气的储能作用，以解决间歇式能源消纳问题。

2019年10月召开的国家能源委员会会议指出，探索先进储能、氢能等商业化路径。2020年4月10日，国家能源局发布的《中华人民共和国能源法（征求意见稿）》首次将"氢能"纳入能源范畴，而此前氢能一直被定性为"危险品"。4月23日，财政部、工信部、科技部、发改委联合发布了《关于完善新能源汽车推广应用财政补贴政策的通知》，决定选择有基础、有积极性、有特色的城市或区域，重点围绕燃料电池汽车关键零部件的技术攻关和产业化应用开展示范，中央财政"以奖代补"方式给予奖励。11月2日，国务院办公厅印发《新能源汽车产业发展规划（2021—2035年）》，要求攻克氢能储运、加氢站、车载储氢等氢燃料电池汽车应用支撑技术，到2035年我国燃料电池汽车实现商业化应用。截至2019年11月，全国4个直辖市、10个省份、30个地级和县级市发布了氢能产业规划；国内氢能产业链上出现了49个投资或并购案例，涉及总

---

① 数据来源：《不同方式运输氢气，哪种成本更低？》，国际能源网，2022-04-21，https://www.in-en.com/article/html/energy-2314973.shtml

金额超 1000 亿元。①

从上海看，具备良好的工业基础，与氢能产业链密切相关的石油化工及汽车产业均为上海传统优势产业。在"十四五"乃至更长一段时间内，上海以集成电路、人工智能、生物医药为代表的高端产业正迎来新一波快速发展机遇，既可以引领新技术变革创新，也会对传统产业转型升级提供有力技术支撑，实现新兴产业和传统产业互济互利、融合发展。

从氢能产业链来看，在上游制氢环节，上海的工业副产氢充足；在中游储运及加氢环节，上海凭借提前布局，已在储运研发及加氢站建设上取得一定成效。据香橙会研究院统计显示，截至 2020 年 12 月底，中国累计建成 118 座加氢站（不含 3 座已拆除加氢站），其中 101 座建成的加氢站已投入运营，待运营 17 座，在建/拟建的为 167 座。上海已建成加氢站 10 座，位居全国第三，广东建成的加氢站最多，累计达到 30 座，山东以 11 座排在第二位；上海在建/拟建加氢站 28 座，位居全国第二，广东以 29 座高居榜首，河北以 21 座位居第三；在下游应用环节，上海依托汽车产业的传统优势，初步形成氢燃料电池的整车厂商核心部件研发以及产业企业测试、评价和认证机构，示范运营商以及基础设施建设商在内的较为丰富的产业链资源，处于国内领先地位；上海正打造氢能特色产业园区，如金山"氢源碳谷小镇"、嘉定上海氢能与燃料电池产业园、青浦氢能特色产业园、临港新片区中日（上海）地方发展合作示范区等。

上海市区两级政府部门围绕氢能产业链建设和储运应用牵引发展，已陆续发布了一系列支持政策。2019 年 7 月，嘉定区印发《嘉定区鼓励氢燃料电池汽车产业发展的有关意见（试行）》；2020 年 5 月，临港新片区管委会出台《临港新片区综合能源建设三年行动计划（2020—2022 年）》；2020 年 9 月，青浦区发布《青浦区氢能及燃料电池产业规划》；2020 年 11 月上海印发《上海市燃料电池汽车产业创新发展实施计划》等。

（三）氢能在我国工业领域全面应用中面临的挑战

一是缺乏国家层面的氢能顶层规划。氢能产业供应链的各环节技术门槛高，投资大，高度依靠扩大规模降低成本，若没有政策支持，氢能产业很难完全靠市场力量发展起来。由于国家层面的氢能产业发展顶层规划缺乏，各地氢能产业发展规划显得零散，

① 数据来源：《专访李佐军：加快发展氢能产业　助力实现碳达峰和碳中和》，载《中国经济时报》2021 年 1 月 20 日。

部分企业投资氢能产业项目存在顾虑。虽然近年来，上海、佛山、云浮等地发展氢能产业已有了相当规模，全国共有 30 个左右的城市制定了氢能产业发展规划。2020 年 6 月国务院发布的《关于 2019 年国民经济和社会发展计划执行情况与 2020 年国民经济和社会发展计划草案的报告》也已明确"制定国家氢能产业发展战略规划"，但至今尚未发布专门的规划。

二是氢能相关监管体制亟待进一步理顺。各地氢能产业发展尚处于起步阶段，监管处于探索之中，服务职能有待加强。如加氢站审批和运营的安监审批就较难，氢气储运的监管有待加强，化石能源制氢、工业副产氢的监管需要强化。

三是氢能基础设施尚处于发展起步阶段。加氢站建设成本较高且暂无统一标准。目前加氢站的建设成本约为加油站的 2 倍，扩大加氢站规模面临较高的成本压力。同时业内对加氢站建设标准尚未统一，扩大加氢站规模需要考虑兼容性。另据上海电气核电集团有限公司相关调研数据显示，当前国内加氢站主要分布在上海、广东、江苏等地区，多数以内部试验为主，商业化运营的较少，且压力等级多为 45 MPa，仅有少数压力等级为 70 MPa。若要实现燃料电池车商业化应用，70 MPa 的加氢站将是未来市场的主流。

四是氢能关键核心技术还存在不少短板。与发达国家相比，我国氢能技术研发还比较落后，关键核心技术还存在不少短板，关键零部件主要依靠进口，目前，我国在氢气制备、提纯、运输、加注、应用等方面已有了 80 多项国家标准，但还有许多标准有待制定，且一些标准与科技发展水平不匹配。不管是整车还是零部件都以系统集成为主，在氢燃料电池关键零部件电堆及电堆核心组件膜电极研发方面，存在核心技术"卡脖子"问题。

三、推进氢能在上海工业领域全面应用的对策建议

（一）推动国家制定氢能管理办法和技术标准完善

寻求国家部委支持，加强顶层设计，推动国家制定氢能管理办法和技术标准完善。参照能源法中天然气的管理办法，尽快制定氢的管理办法。借鉴欧美发达国家液氢和汽油视同一样，作为燃料可以在公路上进行运输的经验做法，探索推动国内液氢运输审批流程，列入中华人民共和国国家标准危险货物分类和品名编号，协同相关部门接受申请，尽早启动液氢申请上路运输。

鼓励行业和重点企业牵头，研究制定包括高压力等级（90 MPa 甚至 100 MPa 以上

超高压容器）、超低温（–253 ℃）等极端条件、新材料（塑料内胆）、新技术与新工艺（深冷高压）等发展方向的储氢设备的技术标准。在一定范围内，放宽国内相关技术规范及标准对材料碳含量及抗拉强度的限制。推动储氢材料和系统标准规范及安全评价体系完善，进一步完备相关安全评价装备和检测基地。

（二）推动存储容器及相关技术的国产化

依托上海电气核电集团有限公司正在建设的高压氢环境材料检测实验室，在99 MPa 储氢压力级别，鼓励产业链相关企业研发多层的低成本储氢容器并升级国产临氢材料，解决国产临氢材料升级和储氢容器设计制造的"卡脖子"问题；努力攻克99 MPa 级单层储氢容器的热处理工艺；进一步提升国产碳纤维质量和稳定性，尽快实现国产替代进口碳纤维材料。鼓励产业链相关企业，积极开展大型低温液氢容器及其安全绝热系统优化设计工作，实现低温液氢存储容器及相关技术的国产化。

（三）开展实用型储氢新材料应用技术开发

鼓励企业、高校、科研院所充分联动，认真分析细分市场，在现有成熟的储氢材料中筛选出性价比最合适的配对材料，开展工程化和应用技术研究，推动成熟的储氢材料能尽快在特定的细分市场中得到很好的应用。以产品为导向，鼓励产业链相关企业开发高容量储氢新材料，不仅要追求高性能，同时要充分考虑材料成本和批量制造成本，找到原材料成本低、批量制备技术易于控制的材料和技术。

（四）完善氢能产业链安监体系

在氢能产业链中，保障各环节安全是重中之重，因此有必要构建涵盖整个产业链的氢能安全监管体系。参考国内外保障氢能生产及使用安全的经验，研究制定产业链各个环节的相关安全标准，明确相关考核及惩处措施，采用先进的安全监管软硬件系统，充分利用好各类数据资源，以体系化的方式全方位保障安全。

（五）推动氢能供给质量及供给稳定性提升

目前上海的氢能供给模式较为单一，建议优化氢能供给结构，充分利用好"废氢"，改进工业副产氢过滤提纯技术提高利用率，充分利用好"弃风""弃水""弃光"等，构建分布式可再生能源，提升风能、水能、太阳能等可再生能源及生物制氢的氢能供给占比，推动氢能供给质量及供给稳定性提升。

（六）探索氢能混合建站模式

为推进加氢站铺设，降低加氢站建设及运营成本，除新建专用加氢站外，积极探索混合建站模式。混合建站模式有种类型，一种是在原有加油站、充换电站的基础上通过一定改造实现加氢功能；另一种是新建混合站，原生具有加油、充电、加氢的功能。

参考文献：

【1】李建林、李光辉、马速良、王含：《碳中和目标下制氢关键技术进展及发展前景综述》，载《热力发电》2021 年第 6 期。

【2】徐硕、余碧莹：《中国氢能技术发展现状与未来展望》，载《北京理工大学学报（社会科学版）》2021 年第 6 期。

【3】刘坚、钟财富：《我国氢能发展现状与前景展望》，载《中国能源》2019 年第 2 期。

第二编

绿色技术

国际碳捕集、利用与封存技术展望及产业化

在实现碳达峰、碳中和的目标之下，低碳清洁能源的开发利用是不可逆转的趋势，但在短期内实现能源结构优化仍面临多重挑战。因此，可实现化石能源深度减排与二氧化碳行业利用的碳捕集、利用和封存（CCUS）技术，成为我国完成双碳目标不可或缺的技术手段。就世界范围而言，碳捕集、利用和封存技术正在成为碳减排的重要手段，受到越来越多国家的重视。科技部社会发展科技司数据显示，随着成本降低、技术进步、政策激励，CCUS 技术在 2025 年产值规模超过 200 亿元 / 年，到 2050 年超过 3300 亿元 / 年。上海应抓住绿色革新、能源转型和产业变革的机遇，发挥科技创新优势，加快碳捕集、利用和封存（CCUS）技术的前瞻研究、示范建设和产业布局，打造未来新的产业增长极。

碳捕集、利用与封存（carbon capture，utilization and storage，CCUS）是将二氧化碳从工业过程、能源利用或大气中分离出来，并直接加以利用或注入地层以实现二氧化碳永久减排。2016 年 11 月，CCUS 被纳入"创新使命（MI）"七大创新挑战之一。2019

年，二十国集团（G20）能源与环境部长级会议首次将 CCUS 技术纳入议题。国际能源署（IEA）指出，要实现 2070 年全球净零排放，CCUS 在 2020—2070 年的累计减排量约占 15%。随着全球主要国家碳中和目标的提出及碳减排工作的加快推进，碳捕集、利用与封存技术的研发和示范项目建设受到主要国家的高度重视。

一、国际碳捕集、利用与封存（CCUS）技术的发展态势

碳捕获、利用与封存将在能源转型和减排中发挥越来越关键的作用，是目前唯一可在未来十年乃至可预见的将来应用于现有最难减排的主要重工业设施，实现显著并直接减排或避免排放的最终解决方案。

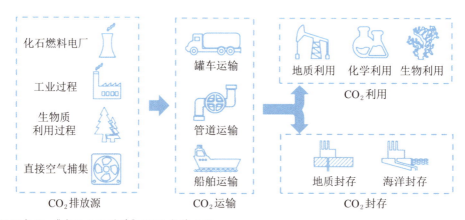

数据来源：《中国工程科学》2021 年第 6 期。

图 1　碳捕集、利用与封存技术

（一）碳捕集

碳捕集主要分为燃烧前捕集、富氧燃烧捕集和燃烧后捕集，是 CCUS 技术发展中的研究重点之一。碳捕集的研究将聚焦于低能耗低成本功能性捕集原理，高效低能耗碳捕集材料，碳捕集与能源、工业等领域系统的集成耦合等关键问题。化学链捕集技术、新型膜分离技术、新型吸收 / 吸附技术、第 2 代捕集技术、先进化学吸附法、增压富氧燃烧技术、Allam 循环、CO_2 源头低能耗捕集、燃烧后 CO_2 捕集系统与化工转化利用装置结合在碳密集型行业的规模应用将是未来的重要发展趋势。碳捕集是 CCUS 技术全流程中成本最高的部分，通常占 CCUS 成本的 75%，从 15—25 美元 / 吨到超过 120 美元 / 吨

不等，具体取决于 CO_2 的应用和浓度。中国 CO_2 捕集量 2030 年达到 0.4 Gt，约占全球总量的一半，到 2070 年超过 2 Gt。

（二）碳运输

碳运输作为 CCUS 技术发展中的重要一环，对于大规模 CCUS 项目的实施至关重要。CO_2 运输方面研究重点关注 CO_2 净化、压缩、液化，运输安全性评价，运输管道自动化运维等关键问题。其中，管道安全控制体系、管网的智能化管理、CO_2 与天然气"集中利用 +CCUS"的近零排放商业模式将成为重要的发展趋势。目前，国内 CO_2 主要采用罐车进行短距离运输，全球范围内 CO_2 管道运输作为一项成熟技术正在商业化应用。据 IEA 预测，到 2050 年 CO_2 管道长度将达到 95000—550000 千米。IEA 发布的《全球能源行业 2050 年净零排放路线图》指出，2030 年之后将开始推广 CCUS 技术，将对 CO_2 输送管道和制氢基础设施的年度投资额从现在的 10 亿美元增加到 2030 年的 400 亿美元。CO_2 管道运输是未来大规模示范项目的主要输送方式。

（三）碳转化利用

CO_2 再利用技术研发是 CCUS 领域的重要研究方向之一。碳转化利用将聚焦 CO_2 转化制燃料和化学品，CO_2 生物转化利用和 CO_2 矿物转化、固定和利用的研究。当前，CO_2 生物利用技术总体处于初期发展阶段，化工利用技术取得显著发展。将 CO_2 纳入工业体系，作为基础原料进行化工产品生产，开展 CO_2 转化利用与环保产业协同发展，推进工业固废矿化 CO_2 联产化工产品，可以实现 CO_2 大幅减排，有望加速化工行业的绿色化。IEA 对 CO_2 使用潜力预测表明，化学品和建筑材料的 CO_2 使用量可以达到 5 Gt/a，合成烃燃料的 CO_2 使用量则更高。

（四）碳地质利用与封存

CO_2 地质利用与封存方面重点研究 CO_2 驱替资源开采，CO_2- 水-岩作用定向干预及封存性能强化，强非均质场地表征、建模及封存模拟，地质封存监测控制和环境影响预测等关键问题。碳地质封存将 CO_2 封存在油气藏、盐沼地、煤井等特殊地质中，实现与大气的长期隔绝。据统计，全球目前废弃的油气田可以封存 CO_2 约 923 Gt，与全球燃烧化石燃料的发电厂排放的 CO_2 质量相当。随着各国加强对碳排放的管控、碳税和碳价的上涨，采用 CO_2 进行规模化驱替应用，会使 CCUS 成本显著降低，具有广阔的应用前景。

二、发达国家发展碳捕集、利用与封存（CCUS）技术的经验做法

近年来，CCUS 受到世界主要国家的广泛关注，美国、欧盟、日本、韩国纷纷发布相关战略规划，推进 CCUS 的顺利实施，并加速布局 CCUS 项目，全球 CCUS 进入快速增长期。

（一）美国：全球 CCUS 示范项目领先者

美国的碳捕集与封存商业设施数量全球领先，全球第一个 CCS 设施于 1972 年在美国得克萨斯州建立。截至 2021 年 9 月，全球碳捕集与封存大规模全流程商业设施总计 135 个（包括正在运行、早期开发、在建等项目），其中 70 个位于美国，且 CCUS 项目应用广泛，涉及水泥制造、燃煤发电、燃气发电、垃圾发电、化学工业等行业，这主要得益于美国对 CCUS 技术的政策支持。2020 年 12 月美国出台的《2020 能源法案》将 CCUS 的研发支持力度大幅提高，提出将在 2021—2025 年提供超 60 亿美元的研发资金支持。2021 年 11 月 5 日，美国能源部宣布启动"负碳攻关计划"，旨在从空气中去除 10 亿吨 CO_2，并将捕集和封存 CO_2 的成本降至 100 美元 / 吨以下。2021 年拜登政府上任以后，陆续提出了《准用 45Q 法案》《碳捕集现代化法案》《碳捕集、利用和封存税收抵免修正法案》《为我们的能源未来融资法案》等来促进 CCS 的市场开发。2021 年 11 月美国通过《基础设施投资法案》，提出将提供近 50 亿美元用于支持 CO_2 运输和储存基础设施和场地的开发和融资。

（二）欧盟：CCUS 制度化和规范化的积极倡导者

欧盟在 CCS 制度化和规范化方面走在全球前列，代表性法规 CCS 指令（2009/31/EC）是世界第一部关于 CCS 的详细立法，详细规定了 CO_2 运输、封存场地选址、勘探和封存许可证发放、运营与关闭以及关闭后的责任和义务、CO_2 监测、信息公开等具体要求，建立起在欧盟内开展 CO_2 地质封存的法律和管理框架。欧盟 CCS 相关政策多与能源、气候变化政策联系在一起，如《2030 年气候与能源政策框架》指出 CCS 是欧盟

能源和碳密集行业大幅减排的关键技术，要加大 CCS 研发力度和商业示范；《2050 长期战略》将 CCS 作为实现碳中和目标的七大战略技术领域之一；欧盟委员会在《欧洲绿色协议》中提出将 CCS 纳入向气候中立过渡所需的技术，将其视为关键工业部门脱碳的优先领域之一。地平线欧洲计划将在 2021 年和 2022 年分别提供 3200 万欧元和 5800 万欧元资金资助 CCUS 技术研发。截至 2021 年 9 月，欧盟有 35 个商业 CCUS 项目。与美国不同，欧洲的 CCUS 示范项目主要依靠欧盟碳交易市场（EUETS）来体现。

（三）日本：积极抢占碳循环利用技术创新高地

日本长期致力于低排放发展战略，将 CCUS 技术与氢能、可再生能源、储能、核能等并列为日本实现碳中和目标的关键技术。在《能源技术战略路线图》《国家能源新战略》《第五期能源基本计划》等政策规划中均提出要加紧开发 CCUS 相关技术。2014 年推出的《战略能源计划》提出要在 2020 年左右实现 CCUS 技术的实际应用，并尽早建设 CCUS 就绪的设施，以支持 CCUS 的商业化。由于资源匮乏以及没有可用于 EOR 的油气产区地质条件等原因，日本在国际上积极参与海外 CCUS 项目投资，如美国的 PetraNova，在国内致力于发展碳循环利用技术，并于 2019 年发布了《碳循环利用技术路线图》，设定了碳循环利用技术的发展路径，以加快 CCUS 技术战略部署的脚步，2021 年对该路线图进行了修订以促进其进一步发展。2020 年发布的《革新环境创新战略》和《实现 2050 碳中和的绿色增长战略》均提出要大力发展 CCUS 和碳循环利用技术，以抢占碳循环利用技术创新高地。

（四）韩国：将 CCUS 作为低碳绿色增长的关键

韩国将 CCUS 作为低碳绿色增长和实现国家碳减排目标的关键技术。2010 年 7 月，绿色增长委员会制定了"韩国国家 CCS 综合计划"，以实现国家碳减排目标，并通过高效的 CCS 技术发展创造新的增长引擎。2010 年 11 月，韩国成立了二氧化碳捕集与封存协会（KCCSA）以推进 CCS 技术的发展。2021 年 3 月，韩国发布《碳中和技术创新推进战略》，将 CCUS 作为实现碳中和的十项关键技术之一。2021 年 9 月，韩国发布 CCUS 技术发展报告，提出技术的研发主题、短中长期技术路线和目标等。2021 年 9 月，韩国产业通商资源部宣布 2021—2025 年将提供 950 亿韩元用以支持高排放行业的 CCUS 技术发展。

三、加快发展上海碳捕集、利用与封存（CCUS）技术及产业的对策建议

（一）强化低碳核心技术创新支撑

将 CCUS 纳入上海市产业和科技发展资助政策，围绕低成本和低能耗的先进碳捕集技术研发，聚焦 CO_2 压缩、液化，提高封存量、降低技术风险和不确定性的封存技术，以及 CO_2 高价值转化利用等科研和产业化。构建核心技术创新支撑体系，设立重点实验室、技术创新中心、CCUS 交叉学科研究中心等，围绕 CCUS 各个环节开展核心技术攻关，紧密监测国际 CCUS 先进技术，准确把握前沿技术方向，在加大政府投资支持力度的同时撬动企业等的研发投资，推动 CCUS 关键技术研发和产学研深度融合。

（二）完善碳排放权交易市场机制

加快完善上海碳排放权交易市场，激励企业积极开展节能减排并参与到 CCUS 中来。进一步规范和完善 CO_2 封存的审批流程、制度法规，逐步完善各交易主体间的配额交易制度，以保证 CCUS 项目商业模式具备可靠的 CO_2 销售渠道，使采用 CCUS 技术的企业能够从碳市场获取相应的收益来弥补高昂的成本，推动投资和收益增加、成本持续降低的良性循环系统形成。

（三）探索税收优惠和补贴激励政策

探索碳税征收政策，针对上海市燃煤电厂、化工能源、高耗能企业征收碳税，并在未来适当加大征收额度，提高捕获的 CO_2 的商业价值，促使企业未来投资 CCUS 项目。完善财政补贴资金的激励作用，加速推动 CCUS 投融资以加速商业化步伐，探索政府与市场有机结合的 CCUS 商业化投融资机制，积极利用绿色金融、气候债券、低碳基金等多种方式。

（四）推进碳利用示范及商业化应用

开展 CCUS 在工业领域应用示范，补齐 CCUS 技术环节示范短板，推进 CCUS 全链条集成示范及商业化应用进程。优先部署海底封存示范项目，以驱油／气、固体废物矿化、化工利用等 CO_2 利用技术的大规模示范为牵引，积极支持油气、能源、化工等相关

行业 CCUS 产业示范区建设，逐步将 CCUS 技术纳入能源、新材料的绿色发展技术支撑体系以及战略性新兴产业序列。

参考文献：

【1】秦阿宁、吴晓燕、李娜娜等：《国际碳捕集、利用与封存（CCUS）技术发展战略与技术布局分析》，载《科学观察》2022 年第 4 期。

【2】李娜娜、赵晏强、秦阿宁等：《国际碳捕集、利用与封存科技战略与科技发展态势分析》，载《热力发电》2022 年第 10 期。

【3】张贤、李阳、马乔等：《我国碳捕集利用与封存技术发展研究》，载《中国工程科学》2021 年第 6 期。

推动上海新型燃气轮机制造业发展

  我国现有的能源结构以高碳的化石能源为主，能源消费仍然处于上升通道。实现"双碳"目标，意味着必须转变"以高排放换取经济高增长"的发展模式，在思想观念、能源结构、装备制造、消费行为等方面进行深刻的系统性变革。与此同时，世界航空科技发展正在经历一场大的技术变革，包括燃气轮机在内的绿色高效的动力装备，将成为全球经济和社会高效运行的强力支撑。上海既是我国"低碳经济"发展的排头兵，又是国家"两机专项"的重要承载区，加快形成"双碳＋装备"的产业融合发展格局，推动新型能源装备，特别是新型燃气轮机制造业跨越式发展，将成为制造业绿色革命的主力军。

一、"双碳"目标为新型燃气轮机进行"系统性的能源变革"提供契机

  习近平总书记在主持召开中央财经委员会第九次会议时强调指出："实现碳达峰、碳中和，是一场广泛而深刻的经济社会系统性变革"。我国是世界上最大的能源生产国

和消费国，也是最大的发展中国家，每年的碳排放量达 60 亿吨，位列全球第一。中国明确提出力争 2030 年前实现碳达峰、2060 年前实现碳中和。中国要实现"双碳"目标，今后五年能源减排力度，将成为第一阶段碳达峰目标能否实现的关键：国家"十四五"规划明确，我国单位 GDP 能源消耗降低 13.5%、二氧化碳排放降低 18%，将作为经济社会发展的重要目标之一。

（一）燃气轮机与"双碳"目标紧密相关

要实现能源"双碳"目标，离不开能源装备的绿色技术迭代、产业化制造与规模化应用。目前我国主要以燃煤发电为主，燃气发电的份额不高（见图 1），甚至不及核能发电量。但从总体上看，我国天然气在一次性能源和发电能源中的占比明显低于世界平均水平，与美国、英国、日本等发达国家相距甚远。燃气轮机可以用多种燃料，而天然气因其碳排放较其他燃料少，被认为是最清洁的石化发电燃料。

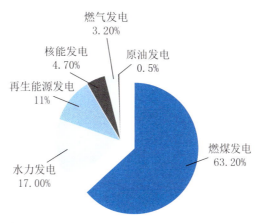

2020年我国发电总量达7779.1 TWh

数据来源：BP 2020 报告。

图 1　2020 年我国发电能源份额

我国从 2006 年开始进口液化天然气（LNG），之后从中亚进口管输天然气，燃气发电量明显呈上升趋势。未来 5—10 年，新型燃气轮机必将成为与我国"双碳"目标紧密相关的国家能源战略利器。根据 Maximize Market Research 统计，2020 年全球燃气轮机市场中，有约 32% 市值的燃气轮机应用于发电行业，约 29% 市值的燃气轮机应用于油气行业，其余 39% 的燃气轮机则应用于载具等其他工业领域。

（二）燃气轮机可为能源转型赢得"脱碳机遇"

燃气轮机作为国家能源命脉的高效转换器是国家能源安全的重要组成部分，对我国在"双碳"格局下的能源经济走势，以及高端制造业转型发展具有不可替代的影响力。目前，全球燃气轮机市场规模呈现增长形势，并且将在电力、能源等行业的发展以及环保的带动下保持增长。

可调峰的"低碳/零碳"能源科技的应用为其赢得能源转型过程中重要的脱碳机遇，燃气轮机效率高、可靠性强、操作灵活、排放低，可使用混氢/纯氢燃料和其他脱碳燃料，这些属性有助于帮助能源密集型工业脱碳。例如，许多重工业城市的炼油厂、焦化厂等，会产生各种尾气，燃烧值低，利用效率不高，甚至是污染源。燃气轮机燃烧室可燃烧低至800大卡的这些气体燃料，可有效解决非洁净排放和化工尾气处理的环境保护问题。随着"双碳目标"的推进实施，国内传统能源行业亟须转型，煤炭将加快退出主体能源地位，以天然气发电作为清洁电力的轻型燃气轮机，将迎来新的发展机遇和窗口期。

二、"双碳"目标对上海新型燃气轮机制造业发展的导向作用

当前，世界航空科技发展正在牵引动力能源的技术变革，包括燃气轮机在内的绿色高效的动力装备，将成为全球经济和社会高效运行的强力支撑。根据"十四五"规划，上海将建设以大规模可再生能源发电为主体，安全高效的新型电力系统，但风光发电有其"靠天吃饭"的不稳定性，燃气轮机可以凭借其良好的功率爬坡能力与储能系统形成优势互补，为特定区域范围内的新型电力系统提供"增量储能"效果，在不弃光不弃风的情况下实现系统容量的稳定性和可调度性。

导向一：优化匹配电力资源对燃气轮机装备提出新要求

我国发电的电源与用电市场相距遥远。四个直辖市，加上东部中部七个大省，这11个省市都是外供电接受区。比如北京57%的电要靠外供，上海45%的电要靠外供。因此，必须加快构建智慧电网，大力推动"储能+新能源"来平抑风、光的间歇性和水电的季节差，火电仍起着"兜底"作用，"双碳"目标下，燃气轮机发电或将全面取代火电成为主要支撑，从而对各类燃气轮机发电装备提出了更高的数量和质量要求，上海应该抓住"碳达峰、碳中和"给能源装备制造业带来的机遇，利用燃气轮机产业的规模

化、集群化和高端化优势，加快成为全球燃气轮机制造中心。如今，高效低碳燃气轮机的研发，已经成为欧洲和美国等"低碳能源装备"制造业发达国家的研发重点，我国至今未掌握相关技术。由上海交通大学领衔的燃气轮机研发平台，已经分别在张江高科技园区和临港新城建成，这将为在张江综合性国家科学中心创建高效低碳燃气轮机试验装置提供条件，为我国构建燃气轮机自主设计能力，打破核心技术垄断奠定坚实基础。燃气轮机是能源动力装备领域的最高端产品，是低碳发电装置最核心的部件，是反映一个国家先进制造业技术水平的标志。

导向二：低碳分布式发电将助推轻型燃气轮机大发展

"双碳"目标加快了能源电力行业对分布式发电技术的日益关注，加之燃气轮机轻（小）型化技术的快速进步，将推动全球燃气轮机行业的颠覆性增长。从不同功率的燃气轮机市场来看，2020 年全球燃气轮机中 1—40 兆瓦级燃气轮机和 120 兆瓦以上重型燃气轮机的市场占比最大，这两种类机型的需求程度最高，几乎均各占 39%。

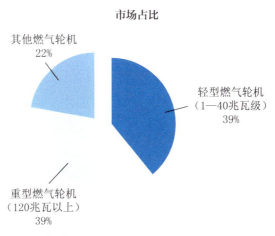

市场占比

数据来源：ReleaseWire 2020 报告。

图 2　2020 年全球燃气轮机市场份额

根据前瞻产业研究院预测，2035 年全国燃气发电装机容量规模 2.4 亿千瓦，相当于未来 15 年约新增 1.4 亿千瓦，即需要布局约 4667 台 30 MW 级燃气轮机。以每台价值 1000 万美元进行计算，仅此项，未来 15 年发电用燃气轮机的市场规模将达到 466.7 亿美元。单台轻型燃气轮机作为分布式能源机组与传统能源供应方式相比，二氧化碳最多可减排 54%，最多可节能多达 36%。且轻型燃气轮机核心技术相对自主可控，关键材料与关键部件国内配套能力较强，市场空间巨大。例如，新奥能源动力科技（上海）有限公司（以下简称"新奥动力"）推出了国内首套 2 MW 燃气轮机、先进回热器产品以及微燃气轮机多场景应用解决方案，该系列燃气轮机基于强大的热电比例调节能力，具有流量大、能效高、低排放等优势，投产后将发挥全系统最大的节能潜力。可根据客户实际需求和用能特点进行灵活配置及运行，在工业园区分布式供能、商业公建分布式供能、可再生燃料利用、油气行业、特殊电力供应等领域都可以广泛应用。在减少我国高端能源装备关键材料与核心部件的对外依存度方面，上海大学绍兴研究院与核八所共建"高性能碳陶复合材料联合创新中心"助力碳达峰、碳中和。在燃气轮机非金属材料领域，研究院与国晟动力共建开展工艺技术联合研发和产业化推广，建设"燃气轮机非金属材料研发中心"。"智能产线联合研发中心"由研究院与精航科技共建，围绕智慧工厂智能产线及相关新材料应用领域开展产学研合作。

导向三：氢混燃气轮机发电将在能源转型过程中扮演重要角色

清洁氢气在 2035 年前后将用于大规模电力生产，并在运输和重工业等其他部门发挥效益，在 2035—2040 年期间各国将对电力部门进行深度脱碳，届时以氢能为基础的电气化将大规模发生。在国家大力推动实现"3060"双碳目标背景下，氢能将成为我国能源体系的重要组成部分，发展氢混燃气轮机将在"构建以新能源为主体的新型电力系统"中发挥关键支撑作用，也将为我国燃气轮机实现"弯道超车"提供重要机遇。2021年 7 月 8 日，国家电力投资集团有限公司在北京组织召开了《面向 3060 目标的氢能及氢混燃气轮机发展前景研究》成果评审会，专家围绕氢混燃气轮机和氢能产业的发展思路进行了充分研讨，对我国发展氢混燃气轮机和氢能产业具有重要的指导意义，建议加大研发投入，积极推动氢混燃气轮机试点示范项目建设。中国联合重型燃气轮机技术有限公司，携手上海发电设备成套设计研究院有限责任公司，实现氢混燃气轮机项目"央地合作"，参与国家电投荆门燃气轮机掺氢燃烧示范项目，在燃气轮机掺氢燃烧示范应用等方面开展合作。围绕"碳达峰，碳中和"，在氢燃料燃气轮机新技术、氢基、氨基（NH4）能源在新型能源系统中的应用前景等方面展开创新合作。

三、双碳目标下上海发展新型燃气轮机产业的发展思路

（一）加快上海环保税-碳交易-绿色证互通融合

长三角地区燃气电厂的排放要求与国家排放限值一致，但上海、南京等重点城市环保税税率较高，因此虽然燃气发电机组本身已满足排放要求，仍面临高税收，因此，建

议燃气轮机制造企业及下游发电企业参与绿色电力证书交易。中国绿证体系始于2017年，数年下来，机制日益完善。随着可再生能源平价上网和"强制绿证"的推进，未来装备、发电、电网、售电、用户等执行主体均有获取绿证的需求，将大幅拉升整体需求量；绿证价格和碳汇价格如形成联动，也有助于价格机制的进一步完善。对于燃气轮机制造企业及下游发电企业来讲，绿证或将成为对冲税收支出和增加项目收益的重要途径。

（二）积极布局–投入上海燃气轮机制造业发展

在燃气轮机设备领域，以上海电气为核心的"上海队"，将实现重型燃气轮机技术自主化，完成轻型燃气轮机产业化布局，充分利用与安萨尔多合资契机，制定和实施燃气轮机产业发展的"四个全球化战略"，即全球化研发平台、全球化制造基地、全球化销售网络、全球化服务团队，跻身国际舞台。提高研发投入的强度（研发费用/营业收入），希望上海燃气轮机装备制造企业也要按照国家要求，在"十四五"时期，逐年增加研发经费投入，增加经费要投入到装备的数字化、智能化、绿色化上。全国规模以上工业企业研发投入强度是1.35%。装备制造行业比规模以上企业平均的研发投入强度要高，比如电力行业1.65%，仪器仪表制造、新能源汽车制造的研发投入大于5%；工程机械制造、核电设备制造大概是3.7%—4%。按照规划要求，"十四五"时期全国的研发投入年均增长率要大于7%。

（三）发挥上海燃气轮机上下游产业链完整的优势

上海燃气轮机产业链要在原有的基础上，实现智能化、高端化、集群化。上海现在已经有一批先进的头部企业，如"单项冠军"和"小巨人"企业。上海还要大力推进"产学研用"深度融合的科技创新体系，促进燃气轮机企业、石油石化企业密切合作，共同攻关；要与钢铁、有色密切合作，获得各种高质量新材料；做强做优做精主导产品，合理扩展业务；加强需求响应"新基建"，实现绿色燃气轮机–智能电网深度一体化，增加对新型燃气轮机企业的补贴力度，继续深化"首台套"激励政策，助推聚合装备–电力行业共同兴起，通过政府的引导和支持，推动燃气轮机产业链上企业自主创新，个性化定制，服务化延伸，提升企业的市场竞争力和应变能力；形成具有影响力的燃气轮机地标产业，为自主新型燃气轮机的研制提供有力支撑。

（四）明确上海燃气轮机产业发展的新方向

在"双碳"背景下，加快研究新型燃气轮机，特别是轻（小）型燃气轮机、氢混气轮燃气轮机技术和产业发展趋势，以"降本增效、低碳转型"为主旨，推动新型燃气轮机研发和产业化进展。在"双碳"战略驱动下，从燃气轮机产品和技术出发，发挥其在可再生能源利用、储能、先进综合能源系统以及碳捕捉等新领域新场景的应用，向各行业客户提供专业化、差异化、高端化、绿色化的产品和服务，赋能客户实现低碳、绿色、高质量发展的战略布局。秉持需求牵引、技术创新的自主研发路线，在定制化设计制造、整体系统解决方案等方面精准发力，在新能源利用等方向重点探索燃气轮机技术应用可行性，着力打造稳定可靠、绿色节能、智能高效的新型、绿色、低碳的燃气轮机品牌，持续为客户创造新的更大的价值。

促进数据中心绿色低碳发展

2021 年 9 月下旬，"限电潮"影响全国多个省份与行业，有企业和第三方数据中心也在波及之列。被社会普遍认为是高能耗产业的数据中心，面临能耗限制收紧的局面，并且考虑到"能耗双控"和"双碳"政策背景，这一情况将长期存在，数据中心面临的限制也将越来越严。

作为数字经济的核心基础设施，数据中心成为新基建的重要组成部分，机架数量呈现快速增长趋势，工信部数据显示，截止 2020 年底，国内数据中心机架总规模超过 400 万架，近 5 年增速超 30%。与此同时，数据中心耗电量不断刷新纪录，国家能源局数据显示，2020 年我国数据中心耗电量突破 2000 亿千瓦时，创历史新高。在碳达峰、碳中和目标下，数据中心的能耗管控成为重中之重。

一、双碳目标下，全国数据中心能耗管控趋严

数据中心具有天然的高能耗特点，伴随着数字经济建设的持续深入，耗电量也不断上升，甚至被冠以"电老虎"的称号。因此，政府对数据中心能耗和环保提出了越来

高的要求。

（一）严格控制 PUE[①] 值

几年前，北上广深等一线城市因用电、用水指标不足，就已出台对数据中心能耗限制的政策，多以 PUE 值为衡量指标，如今，这一监管方式已经扩大到全国范围，各大省份都出台了相关政策，控制数据中心能耗。如，山东提出自 2020 年起，新建数据中心 PUE 值原则上不高于 1.3；山西提出到 2025 年，大型、超大型数据中心 PUE 降到 1.3 以下；广西发展目标为，新建大型和超大型数据中心设计 PUE 值达到 1.4 以下；云南将发展目标定为新建大型及以上数据中心年综合运行 PUE 达 1.3 以下，新建中小型数据中心（含边缘数据中心）年综合运行 PUE 不高于 1.5。

2021 年，国家发布的《关于严格能效约束，推动重点领域节能降碳的若干意见》给数据中心的 PUE 划定了红线，新建大型、超大型数据中心 PUE 不超过 1.3。到 2025 年，数据中心 PUE 普遍不超过 1.5。

（二）北上广深获批更难

在北上广深地区，相关政策则更加细化，不仅仅局限于 PUE 值，数据中心项目获得用能指标更难。北京将全市及河北省划分出四大区域，根据使用场景，按照存储类数据中心、计算型数据中心、人工智能算力中心、商用型或混用型云数据中心等进行分类。各区域的准入要求细化到数据中心规模、PUE、单机架功率、税收指标等。上海在空间上将数据中心建设选址分为三个区域，功能上偏重支持对城市战略发展目标、重点行业支撑的数据中心，对机架规模、设备上架率、PUE、综合电能利用效率、平均机架运行功率等关键指标给出明确要求。在此基础上，上海市对拟建数据中心采取按批申报制，对项目建设和投资进度亦有限制。广东省数据中心审批难度更甚于北京、上海。广东省能源局在 2021 年 4 月提出要求：2021—2022 年，原则上全省不再新增数据中心机柜；2023—2025 年，在上架率达 70% 和能耗强度降低目标完成的前提下，再考虑支持新建及扩建数据中心项目。

---

① 电能使用效率（PUE）＝数据中心全年消耗电量与数据中心 IT 设备全年消耗电量的比值。PUE 值越小，表示数据中心的能效越高，理想的 PUE=1，一般 PUE 值在 1—1.4 属于最佳范围。

（三）运营能耗监察更严

此前，相关部门对数据中心的监管多集中在审批阶段，对 PUE 值进行检查。但如今，运营中的能耗监管也正日益加强。北京市发改委在 2021 年初对 11 家单位 PUE 超过 1.4 的数据中心下达《节能监察建议书》，并要求在年底前，包括数据中心企业在内的 26 家重点用能单位，将实时监测数据接入"北京市节能监测服务平台"。上海则开启在线监测，依托"上海市数据中心在线能源审计平台"，上海市的百余座数据中心的能源利用状况将通过在线填报，以月报统计的方式开展常态化的监管，对数据中心能源消耗情况掌握更彻底。广州市节能中心对 46 家年耗电量超 5000 万千瓦时的数据中心进行节能监察。

二、双碳目标下，国内数据中心的发展取向

（一）布局向城市周边扩散

面对趋严的能耗监管政策，对数据中心企业来说，在一线市场周边以及拥有发展潜力的新兴市场，成为重点布局的区域。比如，环京地区将承接来自北京的大量外溢的市场需求，廊坊市、张家口市以及天津市武清区等地区都有望成为新增机柜资源集中的区域。比如，腾讯和上海松江区政府达成战略合作，将数据中心落地松江，搭建服务整个 G60 科创走廊发展的数字化底座，以松江为起点和支点，撬动九城合作，布局产业链生态建设，为长三角 G60 科创走廊一体化和高质量发展作出新的贡献，助力上海以及长三角区域的数字化升级与发展。

（二）赋能城市运营与重点产业

能耗政策的收紧，并不表示一线城市对数据中心的需求降低。相反，随着城市数字化转型的推进，城市对数据中心的需求日益增强，数据中心正与城市发展呈现出强耦合的共生关系。

一是城市数字化转型的新基建。新基建是确保城市大脑、智慧城市、一网统管等数字城市建设运营最稳定可靠的物质基础和关键设施。二是数字经济发展的底座。来自 IDC 网站的数据显示，2020 年北京、上海和广东省的数字经济占 GDP 比重分别为 55.9%、55.1%、47.2%；数据中心以占社会总能耗 5% 以下的能源消耗，支撑了约 50%

的经济增长。三是在线新经济新模式新业态的重要支撑。数据中心承载了在线金融、互联网医疗、在线教育等众多行业数字流的接收、处理、转发与存储功能，并且同5G、互联网、人工智能、新能源等联系更加紧密，成为新技术发展的重要基础设施。

因此，数据中心不仅是未来数字经济和社会发展的重要基础，还将基于城市发展维度，重新定义数据中心的功能和场景，迎来新的发展机遇。

（三）转入中西部地区，建设数据中心集群

国内数据中心部署主要集中在北京、上海、广州深圳等一线城市及其周边地区，据统计，这些区域的数据中心资源占全国总量的53%，而中西部地区数据中心资源占全国总量的30%不到。同时，东部区域算力需求大，但受到能耗指标紧张、电力成本高、土地资源稀缺等因素影响，大规模发展受限。西部区域各类资源相对富裕，但存在网络带宽小、跨省数据传输费用高等瓶颈，无法有效承接东部需求。因此，出现了东边不够用，西边无人用，东西算力供给不平衡的局面。

为解决这一问题，2021年5月国家发布《全国一体化大数据中心协同创新体系算力枢纽实施方案》，启动实施"东数西算"工程，构建国家算力网络体系。利用西部地区能源供应充足，土地、电价成本价低等天然优势，对数据中心进行规模化布局，引导超大型、大型数据中心向中西部地区集聚发展。目前，三大电信运营商、华为、腾讯等已经在贵州、内蒙、甘肃等地进行数据中心的规划、布局、建设。通过"东数西算"，未来有望实现算力资源的优化配置，以及数据要素的跨区域流通与共享。

三、对上海数据中心绿色低碳发展的建议

数字经济的蓬勃发展伴随着数据中心巨大的耗电量，给全社会的用能和碳排放控制带来巨大的压力，节能成为数据中心的必修课。为更好贯彻国家"碳中和"长远战略目标，上海的数据中心绿色低碳发展，还需从能耗控制、碳排放、能源结构等多方考虑。

（一）制定多维度的能耗管控和评价指标

充分考虑数据中心能耗对运行在其上的大数据、云计算、互联网服务等应用类产业贡献的运营产值，体现数据中心在提升全社会生产效率和全要素生产率方面的重要作用。结合数据中心算力、算效和贡献，建立更加合理的能耗管控指标，建议将数据中心

数字经济万元产值能耗指标和数据中心每瓦功率算效指标纳入能耗评估指标体系，完善现有能耗评估体系，尽快建立更加科学合理的数据中心单位 GDP 能耗指标，从而有序推动数据中心建设，促进新基建更好地发挥支撑作用。

（二）强化自身管理，精细化节能

据测算，在数据中心全部能源消耗量中，由终端用户控制的服务器等 IT 设备能耗占比 70%—80%，由数据中心控制的暖通空调系统能耗占比 15%—25%、电力传输占比 5%—10%、其他部分占比小于 1%。因此，暖通和电力传输可以作为降低能耗的主要着力点。在设计阶段引入多种智能设计，实现全生命周期预测并最小化碳足迹，如采用液冷系统代替传统空调制冷系统，提高热传递性能；在运营阶段，利用自建的智能化指标平台，如人工智能控制操作系统、智能监管系统，迅速地发现传统方法还没发现的优化点，判断分析出数据中心进一步提升能效、降低 PUE 的空间，实现运营能效最优。而对于老旧数据中心，则要通过淘汰、改造或引入新的能耗管控系统，坚决将 PUE 值控制在标准值以下。

（三）探索节能降碳监管新方式

PUE 值已经获得了世界上大部分数据中心的认可，成为衡量一个数据中心能源效率的标准，但随着数据中心能耗控制进一步提升，其产生的碳排放成为各方关注的焦点，单从 PUE 值较难判断数据中心的降碳成效。比如一座数据中心的 PUE 值在 1.3 以下，但其主要电力来源是碳，那么其碳排放就很高。[1] 因此，若想判断数据中心节能降碳的情况，应该综合性地看待数据中心的能耗控制（PUE 值）和碳排放，建议监管部门的各项政策从关注 PUE 值转向控评结合的综合性监管方式。控就是严格控制 PUE 值，评就是评估数据中心的降碳情况，如采用 CUE[2] 值进行测量和评估，研究出在最佳 PUE 范围内，数据中心 CUE 值能达到的基准值和优秀值，从而帮助管理人员更好地了解和衡量数据中心基础设施产生的温室气体排放量以及影响，引导和鼓励数据中心转变思路，

---

[1] 数据中心 95% 以上碳排放为间接排放，既用能带来的二氧化碳排放。

[2] 碳使用效率（CUE）＝数据中心全年全部设备用电量产生的二氧化碳的总量与数据中心 IT 设备全年耗电量的比值，由中国通信标准化协会绿色网格标准推进委员会（TGGC）提出，是一种新的用于衡量数据中心用碳的指标。

由用能侧向能源侧转变，加快数据中心零碳路径探索，加强节能降碳技术的创新和推广应用，推动数据中心实现绿色节能低碳发展。

案例：万国数据上海四号数据中心践行低碳发展之路

2020年6月—2021年5月间，浦东新区万国数据上海四号数据中心在IT负载增长30%的基础上，二氧化碳排放量同比下降超过10%，若换算成同等负载，碳排放下降率达40%左右，远远优于行业平均水平。2021年7月该数据中心获得由开放数据中心委员会（ODCC）评审的"碳减排数据中心引领者"（5A）评级。

取得如此显著的碳减排效果，得益于万国数据在三方面的措施：一是通过水电直购，增加绿电使用比例达95%，有效降低碳排放，并通过部署锂电池储能电站技术，优化供电容量降低数据中心成本。二是采用高标准、高能效的原则设计和配置数据中心的供配电系统、暖通系统、冷却系统等，降低能源损耗，大幅提升数据中心整体能效水平。三是积极探索将人工智能技术植入楼宇设备自控系统，搭建完善先进的能效管理体系，精准实现高效能耗管理，有效提升运营管理水平。

此外，万国数据积极打造"数、变、储、充、光多站融合体系"的能源结构，强化数据中心与城市能源体系的综合复用。通过采用能源投资、绿电交易等组合模式，提升数据中心绿电使用比例，践行碳中和之路，不断探寻数据中心与城市协同发展的最优路径。

参考文献：

【1】《"碳达峰、碳中和"背景下数据中心绿色高质量发展研究报告》，来源：http://www.sic.gov.cn/News/609/11533.htm。

【2】张军华、刘宇：《碳达峰碳中和目标下数据中心绿色低碳发展策略》，载《信息技术与标准化》2021年版。

【3】陈鹏、周兴、晏佳惠：《碳中和背景下我国数据中心发展模式探索》，载《科技

广场》2021 年版。

【4】张一星、常金凤:《双碳背景下数据中心企业发展与应用实践》,载《中国电信业》2021 年版。

【5】蒋京鑫:《数据中心的绿色化发展方向探讨》,载《信息通信技术与政策》2020年第 6 期。

推动上海新型数据中心冷却系统绿色创新

　　2021 年全国两会，"碳达峰、碳中和"首次被列入政府工作报告，节能环保成为全社会关注焦点。算力作为新型信息基础设施的重要组成部分，正成为支撑数字经济向纵深发展的新动能。在提供海量数据服务的同时，数据中心自身也在消耗着大量能源。"双碳"目标驱动新型数据中心以冷却系统技术创新、降低能源消耗为目标。

一、"双碳"目标下数据中心能耗亟须引起高度重视

　　当下，数字经济快速发展，据《全球数字经济白皮书》显示，2020 年，全球 47 个国家数字经济规模总量达到 32.6 万亿美元，同比名义增长 3.0%，占 GDP 比重为 43.7%。全球数据总量爆发式增长，对数据中心形成了强劲的需求动力。全球范围内的数据中心产业规模迅速扩大，但由此也带来了大量二氧化碳的排放。近年来，我国数据中心整体用电量以每年超过 10% 的速度递增，据国家能源局数据显示，2020 年我国数据中心耗电量突破 2000 亿千瓦时，创历史新高，能耗占全国总用电量的 2.7%；2023 年，数据中心能耗相当于 2.6 个三峡电站的发电量，碳排放量将达 1.63 亿吨；预计到 2030

年用电量将突破 4000 亿千瓦时，占全社会用电总量将提升至 3.7%。据天眼查数据显示，目前国内数据中心相关企业数量逐年增长，共有超 12 万家。预计随着数据中心规模的不断扩大，数据吞吐量和能级计算持续攀升，数据中心能耗和碳排放量仍将处于上升期。

据 IDC 统计，数据中心的平均使用年限为 9 年。然而 Gartner 的数据显示任何运营超过 7 年的设施都趋于陈旧。其中数据中心冷却功耗占到整体功耗的 45%—50%，进而也在数据中心总成本（TCO）中占据很大部分，因此，数据中心的高冷却成本在数据中心的总能耗中占据相当大的一部分，这带来与能耗相关的高成本的挑战。

二、国内外数据中心冷却系统技术的应用和经验借鉴

（一）数据中心冷却系统技术的应用

1. 空气冷却

使用外部空气温度与设备之间的温差给设备降温，是数据中心最早的冷却方案之一，但这种冷却方法受地区限制。因此，通常会使用某种形式的空调设备来冷却 IT 设备。从早期的普通空调到 70 年代的精密空调，冷空气在硬件周围循环，通过用较冷的空气交换热空气来消散热量，其优势是成本较低，所以一直发展较快。

随着设备的不断增加，服务器越发密集，空气冷却逐渐不能满足冷却需求，最重要的是它无法满足现代工作负载需求，与功率密度的增加和繁重的工作负荷的发展逐渐不匹配。在某种程度上，用于空气冷却的资本支出不再合理。空气冷却已经占了数据中心运营成本的很大一部分，不断上升的能源成本只会加剧矛盾。对于依靠蒸发冷却或冷却塔的空气冷却系统来说，用水的限制和成本也可能带来挑战。此外，更高的功率密度会导致部署更多的冷却风扇和水泵，使数据中心更加嘈杂。

2. 液体冷却

为应对大数据、超密度计算的"功耗墙"，使用液态冷却液替代空气来对计算机设备进行冷却，是未来数据中心的一场技术革命。据 Research And Markets 数据显示，2023 年，全球液冷数据中心市场规模达 45.5 亿美元，年复合增长率达 27.7%。所谓的液冷，并不是单纯指的水。它指的是把高比热容的液体作为传输介质，将 IT 设备或者服务器产生的热量带走，即通过液体把 CPU、内存条、芯片组、扩展卡等器件在运行时所产生的热量带走。优势：一是热量带走更多，同体积液体带走热量是同体积空气的近

3000 倍。二是温度传递更快，液体导热能力是空气的 25 倍。三是噪音品质更好，同等散热水平时，液冷噪音水平比风冷噪音降低 20—35 分贝。四是耗电节能更省，液冷系统约比风冷系统节省电量 30%—50%。

可用冷却液体包含水、矿物油、电子氟化液等。其中水是最直接、成本最低廉的，但水并非绝缘体，只能应用于间接式冷却。一旦发生泄漏，对服务器等 IT 设备的损害将非常致命。矿物油是物美价廉的，但单相矿物油无毒无味、不易挥发，黏性较高，容易在设备表面形成残留，同时其燃点也较高，在某些特定条件下存在燃烧的可能性。电子氟化液是属于较安全的一种液体，绝缘且不燃，应用最广泛，但价格高昂。

按照冷却原理，目前业界液体冷却部署方式有三种：

一是冷板液冷（间接式冷却）。将液冷冷板固定在服务器的主要发热器件上，依靠流经冷板的液体将热量带走，达到散热目的。冷板液冷解决了服务器里发热量大的器件的散热，其他散热器件还得依靠风冷。所以采用冷板式液冷的服务器也被称为气液双通道服务器。冷板的液体不接触被冷却器件，中间采用导热板传热，安全性高。

二是喷淋式液冷。在机箱顶部储液和开孔，根据发热体位置和发热量大小不同，让冷却液对发热体进行喷淋，达到设备冷却的目的。喷淋的液体和被冷却器件直接接触，冷却效率高；但液体在喷淋的过程中遇到高温物体会有飘逸和蒸发现象，雾滴和气体沿机箱孔洞缝隙散发到机箱外面，造成机房环境清洁度下降或对其他设备造成影响。

三是浸没式液冷（直接式冷却）。将发热元件直接浸没在冷却液中，依靠液体的流动循环带走服务器等设备运行产生的热量。浸没式液冷是典型的直接接触型液冷。由于发热元件与冷却液直接接触，散热效率更高，噪音更低，可解决防高热谜底。浸没式液冷还分为两相液冷和单相液冷，散热方式可以采用干冷器和冷却塔等形式。

（1）两相液冷。

冷却液在循环散热中发生相变。两相液冷传热效率更高，但控制相对复杂。相变过程中压力会发生变化，对容器要求高，使用过程中冷却液易受污染。

（2）单相液冷。

冷却液在循环散热过程中始终维持液态，不发生相变，故要求冷却液的沸点较高，这样冷却液挥发流失控制相对简单，与 IT 设备的元器件兼容性比较好，但相比两相液冷，其效率较低。根据实际应用场景，可采用干冷器或冷却塔散热。

3. 自然冷却

主要包含全新风自然冷却和利用自然水源（江河湖海）进行冷却两种方式。

（1）全新风自然冷却。

直接引入室外新风、配合冷热通道隔离实现机房制冷，针对不同地区的气候条件，新风进入机房前需要经过过滤、加湿、除湿、送回风混合等预处理。

（2）自然水源（江河湖海）冷却。

采用江河湖海这些可再生的流动的水，或者回收生活废水进行数据中心的降温，并不需要足够干净的饮用水。

（二）国内外新型数据中心冷却系统建设经验借鉴

业界越来越关注数据中心能源使用效率（PUE），即数据中心总耗电量与 IT 设备耗电量的比值。其理论值为 1，越接近 1，就表明数据中心非 IT 设备耗电量越少。

1. 间接式冷却。Meta（Facebook）新加坡数据中心将第一个采用最新 StatePoint 液体冷却系统，这项技术可以大大减少水和电的消耗。根据测试，在新加坡这样的气候下，该系统可以将耗水量减少 20%，预计年度 PUE 为 1.19。

2. 浸没式液冷。如英特尔（Intel）在新墨西哥州的 Oranzhu 进行了矿物油冷却的中试。整整一年，服务器完全浸没在大桶的矿物油中进行冷却，从而改善了整个数据中心的冷却系统。通过使用矿物油进行冷却，节省了服务器 7% 的电力。系统仿真表明，使用这种冷却技术可以将整个数据中心冷却系统的能耗降低 90%—95%。阿里巴巴浙江云计算仁和数据中心，采用了服务器全浸没液冷、高压直流、供配电分布式冗余、智能 AI 优化算法等多项节能技术进行规划设计与建造，其 PUE 值为 1.09。

3. 全新风自然冷却。如日本福岛白河数据中心制冷系统采用"直接新风自然冷却 + 水冷冷水机组机械制冷 + 风墙送风"，整个外墙作为进风百叶，降低风阻和噪音；利用建筑结构作为送风通道，比送风风道方案降低了阻力；应用独特的鸡笼结构，利用烟囱效应来降低排风功耗。日本长冈市 Data Dock 数据中心有天然积雪条件并创新性提出"雪水冷却"，通过储藏雪水的方式，一年中大部分时间均使用雪水进行制冷。此外配备一套压缩机系统，用乙二醇防冻液的方式来进行供冷，形成完整的配合，其 PUE 值低至 1.19。Meta（Facebook）在美国俄勒冈州普林维尔的数据中心，室外空气过滤以后，进行加湿降温，然后通过风扇墙送入机架的进风口，室内新风经服务器加热后排到室外，其 PUE 值最低能达到 1.07。

4. 自然水源（江河湖海）冷却。如微软在苏格兰海岸线附近的北海水域中实验性地部署了一个水下的数据中心，包含 864 台服务器，共计 27.6 PB 的内存。数据中心被密封在钢制容器内，并且容器内充有干燥的氮气，之后海底数据中心通过铺设的海底电缆与陆上操作中心相连。实验结束后，服务器故障率只有陆上故障率的 1/8。2021 年 3 月份获得了美国国防部 219 亿美元的集成视觉增强现实（AR）系统合同，该设备的相关云计算数据中心将在水下建设。初始合同价值预计将超 5 亿美元，这也是自 2015 年微软启动水下数据中心项目并于 2020 年宣布成功验证以来的首次大规模商业应用。挪威 Lefdal 矿山数据中心，该数据库使用相邻峡湾的冷海水进行冷却，可再生能源为其运营提供动力。阿里巴巴千岛湖数据中心，利用深层湖水制冷并采用阿里巴巴定制硬件，设计年平均 PUE 低于 1.3，最低时 PUE1.17。淳安地区年平均气温 17 度，其常年恒定的深层湖水水温让数据中心 90% 的时间都不依赖湖水之外的制冷能源。工艺系统设计上，使千岛湖深层湖水通过完全密闭的管道流经数据中心，帮助服务器降温，再流经 2.5 公里的青溪新城中轴溪，作为城市景观呈现，最终自然冷却后再回到湖中形成一个完整的闭环。

三、推动上海新型数据中心冷却系统绿色创新的建议

（一）加快长三角数据中心冷却技术自主创新

鼓励长三角三省一市数据中心产业链上下游企业联合开展跨区域自然散热技术（氟泵双循环空调、重力热管空调、新风热交换器）、液冷技术（小型化液冷技术、间接式液冷技术、浸没式液冷技术）、智能联动系统（设备分时段关断、低载自动调节、系统资源整合分配）、高效系统（超高效电源系统、高效储能系统、高效气流组织系统）等关键技术和核心环节攻关，进一步降低数据中心的能耗。

（二）基于人工智能优化上海数据中心冷却系统

推动人工智能相关企业与基础电信运营商、大型互联网公司及云计算服务商合理有效地对接，引入 AI 优化本地数据中心的能源使用，学习和分析温度，测试流量并评估冷却设备，部署不同的智能传感器来发现能源效率低下的源头并自主优化，在冷却系统出现故障并造成停机之前识别出冷却系统的问题。

（三）鼓励行业龙头企业开展临港水下数据中心实验

鼓励行业龙头企业开展将数据中心部署在临港新片区沿海附近水域的实验。以服务器等 IT 设施安装在水下密封压力容器中的水下数据中心，通过与海水进行热交换，利用流动海水对 IT 设施进行散热，有效节约了能源、资源，同比陆地 IDC 将显著降低建设和运维成本，并结合模块化建设，缩短施工周期，有效降低数据传输的延迟，树立国内新型数据中心建设示范标杆。

参考文献：

【1】中国信息通信研究院：《全球数字经济白皮书（2022 年）》，2022 年 11 月。

【2】陈心拓、周黎旸、张程宾、王树华、张亮亮、陈建峰：《绿色高能效数据中心散热冷却技术研究现状及发展趋势》，载《中国工程科学》2022 年第 9 期。

【3】耿志超、黄翔、折建利、褚俊杰：《间接蒸发冷却空调系统在国内外数据中心的应用》，载《制冷与空调（四川）》2017 年第 5 期。

加快推动上海动力电池回收利用产业发展

  2022 年 12 月，工信部发布了第四批符合《新能源汽车废旧动力蓄电池综合利用行业规范条件》企业名单，叠加已发布的前三批名单，国内动力电池回收白名单企业将超 80 家。本次白名单的发布意味着电池回收正愈发受到国家重视，但截至目前，国内现有的动力电池回收利用产业依然处于"野蛮生长"的状态。上海市经济与信息化发展研究中心综合分析后认为，上海具备发展废旧动力电池回收利用产业的条件及基础，应围绕技术突破、规范制定、场景开发和标准引领等关键环节，发挥自身技术和产业优势，把握住产业链高端环节，积极探索产业化和商业化新模式，为实现"产业绿色低碳化"和"绿色低碳产业化"提供有力支撑。

  近年来，受制于环境污染和能源危机问题的日益严重，全球交通能源战略和汽车产业发展面临巨大变革，以纯电动汽车、增程式电动汽车、混合动力汽车、燃料电池电动汽车等为代表的新能源汽车，成为改变世界汽车产业现状和未来的主导力量。新能源汽车一直以来就是国家产业转型升级的重点关注对象，尤其是动力电池认证、回收，打造动力电池全生命周期安全闭环已引起社会的广泛关注。经国盛证券测算，我国动力电池回收实际市场规模 2022 年预计约为 146 亿元，至 2030 年理论上可达 1406 亿元，锂电回收整体市场规模 2022 年预计约为 314 亿元，至 2030 年理论上可达 2351 亿元。随着汽车工业、绿色能源、光伏产业迅猛发展的有力驱动，国内动力电池等储能设备加速产能扩张，老行业迎来新春天，这将给上海发展电池回收产业带来全新的挑战与机遇。

一、发展动力电池回收利用产业是实现气候中和目标的关键因素

（一）我国及欧盟已明确开展对车辆"全周期"碳足迹监管和动力电池回收利用

从欧洲看，欧盟于 2020 年 10 月发布了有关修订《电池指令》的法律草案，将管控方式由"指令"变成"法规"，以确保投放欧盟市场的电池在整个生命周期能保持高性能、可持续和安全。新的《欧盟电池与废电池法规》已于 2022 年 2 月获得欧盟环境、公共卫生和食品安全委员会（ENVI）的通过。欧盟要求自 2024 年 7 月 1 日起，进入欧洲市场的工业和电动汽车电池的制造商必须提供碳足迹证明，到 2025 年每一辆出口到欧盟的汽车需核算发布其生命周期二氧化碳的排放，而且电池的碳足迹、可回收成分含量、原材料采购是否可靠等情况必须经过第三方强制验证。到 2030 年，钴、铅、锂、镍再生原材料含量占比分别达到 12%、85%、4%、4%；到 2035 年则提升至 20%、85%、10%、12%。

目前，欧盟多国已立法要求生产商或零售商对其生产或销售的电池承担回收义务。在荷兰，电池生产商和进口商对回收和处理其经营的产品负有全部责任，必须告知消费者回收地点。在德国，消费者有义务将废旧电池送交商店或废品回收站，后者必须无条件接收并转送至处理厂进行无害化处理，一些市政部门还会定期派出车辆上门回收废旧电池。在瑞典，要求电池零售商回收废旧电池，并对电池销售征收特别销售税，用于支付回收、运输、处理电池的费用。

从我国看，2021 年 7 月，国家发改委印发《"十四五"循环经济发展规划》，其中一个重点行动便是"汽车使用全生命周期管理"，并明确废旧动力电池循环利用行动由工业和信息化部会同国家发改委、生态环境等部门组织实施。中国汽车技术研究中心发布 2022 年度《中国汽车低碳行动计划》研究报告，以 6725 款乘用车及商用车为样本，系统梳理了在中国境内销售的乘用车、商用车等全生命周期的碳排放核算及碳排放水平。

数据显示，我国汽车行业全生命周期碳排放总量达 12 亿吨，其中乘用车约占 58%。从全生命周期来看，一辆纯电动车碳排放约为 22.4 吨，碳减排的压力与潜力巨大。

近几年，国家部委开始大力推动行业发展。2018 年，七部委联合印发了《新能源汽车动力蓄电池回收利用管理暂行办法》，强调"动力电池回收实行生产者责任延伸制"，要求车企承担电池回收的主体责任，并提到对废旧动力电池首先进行梯次利用，再进行资源化回收利用。2020 年 3 月，工信部发布《2020 年工业节能与综合利用工作要点》，其中就包括推动新能源汽车动力蓄电池回收利用体系建设。2022 年 2 月，工信部等八部门联合印发的《关于加快推动工业资源综合利用的实施方案》中强调，推进再生资源规范化利用，并针对完善废旧动力电池回收利用体系单独作出指导说明。8 月 1 日，工信部、发改委、生态环境部印发《工业领域碳达峰实施方案》，实施方案设置了六大重点任务，再次强调建设动力电池回收利用体系。

（二）动力电池回收为实现资源综合利用和碳减排目标保驾护航

从矿物原料看，推进电池回收产业的发展，可有利于锂、镍、钴等资源综合利用和持续发展，降低供应链环节压力。目前，新能源汽车的销量还远未见顶，但是市场上已感受到电池所需矿物的吃紧。俄乌冲突的爆发和世纪疫情的反复给世界经济发展增加了大量不确定性，动力电池原材料价格大幅上涨及"求之不得"，让本就脆弱的新能源汽车产业更加"风雨飘摇"，不少国家已将矿物原材料列为战略资源予以重点关注。锂矿方面，欧盟将锂列为 29 种重大经济和战略价值矿产之一，并于 2022 年 9 月发布《欧洲关键原材料法案》，寻求确保锂和稀土等矿物的供应安全；美国将锂作为 50 种对经济和国家安全至关重要资源之一；中国将锂定位为 24 种国家战略性矿产资源之一。阿根廷外交部表示，阿根廷、玻利维亚和智利正在草拟一份文件，以推动建立一个锂矿行业的石油输出国组织，力图在锂矿价值波动的情况下达成"价格协议"。据公开信息报道，截至 2021 年 11 月，全球碳酸锂价格从两年前的 4 万元 / 吨，涨到 55 万元—56 万元 / 吨。镍矿方面，产量占全球近 30% 的印尼于 2019 年底突然宣布禁止镍矿出口，目的是要发展国内冶炼等产业链，不再出口附加价值低的原材料。钴矿方面，在"2022 清洁能源技术与双碳科学论坛"上，中科院物理研究所研究员、松山湖材料实验室副主任黄学杰指出，全球的钴大部分已经被用到锂电池中，锂电池未来可能面临无钴可用的情况。

从碳减排角度看，贯穿动力电池产业全生命周期的碳排放较多，回收动力电池更有利于碳排放的有效控制。根据中汽中心研究报告，动力电池在纯电动汽车全生命周期中的碳排放占比高达接近40%。全面电动化实现后，动力电池的减排将尤其重要。经过对产业链各环节碳足迹梳理分析，宁德时代提出，电池企业的碳排放仅占15%左右，电池产品碳足迹主要来源于上游产业的碳排放。在加强规范采购的同时，大规模使用回收材料、加强技术工艺升级，是实现电池降碳的重要手段。另以2022年华友循环与宝马合作为例，通过对动力电池进行拆解，采用华友循环先进的绿色冶金技术，高比例提炼电池中镍、钴、锂等核心原材料，将首次实现宝马国产电动车动力电池原材料闭环回收及动力电池原材料的闭环管理。与原先回收再利用方式不同，动力电池材料闭环模式可实现核心原材料100%返回到汽车企业自有供应链体系，并再次用于新能源车型动力电池的生产制造。这一举措将有效减少矿产资源开采中70%的碳排放量，显著减少动力电池全生命周期的碳足迹。

二、国外动力电池回收利用行业的主要做法

（一）美国非常注重回收利用的技术研究

美国能源部于2019年投资1500万美元（3年期），联合阿贡国家实验室、国家可再生能源实验室、橡树岭国家实验室以及伍斯特理工学院、加州大学圣迭戈分校和密歇根理工大学，共同组建Recell中心，该中心作为美国第一家致力于研发锂电池回收利用的中心，主要通过开发新工艺和新手段，降低锂电池回收的成本（将电池回收成本降低至每千瓦时80美元），在保障电池回收有利可图的情况下，减少对外国矿物资源的依赖。2021年6月，美国能源部发布由联邦先进电池联盟编制的《美国国家锂电发展蓝图2021—2030》提到，要实现锂电池报废再利用和关键原材料的规模化回收，在美国建立一个完整的具有竞争力的锂电池回收价值链，并要在科研培训方面进行一定的投入。2022年3月，美国总统乔·拜登援引《国防生产法案》来增加高需求矿物的供应，引导国内对采矿和其他形式的回收进行投资。例如，由特斯拉联合创始人、前首席技术官JB Straubel创立的Redwood Materials公司已在内华达州卡森市进行锂离子电池和电子垃圾的回收利用，计划再投资35亿美元在南卡罗来纳州里奇维尔建造第二家大型工厂，进行电池回收、提炼和再制造操作，该公司还宣布与大众、丰田、福特和其他汽车制造商在电池收集和回收方面开展合作。由华人科学家们在美国普林斯顿大学内部孵化创立的公司Princeton NuEnergy，正利用最新的锂电池增值回收技术，为商用电动车企

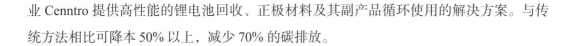

业 Cenntro 提供高性能的锂电池回收、正极材料及其副产品循环使用的解决方案。与传统方法相比可降本 50% 以上，减少 70% 的碳排放。

（二）欧洲以知名车企、化工企业为核心推动动力电池回收

欧洲各国与企业都在积极进行探索。如，德国宝马集团于 2017 年在其莱比锡工厂建立了"电池农场"，将宝马 i3 废旧汽车电池都回收到储存农场，利用废旧电池存储来自风力涡轮机的多余电力，为工厂和当地居民供电。2022 年下半年，宝马集团与比利时材料回收公司 Umicore 以及瑞典电池公司 Northvolt 共同创建汽车电池回收企业；宝马集团将与德国回收公司 Duesenfeld 合作，计划把动力电池回收利用率提高到 96% 等信息见诸报端。全球化工巨头巴斯夫也将在德国东部勃兰登堡州的施瓦茨海德镇建造一家商业化的电池回收工厂。大众集团计划在其德国萨尔茨吉特工厂启动电池回收试点项目，自 2020 年起，该厂每年将回收约 1200 吨废旧车用锂电池。未来 10 年内，将电池组原材料回收利用率提升到 97%。此外，挪威电池回收企业 Hydrovolt 近日官宣已开始商业化回收业务。这家欧洲最大的汽车电池回收工厂每年能处理约 12000 吨废旧电池组，长期目标是到 2030 年回收约 30 万吨电池组。

（三）日本企业在政府推动下，强强联手探索商业化模式

日本汽车制造商早已开始探索废旧动力电池回收再利用的商业化模式，已形成以企业为主导，利用零售商、汽车经销商或者加油站的服务网络向消费者回收废旧电池的发展业态。日产汽车与住友商事早在 2010 年便成立合资企业 4R 能源公司，专注于电动汽车电池的有效再利用，并通过开发技术和基础设施，以再制造、再循环、再销售和再利用 4R 模式发掘车载电池能量价值，为其他设施提供电力。2018 年 9 月，在日本经产省的撮合下，丰田、日产等企业联合启动了废旧电池回收项目，由各大厂商共同出资成立了"日本汽车循环利用协作机构"，总部位于东京，在北海道、秋田、茨城、爱知等地建立了 7 个工厂，同时建立更多的电池回收点和回收设施。主机商可以将旧电池交给协作机构及回收工厂来处理，前者按比例向后者缴纳处理费即可。同年，4R 能源公司发起建设的日本第一家专门从事电动汽车锂离子电池循环再利用的工厂正式开业。 2019 年，日产集团独辟蹊径，利用日产纯电动车的废旧电池和一系列太阳能电池板推出全新立式路灯，并设置在日本福岛县，使城镇的供电不再依赖于当地电网。

三、国内动力电池回收利用是产业链上的薄弱环节

（一）我国动力电池回收起步早，但回收再利用市场有待经受考验

2015 年我国动力电池回收开始起步。2018 年 9 月，工信部发布首批动力电池回收企业白名单，国内动力电池回收纳入正规化发展。在整车企业趋之若鹜的同时，电池制造商和第三方材料回收商也同样顺理成章地加入战局。2022 年后为爆发期，动力电池装机量保持高速增长，回收行业涉足者增多且竞争白热化，电池回收的经济性随金属价格上涨和技术进步有所增强。极具代表性的企业包括宁德时代下属的邦普循环、华友钴业和格林美。其中，邦普循环通过独创的定向循环技术，在全球废旧电池回收领域率先破解了"废料还原"的行业性难题，目前已具备年处理 12 万吨废旧电池的能力，镍钴锰金属回收率达到 99.3%。华友钴业是上游电池材料企业切入锂电回收业务的典型案例，华友钴业与多家知名整车企业合作梯次利用开发和承接废旧电池再生处理，目前具备年处理废旧电池料 6.5 万吨的产能。格林美是中国城市矿山开采的领域的龙头，已与全球超 200 家整车厂及电池厂签署了动力电池回收协议并展开合作，2022 年回收废旧动力电池包 2 万吨以上，市场占有率达到 10% 以上。

但是，从国内动力电池回收利用行业发展态势看，存在着非正规企业较多、品类多、回收难度高等问题。一方面，由于工信部认定的"白名单"企业只有 80 余家，仅占行业 1% 左右，难以满足庞大的回收需求，众多小作坊则以高价收购冲击市场。据高工锂电数据显示，2018 年至 2020 年间，"白名单"企业仅回收了不到 20% 的废旧动力电池，其他大部分动力电池都流入了非正规回收企业。另一方面，市面上动力电池型号、品类众多，设计思路、电池材料、内部结构等诸多方面都存在差异，一定程度上增大了对废弃动力电池健康状态评估、拆解回收的难度。

（二）上海从事动力电池回收利用企业较少，但新能源车企具有良好的基础

截至 2022 年 12 月，工信部共发布了四批符合《新能源汽车废旧动力蓄电池综合利用行业规范条件》企业名单，上海有 4 家企业列入企业。其中，3 家是"梯次利用"企业，另 1 家是"梯次利用"与"再生利用"相结合。总体而言，上海的动力电池回收利用企业相比工业较强的兄弟省份仍然较少，在回收利用的模式上也稍显不足，但依然可

以有所作为。首先，新能源汽车是上海"3+6"新型产业体系和"四大新赛道"的组成部分之一，在顶层设计方面，上海已发布了《上海市瞄准新赛道促进绿色低碳产业发展行动方案（2022—2025年）》，方案明确抢抓"六化"市场需求、形成新动能，资源循环化是其中之一。方案提出的绿色低碳产业培育行动中要求"发挥新能源整车龙头企业拉动效应，发展废旧动力电池循环利用产业"。其次，作为国家新能源汽车智能制造产业的龙头，上海拥有大量的新能源汽车企业，应当推动车企承担电池回收的主体责任。考虑到其作为电动汽车的生产者，对电池溯源可以掌握更多的数据，在回收中更具优势，并且整车企业大都具备完善的经销网络，能够以此为依托，通过汽车4S店、汽车销售商等提供动力电池回收服务，缩短了铺设回收网点的时间，从而以较快速度开展动力电池回收业务。可以说，上海发展动力电池回收利用产业基础完备。

四、上海发展动力电池回收利用产业的相关建议

（一）聚焦回收技术研发与场景开发等关键环节

废旧动力电池"变废为宝"的关键是分解、提纯等回收技术的突破。在动力电池化学性能迟迟难以出现突破性进展的当下，各大主机厂纷纷将目光投向了其物理结构，刀片电池、麒麟电池、CTP与CTB等各技术的层出不穷增加了电池容量，但客观上也使得动力电池的拆解难度急剧增加。另据锂解数据报告，现阶段的梯次利用与回收仍然处于人工拆解阶段。随着一体化电池包成为主流，电芯主要靠强力胶水黏结在下底壳，强行拆解难度较大，且安全性、环保性、生产效率较差。

从上海实际情况看，发展动力电池回收利用产业，应布局发展回收技术研发与多场景开发，着眼于技术开发、标准制定和流程设计等产业链高端环节。受制于上海的用地空间不多及具体的拆解回收产业可能带来的环境问题，上海市政府可以引导各大车企联合高等院校和科研院所聚焦动力电池梯次利用与分解、提纯技术研发，解决梯次利用性能稳定性和安全性问题，拓展像储存系统等多场景的开发，攻克不同型号和性能电池的回收技术难题。研究建立电池制造与拆解规范，对生产工艺进行把控，组建统一且可靠的测试平台。积极主导和参与动力电池原材料提取和废旧回收标准，通过打造属于自己的"上海认证体系"，为其他企业提供服务，力争在动力电池回收利用研究领域形成与国际领先水平同步的优势。通过主导产业链高价值环节，将整车厂的精力专注于回收本身，再送往其他地区按要求拆解、精炼、再生利用。在解决为企业"卸包袱"问题的同

时，与兄弟省份合作完成对全产业链的掌控。

（二）指导企业落实动力电池回收利用数据共享互通

从目前国内动力电池回收利用产业看，回收机制并不清晰，涉及整个动力电池回收过程的参与方包括多个利益主体，这也导致回收责任划分及费用承担主体不明晰，产业链上下游信息不对称。上游有废旧电池市场找不到下游买家，或下游有买家找不到上游的电池，并且交易的透明度比较低。尽管国家层面有动力蓄电池回收利用溯源综合管理平台，但由于缺乏强制性政策，很多企业上报的数据严重滞后或不完整。仅仅基于不完整的数据，无法准确预测电池的剩余寿命和容量，这对动力电池梯次利用和回收将带来较大的影响。为有效推进动力电池回收利用产业发展，上海相关部门应研究制定相关指导意见，按照国家溯源综合管理平台的要求，指导整车企业及时收集电池生产企业的数据上传到平台。对于有电池调整或更换的，车企也要督促经销商、维修商和租赁运营上传更换信息、尽快汇总，以利于对动力电池的健康状况作出评估，更好地开展梯次利用或者直接回收再利用。同时运用"数据＋算力"的方式整合收集到的汽车数据，对未来电动汽车的销售趋势、品牌发展、技术偏好等关联方向做出预测。

（三）推动国家或地方性法规的制定支持产业发展

专项法律对于废旧电池的回收管理具有举足轻重的作用，美国是全球最早用法律的形式对电池回收问题进行规制的国家，而且不同层级的立法侧重点各有不同，联邦层面以行业宏观规范为主；州层面侧重于各方主体的责任和义务分配；地方层级立法主要出台各种激励政策。日本于1993年颁布了《环境基本法》，明确规定了生产企业的电池回收义务。在2022年的全国两会上，许多人大代表提出了规范动力电池回收产业链的建议。据公开信息报道，工信部于2021年就提出将从法规等方面，加快推动新能源汽车动力电池回收利用。上海应积极对接工信部，协同推动国家层面立法工作，建立适合中国国情的动力电池回收利用体系。另一方面，试点研究出台相关地方性法规，比如强化消费者的参与责任，需要将即将报废或是换掉的新能源汽车或是其他含电池的大宗物件交至获得授权的企业或回收站；明确生产企业、销售企业和回收单位的责任，相关企业必须无条件接收废旧电池，并转送返还生产者或回收企业予以处理。可借鉴国外一些成功经验或做法，采取发放费用或购买折扣的形式建立激励机制等，从根源上提高回收效率。

加强新材料产业对接上海汽车产业链

　　我国汽车产业正在从高增长向高质量发展，节能减碳与智能成为转型发展和技术升级的主旋律。在国家和地方新能源汽车、智能汽车产业政策推动下，围绕"绿色化、电动化、智能化、轻量化"的应用和发展方向，车用新材料迎来了新的市场机遇，不仅能显著提升产品性能，更能借助汽车产业的乘数效应激活产业链上下游更多领域的应用市场。上海在汽车与新材料两大产业均具有相当优势，深化汽车新材料产业链对接与协同发展，将有助于促进新材料与汽车产业的融合创新，加速产业核心竞争力形成，推动上海汽车产业高质量发展。

　　积极应对气候变化是当今世界大势所趋，汽车产业成为新一轮能源技术和产业革命的主要承载体。从全球范围看，世界各国陆续出台燃油车禁售时间表，提高各类车型的能耗限制，能源低碳化、材料低碳化的汽车新产品不断问世，同时以无人驾驶为代表的智能汽车研发成为汽车产业新的技术制高点。据公开数据显示，在新冠疫情、缺芯等不利因素影响下，2021年全球汽车销量减少约1000万辆，但以"绿色、节能、智能"为特点的新能源汽车逆势上涨，全球新能源汽车销量达到670万辆，同比增长102%。其中，我国新能源汽车销量达到354.8万辆，同比增长160%。汽车产业是集先进的制造技术与先进的材料科学于一体的重点领域，新材料在汽车轻量化、动力电池、汽车芯片等多方面发挥了重要的基础性作用，只有构建起安全可靠的新型材料保障体系，才能确保未来汽车产业的竞争力。

一、新材料对汽车产业转型的重要作用

国内外汽车市场的迅速发展，带动了汽车材料大范围的更新和替换，新材料的应用和发展对汽车产业转型具有显著的支撑作用。目前，汽车新材料的应用主要聚焦四方面：一是汽车轻量化材料，如碳纤维复合材料、车用轻合金、碳陶复合材料、高性能纤维等。汽车轻量化材料不仅能满足汽车安全的强度要求，也可以有效降低汽车能耗；二是绿色低碳材料，如再生金属、可降解塑料、低碳橡胶等。绿色低碳材料不一定能带来汽车性能提升，但在全球日趋严格的环保法规要求下，提高绿色低碳材料占比是汽车产业的必然选择；三是汽车电子材料，如半导体硅片、溅射靶材、碳化硅等。汽车电子材料是汽车芯片的基础，在提升整车控制性能及智能网联方面发挥着至关重要的作用。四是新能源材料，如稀有金属材料、镍钴锰酸锂三元材料、硅碳复合负极材料、全氟质子交换膜等。新能源材料性能关乎新能源汽车的动力输出，对提升整车动力性能及续航能力具有决定性作用。

（一）助力汽车产业实现节能低碳

1. 汽车轻量化加快推进步伐

汽车轻量化是汽车产业长期以来的研究重点，是提升整车性能的关键途径之一。据相关实验数据，若汽车整车重量降低10%，整车能耗将降低约5.5%，续航里程将提高约6%，实现汽车轻量化对于汽车的节能减排、提升市场竞争力具有重要意义。要实现这一目标，既有赖于不断优化的产品设计，更离不开新材料的加持。目前，新材料助力汽车轻量化的主要方向包括使用碳纤维复合材料、铝合金、镁合金等车身及其他结构件。传统以钢为主的汽车材料，正向以钢铝混合、全铝车身、塑料复合材料和镁合金等多材料混合应用的趋势发展。

2. 汽车低碳化催生材料研发

汽车产业低碳化涉及整个产业链，主要包括制造环节低碳、使用环节低碳及回收环节低碳。在制造环节，低碳化的主要手段是降低能耗与使用再生资源，而以再生金属为代表的新材料不仅是资源的再生利用，更可以显著降低生产能耗。以再生铝为例，生产1吨再生铝要比铝原矿节能约3.5吨标准煤。在使用环节，低碳化的主要手段是通过新能源汽车实现对传统燃油车的替代，而新材料的使用能显著提升新能源汽车的动力性能、续航里程、电池安全等关键参数，有利于新能源汽车的推广普及。以硅碳复合负极材料为例，其理论电池克容量能达到现有石墨负极材料的10倍。在回收环节，低碳化的主要手段是提高汽车零部件的回收利用率和使用环保材料，而以可降解塑料、低碳橡胶为代表的新材料可以有效缓解废弃零部件的环保压力。

（二）助力汽车产业实现智能网联

1. 半导体硅材料仍是突破重点

汽车产业实现智能网联的关键在于汽车芯片，半导体材料则是构成汽车芯片的基础。从新材料视角看，全球与我国对半导体新材料的内涵理解略有不同。对全球而言，围绕第一代半导体硅材料的研发与产业化已较为成熟，第二代推动了通信等一系列产业发展，全球半导体新材料的研发聚焦在以碳化硅、氮化镓等为代表的第三代半导体材料上。对我国而言，由于在集成电路领域起步较晚，且半导体硅片行业技术壁垒较高，导致我国在第一代半导体硅材料方面与世界先进水平存在较大差距，尤其是大尺寸高纯度半导体硅片长期依赖进口，同时鉴于某些领域硅材料的应用地位不可撼动，目前我国重点推进的半导体新材料既包含碳化硅、氮化镓等为代表的第三代半导体材料，也包含大尺寸高纯度半导体硅片、高纯金属溅射靶材等为代表的前代半导体材料。

2. 第三代半导体材料应用势在必行

半导体新材料可为汽车产业实现智能化发挥重要作用。以第三代半导体材料碳化硅为例，碳化硅是当前发展最成熟的宽禁带半导体材料，可广泛应用于新能源与5G通信。据相关研究表明，碳化硅具有很多物理和化学性质上的优点，如化学性能稳定、导热系数高、热膨胀系数小、耐磨耐高压等，与相同电气参数的产品对比，采用碳化硅为材料制作的产品，可缩小约一半的体积，降低近八成的能量损耗。近年来得益于新能源汽车的快速发展，为满足新能源汽车对于功率器件的更高要求，碳化硅、氮化镓等第三代半导体材料在新能源汽车上的应用比例不断上升。可以预见，随着半导体新材料技术工艺的成熟与制备成本的下降，未来半导体新材料在汽车产业中的应用会进一步扩大。

二、新材料对接上海汽车产业链的现状分析

多年来，上海聚焦抓新、抓大、抓生态，在世界级汽车产业中心建设方面取得新突破，其产业规模、研发能力、人才培养、市场应用等均处于国内前列，这对车用新材料提出了更高的发展需求。新材料和新能源汽车都是上海市战略性新兴产业的重要组成部分。据上海市统计局发布的数据，2021年上海新材料产业完成规上产值3264.64亿元，同比增长6.6%，占全市工业战略性新兴产业规上总产值的20.2%；2021年上海新能源汽车产业完成规上产值1172.56亿元，同比增长1.9倍，占全市工业战略性新兴产业规上总产值的11%，实现新能源汽车产量63.19万辆，同比增长1.6倍。随着《上海市先进材料产业发展"十四五"规划》《夯实基础 推动本市先进材料产业高质量发展三年行动计划（2021—2023年）》的相继出台，上海应充分发挥现有的优势资源，深化汽车新材料产业链对接，为产业合作拓展更广阔的空间，推动两大产业做大做强。

（一）基础条件

从汽车产业看，上海作为国内重要的汽车研发、生产及销售中心，在汽车产业领域具有领先优势，实现了从研发到服务、零部件到整车、乘用车到商用车、传统燃油车到新能源汽车等各个领域全覆盖。上海汽车产业现已形成以嘉定安亭、浦东金桥及临港新片区为核心，松江、闵行、青浦、杨浦及奉贤等为支撑的产业空间布局，涵盖上海整车及关键零部件重点企业。同时，围绕上海汽车产业两大核心，即国内最大车企上汽集团与全球市值最高车企特斯拉建设配套产业集群，形成了多个产业结构清晰、分工定位明确、发展水平高端的汽车产业基地。根据《上海市先进制造业发展"十四五"规划》，未来上海将继续推动汽车产业向新能源化、智联化、共享化、国际化、品牌化发展，提升研发设计、试验试制、智能制造、出行服务等全产业链能级，促进汽车与5G通信、物联网、智能交通等融合发展，实现万亿级产业规模，着力打造世界级汽车产业中心。

从新材料产业看，上海对新材料产业布局较早，依托宝山精品钢基地与金山化工基地，较早就形成了以"北钢南化"为特征的上海新材料产业基础。近年来，随着新一代信息技术、高端装备、新能源汽车、节能环保等战略性新兴产业的快速发展，各产业对

新材料的需求日益增加，不断为上海新材料产业注入发展动力。上海新材料产业现已形成以宝山、金山和上海化工区为核心，嘉定、闵行、青浦、浦东、松江、奉贤等为支撑的产业空间布局，配套形成了以集成电路、新能源汽车、高端装备、航空航天等产业为代表的新材料产业集聚区，并在先进钢铁材料、先进石化化工新材料、新型无机非金属材料、高性能纤维及复合材料及前沿新材料等多个方面取得突破。根据《上海市先进材料产业发展"十四五"规划》，未来上海将积极构建以基础材料、关键材料、特色材料和前沿材料为重点的上海先进材料产业体系，打造一批国际水准的特色材料产业集群，进一步增强对先进制造业的保障能力，使产业发展水平保持国内领先。

（二）问题挑战

一是转型压力。上海汽车与新材料产业都面临节能减碳的转型压力。对上海汽车产业而言，目前正处于传统燃油车向新能源汽车过渡的阵痛期。从2019—2021年上海新能源汽车产量数据看，虽然上海新能源汽车产量从8.3万辆升至63.2万辆，增长了6.6倍，但是如果除去特斯拉上海工厂生产的48万辆，上海其他新能源汽车产量增速不到全国增速的一半。对上海新材料产业而言，由于产业基础源自高污染与高能耗的钢铁、化工产业，产业节能减碳的压力突出，同时受制于城市发展要求，上海在环保领域的准入门槛较高，上海新材料产业既要加快研发和产业化步伐，在基础材料、关键材料、前沿材料等领域缩小差距和填补空白，更要满足日益严格的节能减碳要求。

二是供需错配。上海作为国内主要的汽车产业基地，聚集了上汽集团、特斯拉、华域汽车、联合电子等众多整车及零部件企业，汽车产业一直对新材料具有旺盛的产品需求。但目前在上海汽车与新材料产业之间存在着明显的供需错配现象，一方面汽车产业需要大量进口新材料产品，另一方面本土新材料产业又无法将自身的研发成果向汽车产业转化。造成这一现象的主要原因，既有新材料产品性能、质量稳定性、产品一致性等方面与进口新材料存在差距等客观原因，也有汽车与新材料产业对接不到位，导致新材料产业不了解汽车产业实际需求，汽车产业不掌握新材料产业最新研发进展等主观原因。

三是同质竞争。近年来，上海按照国家战略部署，牵头推进长三角区域一体化战略，在产业合作与对接上取得一定成效。但长三角区域的产业阶梯与差异化布局不明显，区域产业间竞争大于合作，尤其在新能源汽车、新材料等战略性新兴产业上，长三角区域的产业同质竞争激烈，不仅发展的重点产业相互重合，连具体的细分领域也高度相似，造成区域间产业资源争夺与内耗。问题的症结，一方面在于长三角区域经济发展阶段相差不大，都面临土地资源紧张，产业成本上升等共性问题，推进具有高附加值、高技术含量的新兴产业是不同区域共同的合理选择，另一方面在于因不同省市间行政及管理机构分割，跨省市的协调和对接困难，进而较难基于产业链从整体上进行区域产业布局和分工。

三、加强新材料对接上海汽车产业链的对策建议

随着全球积极推进节能低碳及新兴技术快速发展带来的迭代巨变，上海汽车与新材料产业在面对挑战的同时也收获了难得的发展机遇，以汽车轻量化、绿色低碳、汽车电子、新能源等为代表的汽车新材料市场前景广阔。据国外机构预测，预计到2025年，仅在汽车轻量化材料领域的全球市场规模就将达1083亿美元，年复合增长率达6.8%。深化上海汽车新材料产业链对接不仅可以更好地满足两大产业发展需要，也是推进两大产业转型升级的重要举措，对于上海科技创新中心建设，实现上海产业高质量发展具有重要意义。

（一）围绕产业做好供需对接

上海汽车产业链较为完整，深化汽车新材料产业链对接，可以围绕上海汽车产业链开展对新材料产品需求的分析，结合上海新材料产业发展实际进行有针对性的匹配。建议开展以下三方面工作：一是建设新材料产品和汽车应用的供需数据库。数据库初期主要依托汽车新材料领域的专家资源形成供需清单，后期主要依托行业协会、产业联盟等牵头对数据库进行更新和维护。二是探索产学研用合作攻关新模式。优化企业、高校、科研院所、行业协会、产业联盟等产业相关方定期交流方式，沟通了解产业发展的最新趋势和需求。针对产业链核心关键环节的缺失，以市场需求为牵引开展产业链"一条龙"攻关，深化和完善强链补链合作机制。三是创新落实国产新材料产品推广应用政策。鼓励汽车与新材料企业共同进行产品研发，积极开展车用新材料的验证试验。充分利用新材料首批次的惠企政策，对采用新材料产品国产替代汽车企业给予重点支持，并借助汽车博览会、国际工业博览会等展会渠道，组织车用新材料"首款"发布会，扩大国产新材料产品的知名度和品牌效应。

（二）立足产业实际精准发力

上海汽车与新材料产业有自身特点，要立足上海产业实际进行各环节的深度挖潜，分步骤有序推进产业链对接。建议开展以下三方面工作：一是考虑不同转型阶段的产品需求。新材料产品在传统燃油车与新能源车上均有广泛需求，但两者应用的重点有所不同，产业转型阶段进行产业链对接时应同时考虑。二是突出优势领域的市场应用。上海新材料产业在先进钢铁材料、先进石化化工新材料、新型无机非金属材料、高性能纤维及复合材料等领域具有领先优势，可相应地重点突出应用于汽车轻量化与汽车电子材料的研发。三是以生产要素控制推动区域间产业合作。上海作为落实长三角区域一体化战略的牵头方，有责任推进这一国家战略。面对区域内产业同质竞争，应依托上海自身优势，聚焦生产要素控制，在保持产业竞争力的同时积极推动区域内产业的协调与对接。

（三）营造适宜产业发展环境

上海汽车与新材料产业均处于产业变革的关键期，为深化汽车与新材料产业链对接，需要为两大产业营造良好的产业发展环境。建议开展以下三方面工作：一是制定合理的产业发展政策。汽车产业是一个市场化驱动力较强的重点领域，要平衡好政策引导与市场引擎之间的关系，适度采用政策红利激励企业加大新材料研发力度，在关键领域实现技术突破，提升国际国内市场的核心竞争力。二是打造共性技术服务平台。打破国企、民企的生态界线，由政府部门引导、龙头企业牵头设立，组织行业内众多企业、高校、科研院所和第三方服务机构共同参与建设，重点解决产业共性技术的难点和痛点。三是强化知识产权保护。对于企业各类公开的或未公开的专有技术，进一步强化保护措施，严厉打击侵犯知识产权的行为。充分发挥上海优势资源，建立知识产权快速协同保护机制，进一步提升服务水平，助力车用新材料的创新开发和应用。

打造具有核心竞争力的燃料电池汽车产业

发展氢能是国家能源转型和产业调整的重大战略方向，也是实现"双碳"目标的重要抓手。燃料电池汽车是发展新能源汽车的重要方向，是打响"上海制造"品牌的重要载体，其产业链比锂电池产业链更长，预计未来将会产生较多上市公司，上海必须以时不我待的紧迫感，积极抢占全球汽车产业变革创新制高点，打造成为长三角城市群具有核心竞争力的燃料电池汽车产业。

2021 年 8 月，财政部等五部委发布了《关于启动燃料电池汽车示范应用工作的通知》，同意北京、上海、广东省所报送的城市群启动实施燃料电池汽车示范应用工作。这三大城市群燃料电池汽车产业相对产业链较为完善，研发资源较为丰富，基础设施建设走在前列，几乎涵盖了国内氢燃料电池汽车产业链的优秀头部企业。

一、国内三大城市群燃料电池汽车产业发展现状及特点

发展现状

目前我国已初步形成京津冀、长三角和珠三角等氢燃料电池汽车产业集群，正带动

越来越多企业将氢燃料电池汽车纳入发展计划，截至 2021 年 10 月，我国氢燃料电池汽车保有量已达到 8305 辆。

1. 北京牵头的京津冀城市群：资源禀赋互补、应用潜力巨大

由北京大兴、海淀、经开区、延庆、顺义、房山、昌平，天津滨海新区，以及河北省唐山市、保定市和山东省滨州市、淄博市 12 个城市（区）组成，氢燃料电池汽车市场潜力较大，产业链资源禀赋互补，具备良好的协同发展基础。

产业基础方面。北京市具备高端技术资源和尖端人才资本的领先优势，且氢燃料电池汽车产业链相对完善，已形成全产业链技术及推广应用体系。天津市立足石化产业资源优势，正加快氢能制备和加氢设施建设。河北省积极培育氢能和燃料电池产业集聚发展，具备丰富的可再生能源和工业副产氢优势，能够实现氢能制备和利用的产业生态闭环。依托冬奥会重大工程示范应用，将引领北京市及张家口、保定、雄安新区、天津港等津冀重点区域的氢燃料电池汽车应用场景充分释放，推动加氢基础设施布局建设。

氢能供给及经济性方面。该区域拥有多个大型氢气生产企业，氢能产能丰富，氢气出厂价约为 3.5—4 元 / 立方。河北省风、光资源充裕，拥有可再生能源制氢产能优势，出厂价约为 2.5—3.5 元 / 立方。

燃料电池汽车推广情况。北京在运营加氢站 10 座，其中北京大兴国际氢能示范区的加氢示范站是目前全球规模最大的加氢站。氢燃料电池汽车累计推广运营 200 辆团体客车、5 辆公交车和 165 辆物流车，投运加氢站 2 座，在运营永丰加氢站。张家口市氢燃料电池汽车累计推广 199 辆，投运加氢站 1 座，在建 3 座。北京冬奥会期间示范运营 1000 多辆燃料电池汽车，其中丰田首次在中国大规模使用的 FCEV "第二代 MIRAI" "柯斯达氢擎" 等车型，还有宇通集团、国家电投氢能公司合作开发的氢燃料电池汽车。

政策保障措施情况。《北京市氢燃料电池汽车产业发展规划（2020—2025 年）》《天津市氢能产业发展行动方案（2020—2022 年）》《河北省氢能产业链集群化发展三年行动计划（2020—2022 年）》等。

产业链上下游企业。中石化、中石油、国家电投、国家能源集团、三峡集团、中船集团、航天科技、亿华通、京能集团、河钢、北汽福田、长城汽车、有研集团、天津大陆、新氢动力、氢璞创能、华清能源、盈峰环境、杭叉集团、苏州擎动、中集安瑞科、

东莞氢宇、中科富海、中智天工、北清智创、西门子、BP、康明斯、中集安瑞科、河北建投、中电丰业、新兴能源、普顿制氢、天海氢能等。

2. 上海牵头的长三角城市群：产业生态较好、国际市场集聚

由上海市，江苏省苏州市、南通市，浙江省嘉兴市，山东省淄博市，宁夏宁东能源化工基地，内蒙古自治区鄂尔多斯市等"6+1"个城市组成，是国内氢燃料电池汽车技术策源地，云集了行业诸多头部企业，并且不少技术外溢到江苏以及浙江，将形成长三角联动、产业链协同、"中长途 + 中重载"应用场景聚焦的燃料电池汽车城市群示范新模式。

产业基础方面。上海拥有较好的整车制造和八大基础材料与关键零部件优势，基础设施超前布局，燃料电池系统等关键零部件取得突破性的进展，发布了多款燃料电池车型，基本实现车型全覆盖，构建了完整的运营体系，城市群资源丰富，形成了纯氢站、油氢合建站等多种模式并存的供氢网络，初步形成了嘉定、临港等产业集群。苏州产业链覆盖氢气制储运、加氢站、核心零部件、整车制造等环节，相关企业和研发机构超 70 家。储氢罐、电堆关键部件等领域技术水平国内领先。南通市以如皋为基地，初步打造形成了制氢、运氢、加氢、氢燃料电池、氢燃料电池汽车制造及产品示范应用，五位一体的氢能全产业链，成为全国唯一的氢经济示范城市。嘉兴是浙江省氢能产业发展的首个试点城市，工业副产氢量大质优，基本实现氢气制备、储运、加注、氢能装备核心部件、燃料电池动力系统集成的全产业链布局。淄博市是唯一一个同时进入 3 个城市群的合作城市，氢资源充足、质子膜等关键技术处于全国领先地位。宁东能源化工基地布局了一批绿氢耦合煤化工、氢能交通、天然气掺氢等应用场景示范项目。鄂尔多斯重点布局燃料电池重卡全产业链，打造氢能重卡制造基地。

氢能供给及经济性方面。上海市氢气出厂价约为 3—3.5 元 / 立方。江苏氢气出厂价约为 2.7—3 元 / 立方。浙江氢气出厂价约为 3—3.5 元 / 立方。嘉兴氢能资源较丰富，仅嘉兴港区化工园区涉氢投产企业就有 11 家，年产氢气量可达 10 亿立方米（含在建和规划项目），副产氢气资源丰富。山东氢气出厂价约为 2.5—4 元 / 立方，年产氢气 260 万吨左右，居全国首位，大部分为工业副产氢，品质较好、价格低，具备大规模利用的成本优势。同时，山东省光伏发电装机规模全国第一、风电装机规模全国第四、在运在建核电装机 570 万千瓦，具备新能源制氢的良好条件。

燃料电池汽车推广情况。据上海市新能源汽车公共数据采集与监测研究中心所监测

的数据，目前已接入这个平台的燃料电池汽车共计 1455 辆，其中公交车运行 52 万公里，物流车运行 1872 万公里，通勤车运行 214 万公里，乘用车运行 48 万公里，在营加氢站 10 座。苏州已推广燃料电池汽车 271 辆，建成运营加氢站 5 座。南通已建成江苏省内唯一具备氢燃料电池检测资质的氢能检测平台，在运营南通百应加氢站、神华如皋加氢站。嘉兴市先后引进 104 辆氢能燃料电池公交车，建成浙江省首批 4 座加氢站，首辆氢能重卡示范运营在港区开通，首个氢燃料电池热电联供系统搭建完成。淄博公交首批 50 辆氢燃料新能源公交车全部上线运营，青银高速淄博服务区加氢站是全国第一座高速服务区加氢站。2022 年底前鄂尔多斯完成 1000 辆燃料电池车辆采购（800 辆为氢燃料电池重卡、200 辆氢能公共交通车辆）。

政策保障措施情况。《关于支持本市燃料电池汽车产业发展若干政策》《上海市加快新能源汽车产业发展实施计划（2021—2025 年）》《上海市燃料电池汽车产业创新发展实施计划》《长三角氢走廊建设发展规划》《苏州市氢能产业发展指导意见》《浙江省加快培育氢能产业发展的指导意见》《关于加快推动氢能产业发展的实施意见》《关于进一步鼓励氢能产业发展的意见》《关于支持氢能产业发展的若干政策》《关于加快培育氢能产业发展的指导意见》等。

产业链上下游企业。中石化、上汽集团、汽车城集团、上燃动力、液化空气、上海捷氢、上海新源、林德公司、电驱动、重塑科技、舜华新能源、BP、Air Products、环球车享、上海治臻、上海爱德曼、中车氢能、东华能源、华昌化工、丰田汽车、国富氢能、江苏清能、江苏重塑、苏州竞立、南京金龙、苏州金龙、苏州弗尔赛、江苏铧德、南通百应、势加透博、中集能源装备、江苏清能、金通灵、氢枫能源、擎动科技、国家电投、嘉善爱德曼、Air Products、巨化集团、美锦能源、宁波信远、德燃动力、Element1、嘉化能源、汉丞氢能源、兖矿集团、东岳集团、潍柴集团、水发集团、滨化集团、山东高速、中通客车、中车四方、赛克赛斯等。

3. 佛山市牵头的广东城市群：千亿产业布局，发展形势最优

由广东省佛山、广州、深圳、珠海、东莞、中山、阳江、云浮，以及福建福州市，内蒙古包头市，安徽六安市，山东淄博等市 5 省 12 市组成，产业基础扎实，产业链供应体系完整，电堆、膜电极、双极板、质子交换膜、催化剂、碳纸、空气压缩机、氢气循环系统等燃料电池八大关键核心零部件均有布局相关企业，建成较大规模的燃料电池汽车产业集群。

产业基础方面。佛山依托南海"仙湖氢谷"、高明"现代氢能有轨电车修造基地",以及佛山对口帮扶云浮产业基地等三大产业承载地,引育了一汽解放、广东爱德曼、广东探索等企事业单位近150家,并创建"国家技术标准创新基地(氢能)"、季华实验室、"先进能源科学与技术广东实验室佛山氢能分中心(仙湖实验室)"等国家级、省级、市级科研创新平台20余家,形成基本覆盖氢能制储运加供应链、燃料电池关键基础材料及核心零部件、燃料电池系统和整车等产业链。在膜电极、催化剂、碳纸、质子交换膜等领域涌现出广州鸿基创能、广东济平新能源、深圳通用氢能、广州艾蒙特等龙头企业,拥有全国产能最大、技术水平最高的膜电极、催化剂、质子交换膜生产线。广州鸿基创能生产的膜电极、云浮国鸿氢能生产的电堆市场占有率均位居全国第一,利用自主化膜电极,在规模化生产条件下电堆功率密度达到 3.5 kW/L、寿命 2 万小时(商用车),达到国际先进水平。

氢能供给及经济性方面。广东省氢气资源可开发潜力达 98 亿立方,且全省布局均匀,其中东莞和广州市占比均超过 10%,保障了对加氢站的供应。广东地区氢气出厂价约为 3.5—4 元 / 立方。

燃料电池汽车推广情况。广东省在营加氢站 26 座。佛山市是国内拥有加氢站数量最多的城市,已建成加氢站 8 座,14 座加氢站项目在建,初步在示范区和示范线上形成加氢网络。广州市黄埔区大力推进加氢站建设,目前已建成加氢站 2 座,在建加氢站 5 座;深圳市建成加氢站 1 座,中山市、云浮市分别建成 2 座。

政策保障措施情况。《广东省加快氢燃料电池汽车产业发展实施方案》《广东省氢燃料电池汽车产业发展工作方案》《佛山市燃料电池汽车市级财政补贴资金管理办法》《佛山市氢能源产业发展规划(2018—2030 年)》等。

产业链上下游企业。中石化、东莞巨正源、茂名东华、国鸿氢能、飞驰客车、东风旅行、佛山燃气、佛山泰罗斯、爱德曼、淳华氢能、鸿基创能、深圳凯豪达、埃森新能源、广东联悦、华润集团、中车四方、利元亨、氢蓝时代、氢时代、广东泰罗斯、国能联盛等。

二、上海燃料电池汽车产业的发展现状

作为国内较早介入氢能和燃料电池汽车领域的城市之一,上海市是我国氢能企业最为丰富和集中的地区之一,覆盖了从制氢、储运、加氢站到燃料电池、整车的全产

业链。上海市 5 家气体公司和 2 家化工公司的年产氢量（含副产氢）合计超过 13 万吨。据国家企业信用信息公示系统显示，目前上海氢能企业共有 86 家，燃料电池相关企业共有 7 家，加氢设备相关企业共有 42 家，气体公司已超过 100 家。其中，整车领域有上汽集团和旗下上汽大通、上汽申沃、上汽红岩，以及申龙客车、万象客车等；电堆方面有捷氢科技、上海氢晨、上海清能、锋源氢能、重塑科技、骥翀氢能等，在膜电极、双极板、催化剂、碳纸、空气压缩机、氢循环系统等领域都有相应的优势企业。燃料电池车运营商领域拥有上海轻程、氢车熟路、上海驿动、上海顺祥等；制氢方面有华谊能源、华西化工、中国宝武、液化空气等；氢储运方面有中材科技、林德气体等。

三、上海打造成为长三角城市群具有核心竞争力的燃料电池汽车产业的对策建议

（一）推动燃料电池核心技术研发和关键材料攻关

推动上海城市群内燃料电池龙头企业联动上下游企业，重点突破膜电极、双极板、催化剂、质子膜等产业链相对薄弱领域，炭纸、气体扩散层、氢气循环泵、增湿器、碳纤维储氢材料、塑料储氢材料、瓶口组合阀、高压管路、减压器等产业链尚属空白领域，加快突破大功率、长寿命、高功率密度燃料电池电堆及系统关键瓶颈问题，联动城市群燃料电池关键材料企业共同突破关键材料核心工艺，有效降低燃料电池成本。

（二）开发适用于规模化示范的燃料电池商用车产品

商用车是目前中国燃料电池汽车的主要应用领域，燃料电池乘用车总体上均处于研发验证阶段，燃料电池商用车可以弥补纯电动商用车在续驶里程、便利性方面的先天不足，需尽快推动上海城市群内燃料电池龙头企业以商用车实际量产为主，结合商用车特点，以中远途、中重型商用车领域的产业化应用为导向，推进相关耐久性标准制定，开发适用于商用车的燃料电池电堆和系统，提升可靠性和耐久性。

（三）构建燃料电池产业生态圈

鼓励上海城市群燃料电池龙头企业，借助资金实力和渠道优势以及大规模的研发和产业投入，加速产业链的构建和集聚加快技术研发合作模式、产业组织模式创新和探索

规模化示范推广模式，加强与相关企业、高校科研机构在核心技术攻关、产品开发等方面深度合作，并与能源、化工、材料、汽车等上下游合作伙伴创新构建燃料电池产业生态圈。

（四）优化燃料电池产业发展环境

联动上海城市群相关部门，发挥城市群内产业技术创新和产业链相关企业集聚优势，与工业副产氢以及光电水电资源较为丰富相关省市形成互补，完善燃料电池汽车示范运行、产业培育及产业链上下游企业服务。树立涉氢、用氢安全底线思维，开展氢能技术知识科普，提升社会公众对氢能产业的认知度，消除对氢能的安全疑虑。

参考文献：

【1】熊兵、朱瑶、余宇翔、苏敏婷、汪锐睿、汪亚威：《氢燃料电池汽车供氢系统研究现状》，载《科技与创新》2023 年第 16 期。

【2】侯明、衣宝廉：《燃料电池技术发展现状与展望》，载《电化学》2012 年第 1 期。

【3】邵志刚、衣宝廉：《氢能与燃料电池发展现状及展望》，载《中国科学院院刊》2019 年第 4 期。

大力发展"光伏＋氢"产业

　　光伏制氢具有清洁无污染、成本低、转换效率高、储能效用巨大、可平抑光伏发电不稳定性等优势。随着"双碳"战略目标的加快推进落实，以光伏、氢能为代表的可再生能源，在我国能源战略布局中占据着越来越重要的地位。光伏成本降低和技术进步也为"光伏＋氢"产业提供了广阔的发展空间。据中国光伏协会数据显示，预计"十四五"期间，作为全球最大的光伏市场，我国年均光伏新增装机规模将达 70 GW—90 GW。上海应抓住产业结构、能源变革的机遇，发挥特色产业载体和科创优势，加快"光伏＋氢"产业统筹布局，并结合燃料电池汽车产业发展突破，打造未来新的产业增长极。

气候变化是当今人类面临的重大全球性挑战。在国家大力发展低碳绿色经济的背景下，光伏在技术、成本、商业模式等方面进入了创新发展的新阶段，光伏产业跨界融合的趋势愈加明显。相比于化石能源制氢、化工副产物氢气回收、电解水制氢，"光伏＋氢"作为零碳能源和清洁储能载体，成为光伏跨界融合的典型路径，也为光伏产业创造了新的应用场景和广阔的市场需求。

一、"光伏＋氢"产业的融合发展方兴未艾

（一）"光伏＋氢"成为未来清洁能源的终极解决方案

氢能作为一种清洁、高效、可持续的能源，被视为 21 世纪最具发展潜力的清洁能源之一。从氢的来源上看，光伏制氢可实现生产源头上的无碳化，可以最终实现在工业生产上的减碳或脱碳，被称为"绿氢"。同时，氢作为储能介质具有比锂电池储能更高的能量密度，非常适合长时间储能手段，能解决光伏发电所遇到的日间不平衡、季度不平衡等问题。光伏制氢具备平抑光伏发电不稳定性，提升储能效用的特殊优势，为光伏发电创造了新的应用场景和广阔的市场需求。英国石油公司 BP 最新发布的《世界能源展望》指出，到 2050 年，氢能占终端能源消费总量比例或将增长 16%，其中电解水制氢将成供氢主体，中国的电解水制氢率先采用可再生能源，据中国氢能联盟发布的白皮书显示，到 2050 年，我国可再生能源电解制氢将占氢气供应结构的 70%。

（二）光伏发电的成本优势使得商业化成为现实

随着成本大幅下降，光伏发电的市场价值逐步显现，已在全球许多国家和地区成为最经济的发电方式，具备了大规模应用、逐步替代化石能源的条件。2021 年 7 月，日本经济产业省分析了核能、光伏、风力、煤炭、液化天然气（LNG）等 15 种发电成本，其估算数据显示，2030 年的光伏发电成本为每千瓦时 8—12 日元，甚至低于核电的成本，这是首次光伏发电与核电的成本发生逆转。（估算均为新设发电站时建设和运营所需的标准费用，不包括接入输电网的费用等。）根据中国光伏行业协会的统计，2011—2020 年，光伏系统价格下降超过 4.3 倍，组件价格下降超过 5.7 倍，2021 年，我国已经全面进入平价时代。在越来越多的国家和地区，光伏清洁能源将成为最具竞争力的电力产品。

（三）世界各国加紧布局抢抓"光伏＋氢"发展机遇

国际上，日欧美等国走在了光伏制氢产业化的前列。2017 年 12 月，日本政府发布《氢能源基本战略》，强调了日本领先于世界实现氢能源社会的重要性并部署相关具体政策。日本投资建设了世界最先进的福岛氢能源研究基地（FH2R），是世界上规模最大的可再生能源制氢工厂，占地 22 万平方米，其中光伏电场占地 18 万平方米，研发以及制

氢设施占地 4 万平方米。该项目配备 20 MW 的光伏发电系统以及 10 MW 的电解槽装置，每小时可产生高达 1200 标方的氢气（额定功率运行）。其产生的氢气将为固定式氢燃料电池系统以及燃料电池汽车和公共汽车等提供动力。2020 年 10 月，欧盟委员会发布《欧盟氢能战略》和《欧盟能源系统整合策略》，计划未来十年向氢能产业投入数千亿欧元，旨在刺激绿色复苏并加强欧盟在清洁能源技术方面的领导地位的投资。德国也通过了《国家氢能战略》，旨在通过促进创新氢能技术研发增强德国工业竞争力，成为全球氢能的领导者。据媒体统计，全球范围内正在开发的 13 个最大的绿色氢能源项目，大部分采用光伏制氢，总投资超过千亿美元，总量达到了惊人的 61 GW，项目基本位于澳大利亚、欧盟、美洲等国。

（四）我国正积极推进"光伏 + 氢"产业链布局

2020 年 12 月，国务院发布《新时代的中国能源发展》白皮书，加速发展绿氢制取、储运和应用等氢能产业链技术装备，促进氢能燃料电池技术链、氢燃料电池汽车产业链发展。国家发改委出台《关于引导加大金融支持力度 促进风电和光伏发电等行业健康有序发展的通知》和《关于 2021 年新能源上网电价政策有关事项的通知》，支持光伏产业的健康有序发展。国内多省已将氢能纳入"十四五"规划，浙江、广东、河北、山东、天津、重庆等 20 多个省市出台了氢能产业扶持政策，受市场前景吸引，包括中国石化、隆基股份、阳光电源、宝丰能源等众多企业，积极布局光伏制氢市场。如隆基股份是全球最大的硅片制造商，也是全球最大的光伏组件商，成立了氢能科技公司，押注光伏制氢产业发展；同时，与同济大学合作共建氢能联合实验室，在绿氢技术研发、人才培养、产学研成果转化等方面进行深度合作，推动"光伏 + 氢"模式陆续落地。现阶段，我国绿氢项目已有近 40 个，多集中在西北和华北地区，如甘肃兰州新区的液态太阳能燃料合成示范工程项目、山西大同的中国大唐 6 MG 光伏就地制氢科技示范项目、山西运城的阳光能源光伏制氢项目等。

二、上海发展"光伏 + 氢"产业的基础和问题分析

"十四五"期间，随着我国能源结构转型加速，"光伏 + 氢"产业将迎来重要的机遇期。在"双碳"的大趋势下，国家及上海新能源政策不断完善，上海"光伏 + 氢"产业融合发展的机遇与挑战并存，短板和矛盾同在。

（一）上海具备发展"光伏＋氢"产业的基础条件

上海是国内光伏产业启动最早的地区之一，拥有上海交通大学、复旦大学、中科院上海技物所、中科院上海光机所等国内最早从事光伏研发的学府和机构；在多晶硅、硅片、太阳电池等原材料和器件，以及光伏专用设备、光伏平衡部件和配套辅材辅料等方面具有产业基础；在光伏电站建设、运营投资管理、氢燃料电池汽车等产业链领域的整合水平不断提升。近两年，更加快了嘉定、青浦、临港等氢能特色产业园区建设，嘉定氢能港集聚了捷氢科技、未势能源、上燃动力、丰田汽车上海先进技术中心、堀场仪器、上海智能型新能源汽车功能型平台等；青浦区制定了《青浦区氢能及燃料电池产业规划》，中石化氢能（上海）总部、氢能叉车示范运营等项目将落户青浦工业区；临港新片区发布了《中国（上海）自由贸易试验区临港新片区综合能源建设三年行动计划（2020—2022 年）》，将新建 4 座油氢合建站，建成氢燃料电池动力的中运量公交（T6 线），谋划布局可再生能源制氢、高效低成本氢气储运、加氢站建设、燃料电池热电联产等。

按照上海市《燃料电池汽车产业创新发展实施计划》，2023 年，上海燃料电池汽车产业发展实现"百站、千亿、万辆"总体目标，加氢站接近 100 座并建成运行超过 30 座，加氢网络全国最大，形成产出规模约 1000 亿元，发展规模全国前列，推广燃料电池汽车接近 10000 辆，应用规模全国领先。"光伏＋氢"的产业化应用将引领产业转型升级，推进上海市燃料电池汽车产业高质量发展，助力上海打造世界级汽车产业中心。

（二）上海发展"光伏＋氢"产业面临的问题

当前，国内"光伏＋氢"产业尚处于起步阶段，上海的产业发展与国内众多省市既有共性问题，也有个性化瓶颈。具体表现在：

一是亟须补齐产业链和价值链的关键环节缺失。对于光伏产品制造而言，上海始终缺乏行业头部企业，比如早年的英利能源、汉能，后继者隆基股份、晶科能源以及东方日升。光伏发电、制氢、储运、燃料电池等领域核心零部件的"卡脖子"问题值得关注。比如，光伏逆变器是光伏系统的一个重要部件，从全球范围来看，国外企业占了市场份额的 40%—50%，其中的 IGBT 模块、主控芯片和功率模块基本依赖海外供应商。氢能源面临储运难题，专用空气压缩机等部分关键部件技术尚需攻关解决。中国目前高压气态储氢罐制造技术达到 35 MPa，还存在储氢密度不够高、储运成本太高等问题。

日本已经实现 70 MPa 高压气态储氢罐制造技术，这是其"不外售"的核心技术。同时，针对光伏发电系统的建设、运营和管理，缺乏专业化的光伏制氢系统解决方案，并应用到自有光伏项目中以满足不同应用场景的需求。

二是亟须突破制约融合发展的产业协同瓶颈。"光伏＋氢"产业尚未形成产业链上下游协同，在启动推进的同时，亟须解决产业各自为政的问题。可借鉴发达国家成熟经验，从生产制造、市场应用、平台搭建、运营管理、人才扶持各方面完善等产业体系，启动规划和建设光伏氢能源的示范区，为推广氢能及燃料电池产业打下基础。以日本 FH2R 项目协同为例，东芝牵头整个项目建设，并开发氢能管理系统；东北电力专注于能源管理系统（EMS）监控、数据采集（SCADA）系统以及与电网相关的事项；岩谷公司研究氢的需求和供应预测系统，以及氢运输和存储；碱性电解水系统源自朝日 Kasei 公司先进的氯碱电解技术；丰田则承担了燃料电池系统以及汽车的研发生产。

三是亟须解决光伏制氢各环节的成本压力。现阶段，作为刚起步的光伏制氢项目，建造成本高，投资回报周期长，商业模式不成熟。电价是影响光伏制氢经济性的核心因素，根据国家发改委 2021 年新能源上网电价政策，光伏发电仅在部分地区具备经济性（低于 0.35 元 / 千瓦时）。相比于电解水制氢和化石燃料制氢，光伏电价收益不能单纯从电价收益角度测算，能效提升、环境改善等因素也应该计入到项目的投资收益中。此外，氢能源储存运输成本也是氢能源面临的挑战之一。在制氢环节，光伏开发规模和产能每年都在扩大，然而后续的氢气储存、运输环节并没有打通，燃料电池技术壁垒和成本压力较高，产业链下游应用场景无法与上游匹配，解决消纳才能真正促进光伏制氢产业的发展。

三、上海加快推进"光伏＋氢"产业发展的对策建议

面向"十四五"的新征程，上海要积极把握新能源产业的发展趋势和需求，在"光伏＋氢"产业链创新、产业链协同和产业生态体系上实现突破，找到一条符合上海能源结构调整和制造业特色的"光伏＋氢"产业的发展路径。

（一）紧抓核心环节，提升"光伏＋氢"产业链创新

围绕"光伏＋"产业的发展需求，结合上海的先进制造业优势条件，支持高校、科研院所、高新技术企业开展光伏、氢能及燃料电池等关键技术研发。在光伏制氢领域，

重点支持技术水平高、市场竞争力强的光伏逆变器、高纯石英砂、硅料提纯工艺、低铂催化剂、质子交换膜、膜电极、电堆和系统等制造企业发展；在储运领域，重点发展固定式高压储氢容器、车载高压储氢瓶内胆、有机液态储运氢技术、储氢管道材料；在运营管理上，大力发展光伏一体化建设的 EPC 总集成商，向工程设计、方案咨询、技术服务和设备维护、运营一体化服务等环节扩展和延伸。

（二）深化应用示范，推动"光伏＋氢"产业链协同

推动氢能利用产品的多场景、多领域商业化应用突破，打造国家级氢能应用示范区。以氢能制取、储运和利用等领域产品为重点，围绕氢能公交客车、重型卡车、拖引车、叉车、环卫车等应用场景，开展氢能交通、氢能电站、氢能微型冷热电联供、氢能备用电源等产品研制。在应用示范中促进自主研制的重点装备，大力推进氢能装备产业发展，培育形成具有较强创新能力和市场竞争力的氢能装备体系。支持嘉定氢能港、青浦氢能产业园的特色化发展，推进洋山港跨东海大桥燃料电池集装箱卡车示范运营。

（三）完善基础设施，构建"光伏＋氢"产业生态体系

加快加氢站、分布式能源站和备用电源等基础设施规划建设，建成与"光伏＋氢"产业相适应的产业生态体系。持续优化加氢站审批及运营管理流程，合理配套、适度超前推进氢能布局建设。探索在氢能特色园区开展输氢管道设施建设，鼓励开展低温液态、有机液态、固态合金等储运加注示范技术，逐步完善储氢、运输、加氢等配套资源。围绕系统集成的产业化需求，建设氢能工程化试验基地，引导材料、能源、化工、整车等多领域合作。

参考文献：

【1】江华：《论我国光伏产业的发展优势与劣势》，载《太阳能》2019 年第 9 期。

【2】董梓童：《中国能源报：光伏电价超 0.35 元／度，制氢要"赔本"了？》，载《中国能源报》2021 年 5 月 12 日。

【3】澎湃新闻：《26 特色园区跟踪调研｜氢能港的战略使命与追赶之路》，https://www.thepaper.cn/newsDetail_forward_8705961。

布局电解水制氢，促进氢能产业发展

  2022 年 3 月国家发改委、能源局联合印发的《氢能产业发展中长期规划（2021—2035 年）》提出，到 2025 年，氢能示范应用取得明显成效，清洁能源制氢及氢能储运技术取得较大进展，市场竞争力大幅提升，初步建立以工业副产氢和可再生能源制氢就近利用为主的氢能供应体系；到 2030 年实现可再生能源制氢广泛应用，有力支持碳达峰目标实现。近期，上海市发布《上海市氢能产业发展中长期规划（2022—2035）》并提出，发展氢能产业，既是上海加快实现"双碳"目标的重要手段，也是抢抓绿色低碳新赛道、培育壮大新动能的重要选择。因此，着眼可再生能源制氢核心环节，突破关键技术壁垒，保障氢能供应，对实现"双碳"目标具有重要意义。

一、上海发展氢能产业，布局电解水制氢的必要性

  顺应新能源产业发展的必然趋势。随着"双碳"目标的提出，新能源产业进入了高速发展和产业升级的上升期。目前上海正着力推进新能源汽车转型升级并打造世界级汽

车产业中心，燃料电池汽车产业因其零碳排放的特性，已成为新能源汽车产业关键赛道之一。为实现到 2025 年打造世界级氢能和全球燃料电池汽车产业创新发展高地的目标，上海需要健全从氢气制取、储运、加氢到燃料电池应用的全产业链。作为产业链上游的关键环节，制氢对于保障氢能供应，发展氢能产业链，特别是下游燃料电池环节至关重要。

建成氢能科技创新高地和示范应用高地的必然选择。"长三角氢走廊"是我国首个氢走廊规划项目，以上海作为龙头来带动辐射周边城市，从而推进加氢设施建设和氢能产业应用的率先示范。从小规模的示范期走入大规模的市场化应用阶段，需要上海持续发挥引领作用，提升氢能产业链自主研发实力并加快降本增效步伐。电解水制氢作为脱碳的重要手段，降本增效潜力突出，是上海氢能产业及长三角氢能一体化发展的必然选择。此外，上海汇集全球科技创新资源，并且拥有优良的风能资源禀赋，理应在制氢产业的前沿科技创新和示范应用中发挥引领作用，建成具有国际影响力的产业高地。

积极落实国家氢能产业发展规划的重要举措。在全球能源结构变动的关键节点，国家提出了氢能产业顶层设计，各省市陆续出台氢能产业规划，并加快布局产业链核心环节。上海氢能产业发展具备国际化程度高、产业基础好等突出优势，例如嘉定氢能港已引进 50 多个氢能源和汽车智能化产业项目，总投资超过 100 亿元；自贸区临港新片区也在积极部署氢能上下游产业链，引入全球 PEM 电解水设备生产巨头康明斯的氢能中国总部及研发中心。对标国际前沿制氢技术，建立健全氢气供应体系，是上海发挥龙头引领作用，助力国家氢能产业发展的必然选择。

二、制氢主流技术路线分析

目前，灰氢、蓝氢、绿氢是三种主流的制氢技术路线。灰氢指以煤炭、石油、天然气为代表的化石能源制氢，蓝氢是以焦炉煤气、氯碱尾气、丙烷脱氢为代表的工业副产物提纯制氢，绿氢则指以电解水为代表的可再生能源制氢。全球范围内，灰氢及蓝氢在制氢结构中占比超过 95%，其余为绿氢。中国作为世界第一大制氢国，氢能产量呈逐年增长态势。根据中国氢能联盟统计，2021 年全国氢气产量约 3300 万吨，基本来自灰氢和蓝氢，其中煤制氢占比最高，达到 63% 左右，天然气制氢占比为 13%，工业副产制氢占比为 21%，绿氢占比为 3% 左右。

图1 2012—2021年中国氢气产量及增速

以上三种技术路线中，灰氢技术较为成熟，且制氢成本较低，是目前世界主要的制氢来源，但是长期来看受到化石燃料储量的限制，并且在制氢过程中会排放大量二氧化碳，以及产生硫、磷等杂质，提纯难度较高。蓝氢碳排放量较低，但是产量有限，且分散制氢的特点使其难以成为大规模集中化的氢能供应来源。绿氢，以电解水制氢方式为主，目前成本较高，还未实现大规模应用，但是由于绿氢制氢过程不存在碳排放问题，且易与可再生能源结合，是未来降碳的重要路径。

表1 电解水制氢与化石燃料制氢的碳排放强度对比

制氢方式		生产过程单位碳排放 $kgCO_2/kgH_2$
煤制氢	传统煤气化	≈ 19
	传统煤气化 +CCUS	< 2
天然气制氢	SMR	≈ 9.5
	SMR+CCUS	< 1
电解水制氢	水电风电	< 1
	光伏发电	< 3

三、电解水制氢技术路线分析

（一）电解水制氢技术是制取绿氢的重要手段

与其他制氢方式相比，电解水制氢纯度等级更高，杂质气体更少，并且可以与光伏、风电等其他可再生能源相结合，是最具有资源优势的绿氢供应方式。我国光伏和风电装机量保持较快增长，2021 年光伏新增装机 5493 万千瓦，风电新增装机 4757 万千瓦，截至 2021 年底，我国风电装机容量 3.28 亿千瓦，占国内发电整体装机容量比重为 13.8%；光伏装机容量 3.07 亿千瓦，占比 12.9%。根据国家能源局数据，2021 年国内弃风电量 206.1 亿千瓦时，弃光电量 67.8 亿千瓦时。如按照制氢电解能耗 6 kW·h/Nm³ 测算，可生成 45.6 亿立方米氢气，折合 40.8 万吨氢气。将弃风电量和弃光电量用来发展电解水制氢，将进一步提升储能空间，实现清洁能源的高效利用。

（二）电解水制氢的三种技术路线

根据电解质的不同，目前国内电解水制氢主要有三种技术路线，分别是碱性（AWE）电解、质子交换膜（PEM）电解和固体氧化物（SOEC）电解。

碱性（AWE）电解水制氢具有技术成熟、成本较低等优势，但与可再生能源结合度不佳。AWE 电解制氢技术使用铁基或镀镍铁基材料作为阴极催化剂，镍作为阳极催化剂，不需要使用贵金属，电解液为 20%—30% 氢氧化钾水溶液。AWE 制氢已实现大规模工业应用，碱性电解槽也基本实现国产化。国内采用碱性技术路线的设备制造企业有考克利尔竞立、中船重工 718 所、大陆制氢等。由于催化剂和设备成本较低，AWE 制氢具有成本优势；单槽电解制氢产量较大，适用于电网电解制氢。但是，碱性电解槽响应速度较慢，使得离网的 AWE 电解槽难以与具有波动特性的可再生能源发电配合；由于使用强腐蚀性碱液，产生的氢气纯度相对较低，还可能造成碱液污染。

质子交换膜（PEM）电解水制氢与可再生能源配合度较高，但需大幅降低成本。PEM 电解技术以质子交换膜传导质子并隔断电极两侧的气体，直接电解纯水。PEM 电解水制氢具有电流密度高、安全性好、氢气产品纯度高，动态响应速度快等优势，能较好地适应可再生能源发电的波动特性，实现离网发电。PEM 电解技术已在风电等可再生能源电解水制氢、储能及加氢站现场制氢等领域实现示范应用，但是由于制氢成本较高，距离工业化和规模化推广仍有一段距离。PEM 电解水制氢成本约 73% 来自电力成本，剩余 27% 来自装备折旧、耗材、维修等。因此，降低电价、装备和耗材成本是推动电解水制氢发展的必经之路。此外，目前 PEM 仍然处于初步商业化阶段，PEM 电解槽关键材料和技术仍依赖进口。随着国产设备和工艺的持续突破，PEM 制氢市场份额有望不断上升。国内 PEM 制氢装备制造领军企业包括赛克赛斯、淳华氢能、中船重工 718 所等，光伏龙头企业阳光能源也已布局 PEM 电解制氢技术，打造大功率 PEM 电解制氢装备。金属极板龙头企业上海治臻也在积极拓展采用自有技术的电解槽用极板及 PEM 电解槽业务。

固体氧化物（SOEC）电解水制氢采用固体氧化物为电解质材料，制氢效率较高，但是该技术仍处于试验阶段。SOEC 电解槽电极采用非贵金属催化剂，工作温度高达 700—1000 ℃，相较于其他两种技术路线，高温电解水技术使 SOEC 电解槽拥有更高的转化效率。但高温也对电解槽材料的稳定性和耐久性提出较高要求，同时限制了 SOEC 制氢技术的规模化推广。目前 SOEC 制氢技术仍处于研究阶段，日本的三菱重工、东芝、京瓷，丹麦托普索，美国爱达荷国家实验室，以及中国科学院大连化学物理研究所、清华大学、中国科技大学、武汉华科福赛、上海翌晶能源都在积极探索 SOEC 制氢材料和技术的研发。

表 2　三种电解水制氢技术的参数对比

项　　目	碱性电解	质子膜电解	固体氧化物电解
电解质	20%—30% KOH 溶液	Nafion 膜等质子膜	氧化钇稳定氧化锆离子陶瓷（YSZ）等
工作温度（℃）	70—80	60—90	700—1000
产氢纯度（%）	99.5—99.9	＜ 99.99	＞ 99.9

四、对上海选择电解水制氢技术路线的相关建议

基于对可再生能源制氢发展趋势、制氢效率、环保等因素的综合考量，结合上海资源禀赋和产业基础，建议加大研发力度，重点攻关效率更优、与可再生能源结合度更佳的 PEM 电解制氢和 SOEC 电解制氢技术，推动电解水制氢降本增效。同时，积极促进前沿科技成果转化，协同长三角扩大电解水制氢应用示范。

（一）重点聚焦 PEM、SOEC 制氢关键材料设备和核心环节技术进步

提升 PEM 电解制氢国内产业链自主知识产权核心技术能力，推动双极板、催化剂、质子膜等关键环节的技术和工艺进步。重点提高双极板加工工艺，提升其耐腐蚀性及耐久性；研发超低载量或有序化膜电极，减少贵金属催化剂用量；提高国产质子膜机械强度和化学稳定性，降低膜阻和电解能耗，提高 PEM 电解槽的整体性能等。同时，着力提升 PEM 电堆寿命，缩小与碱性电解水制氢系统使用寿命差距，进一步降低折旧成

本。此外，超前布局 100 MW 级别 PEM 电解槽研发，通过规模提升实现 PEM 制氢降本增效。

探索 SOEC 制氢核心设备材料研发，实现关键技术指标突破。加强基础研究，聚焦电解池电极、电解质、连接体等 SOEC 制氢关键材料的研发和技术突破，提升电堆结构设计和制备水平。着重研发高温环境下稳定性和持久性俱佳的关键材料，实现 SOEC 电堆稳定运行时间、电解功率和电解效率等关键指标的持续突破。

（二）发挥政策引领作用，推动制氢前沿技术创新和成果转化

构建以企业为主体，产学研协同发展的技术创新体系。建设包括制氢环节在内的国际领先的氢能产业创新研发平台，发挥龙头企业的产业技术创新优势以及科研院所的前沿科技攻关能力，加深产业链上下游企业交流合作，以市场为导向推动电解水制氢降本增效、共性技术研发和成果转化。加强科研机构与龙头企业的交流合作，包括中国科学院大连化学物理研究所、清华大学、中国科技大学、上海交通大学等掌握自主研发实力的科研院所，以及 Nel-Proton、西门子能源、ITM Power、三菱重工、东芝、康明斯、中船重工 718 所、赛克赛斯、淳华氢能、阳光能源等国内外电解水制氢设备企业。依托嘉定氢能港及临港新片区氢能产业集聚优势，通过搭建众创空间及孵化器，培育出一批在制氢领域具备国际领先技术的独角兽企业，并通过科技成果转移转化公共服务平台，加快科技成果产业化和市场化。

（三）长三角地区协同发力，推广电解水制氢应用示范

应发挥上海氢能产业集聚区引领作用，协同台州氢能小镇、嘉兴港区、丹徒氢能源产业园、如皋氢能小镇等氢能产业集聚区，实现应用场景互补和资源共享。作为能源消耗和经济增长的重点区域，长三角面对"双碳"目标和可再生能源发展趋势，需要抓住氢能产业发展机遇，实现能源结构调整，增强自身造血功能，以更好地解决能源消耗不平衡等问题。依托上海洋山港、宝山港、外高桥港、罗泾港，以及嘉兴港区等物流资源和风电资源，利用港口海河联运船舶、物流用车、叉车、卡车等交通运输工具伴随的丰富应用场景，推进 10 MW 级别 PEM 制氢示范项目并探索分布式制氢加氢站等创新应用。以示范应用带动科技创新和科研成果转化速率，建立多元氢能供应体系，促进长三角地区氢能产业一体化发展。

参考文献：

【1】刘玮、万燕鸣等：《碳中和目标下电解水制氢关键技术及价格平准化分析》，载《电工技术学报》2022年第37卷第11期。

【2】李建林、李光辉等：《"双碳"目标下可再生能源制氢技术综述及前景展望》，载《分布式能源》2021年第6卷第5期。

【3】俞红梅、邵志刚等：《电解水制氢技术研究进展与发展建议》，载《中国工程科学》2021年第23卷第2期。

【4】张锦：《制氢格局：短期煤气化有优势，长期PEM制氢空间大》（华宝证券行业研究专题报告，2022年5月22日）。

第三编

绿色转型

加快推进上海能源行业数字化转型

中国坚定地提出了"碳达峰，碳中和"目标，体现了中国主动承担应对全球气候变化责任的大国担当，但这也意味着未来的发展将逐渐与碳"脱钩"，倒逼新一轮能源革命与经济结构升级，助推产业高质量发展，有效提升能源数字化、网络化、智能化发展水平，构建清洁低碳、安全高效的能源体系是大势所趋。

2020年9月，习近平主席在第七十五届联合国大会一般性辩论上的讲话首次提出"碳达峰目标和碳中和愿景"。2021年3月15日习近平总书记主持召开中央财经委员会第九次会议强调把"碳达峰、碳中和"纳入生态文明建设整体布局。能源作为国民经济和社会发展的重要基础，能源转型中数字化转型被视作实现"双碳"目标最强大的抓手和落地利器。

一、当前能源行业数字化转型的现状

推动能源行业数字化进程，加强数字技术在能源生产、输送、消费及监管等各个环节的应用，提升能源资源利用率、能源企业生产效益、能源安全性和稳定性，将有效遏制"全球能源危机"。

（一）提升数据感知能力，提高企业生产效益

数据感知为能源企业掌握设备运行情况、洞察客户需求提供了有效的手段。美国爱迪生公司安装 500 万个智能电表实现对客户用电行为的准确感知，及时掌控用能情况，实现能源智能管理。同时，爱迪生公司在构建企业级物联网平台时，利用数据集成技术汇总了来自 13 个源系统的数据，实现了对企业运营全局的数据画像。国家电投在全国范围内建成 37 个新能源生产运营中心，集中管理分布在全国的新能源装机，通过智能化集中控制和远程诊断技术，全面提高新能源管理运营水平。

（二）增强数据价值挖掘能力，降低企业运维成本

通过对海量业务运营数据的分析挖掘，能源企业提升了决策管理的客观性、精益性和敏捷性。意大利国家电力公司通过分析变电站运维历史数据（包括设备状态、植物形态、气候状况等）实现对 16000 个变电站的预测性维护，有效定位风险点，降低运维成本，极大地提升管理效率、压缩管理链条，实现不同场景个性化决策。中国大唐构建电力数据监测诊断中心，为分布在全国各地的燃机设备提供远程智慧监测诊断服务，提高燃机机群的生产管控能力。

（三）线上线下融合，创新能源企业服务模式

通过线上线下服务渠道融合实现对客户的全方位服务，优化服务模式。德国意昂集团和谷歌合作推出了名为"采光屋顶"的项目，基于机器学习算法，综合考虑房屋的地理位置、气象数据、屋顶面积和角度、客户用能习惯等，为客户精准计算并安装光伏板，拓展其分布式光伏业务。中国华电依托数字技术将价值创造模式由传统的能源供应转变为"供应＋服务"的综合能源服务，推动了多能源协同供应、源网荷储友好互动、智慧用能服务为一体的综合能源服务新业态的发展，实现能源的产销协同、服务延伸和智能决策。

二、上海能源行业数字化转型的进度和问题

上海能源行业从供需两侧、纵横两个层面加速数字化转型，依托数字技术切实推进节能减排、提升能源利用效率、创新服务模式。

（一）上海能源行业数字化转型的进度

1. 发挥数字技术赋能全行业作用

加强数字技术在电、气、热、冷等能源子系统不同应用场景的应用，横向层面实现行业全覆盖。如，申能集团在智慧电力、智慧燃气、区域智慧能源网、金融科技、能源大数据等领域积极探索数字化转型，上海燃气通过建设"智能管网""智能调度""智能服务"，打造安全稳定、优质高效的"智慧燃气"1.0版，实现逾2.5万公里燃气管网设施的数字化管理和安全可控，逾98亿立方天然气的供求分析、高效调度，逾700万用户数据资源采集挖掘，用户服务体验持续改进。

2. 打造生命周期数字化服务

支撑能源行业纵向层面全生命周期数字化服务，形成服务到客户的"最后一公里"的解决方案。上海电气从传统能源向清洁能源转型，使其技术从传统制造向智能制造转变，使其商业模式由产品制造向制造服务转型。上海电气打造的"星云智汇"平台提供从选址、运行维护到绩效管理的全生命周期服务，为风场资源选址人员提高了10%设计效率、实现设备资产全方位监控，平均降低15元/千瓦运维成本、提高了风场绩效管理，减少发电量损失2%以上，确保了设备的高效运转，提升了20%以上无故障运行时间。

（二）上海能源行业数字化转型面临的问题

上海能源行业数字化转型已卓有成效，但在进一步深化过程中，仍有一些问题有待更加深入和系统地解决。

1. 能源数据壁垒有待进一步破除

需要在更大范围内打通能源数据壁垒，包括能源行业内企业之间的数据壁垒，以及能源行业与其他行业之间的数据壁垒，从机制设计与技术保障等方面全方位解决数据壁垒问题，进一步明确数据的所有权、使用权，收益分配与风险责任等，破除数据流通的障碍，实现跨部门、跨行业的数据共享交换。

2. 能源企业数字化转型有待进一步深化与提升

越来越多的能源企业认识到了数字化转型的重要性，但多数企业仍处在集团或上级单位的顶层规划布局阶段，部分企业尚未找到数字技术与业务场景融合的切入点，尚未形成具体的数字化转型推进路径。中小微能源企业存在"不会转、不能转、不敢转"现象，部分投产较早的火力发电厂、新能源电站等数字化基础较差，存在数字化转型难度大、效果差、投入高等问题。

3. 能源数字化转型需处理好与能源转型的关系

随着能源转型逐步向清洁低碳、安全高效转型，需进一步发挥数字化转型与能源转型之间相互支撑、携手共进的作用。以数字化转型增强清洁能源利用水平，优化能源互联网创新模式，助力能源系统安全高效运行；进一步做好能源转型的顶层设计，全面深入分析和测算由数字化转型带动的产业结构调整对能源结构调整的影响。

三、上海能源行业数字化转型的对策建议

（一）夯实能源数字化转型基础

加快构建一体化、集成化、智慧化管理平台，实现能源企业业务流程的数字化全覆盖。鼓励能源企业充分运用智能化设备、物联网监测传感器等传感技术，促进基于数据的跨区域、分布式生产及运营，实现能源生产、传输、存储、消费和能源市场交易全环节全链条数据汇聚接入、安全存储和统筹管理。建立统一的数据交互机制，加快数据治理体系建设。

（二）加深能源数字化转型深度

增强数据应用和创新能力，加大数据价值的深度挖掘，不断丰富数据应用的新场景和新模式。持续探索虚拟电厂、电力交易、节能降碳等数字化应用场景的落地，构建具备可视化、可验证、可诊断、可预测、可学习、可决策、可交易的综合能源服务平台，依托数字技术建立电力消费精细化实时管控模式，提高电力能源使用效率。促进双碳工作精细化分解、常态化治理发展。

（三）优化能源数字化转型生态

不断推进能源企业数字化生态建设，通过智慧电厂、智链物流中心、燃料一体化管控等领域的数字化整合，实现全要素、全产业链、全价值链的全面连接，实现智能感知、网络协同、敏捷响应、高效决策、动态优化。打通能源产业链上下游，形成以能源数据为驱动、多方参与共享共建的创新型能源数字化转型生态，加快向能源全面数字化

迈进。

参考文献:

【1】刘素蔚、于灏:《能源企业数字化转型五大趋势 以能源数字化推动商业模式创新》,载《国家电网杂志》2019年第4期。

【2】高峰:《数字化转型,能源智库需要回答的五大问题》,载《中国能源报》2020年5月20日。

【3】上海质量管理科学研究院、上海市能效中心:《关于上海能源领域数字化转型的调研报告》,2021年6月。

推动上海绿色化工产业创新发展

　　石油化工和精细化工是国民经济的重要基础产业，同时，化工新材料是集成电路、生物医药、新能源和航空航天等战略性产业发展的基石和先导。在碳达峰、碳中和背景下，化工行业面临的最大挑战之一即节能减排。"十四五"期间，能源环境领域法律法规将不断完善，监督管理力度将不断加强。石油化工及精细化工制造业作为上海高端产业集群之一，应夯实产业发展基础，发挥科技创新和产业载体优势，加快绿色化工产业的转型布局，从源头上减少化工产品全生命周期对环境的不良影响，打造具有全球竞争力的绿色化工产业集群。

　　化工产业由于规模体量大、产业链条长、资本技术密集、辐射带动作用广、与人民生活息息相关等特征，在现代国家工业体系中扮演着重要的角色。从国内看，根据全国第四次经济普查数据，我国化工行业主营收入 75063.1 亿元，占全国工业企业全年营业收入的 6.33%，仅次于计算机通信和汽车制造业。"十三五"期间，上海石油化工及精细化工制造业作为六大支柱产业之一，工业总产值一直稳占全市工业总产值的 10%。从国际看，美国化工行业在制造业体系中一直占据显著地位。据美国经济分析局 BEA 数据，2018 年，美国化工产业增加值为 3781 亿美元，占制造业总增加值的 16.3%，超过了计算机、汽车制造等行业，居各行业之首。德国、日本、韩国、新加坡等制造业强国，化工产业都是排名前位的重要工业领域。

当前，上海化工产品供给端和需求端的结构性失衡问题比较突出，高端产品供给不足与低端产品供给过剩同时存在。面向未来，做好绿色化工的谋篇布局，一方面需要在资源禀赋的基础上，大力增强技术创新和研发能力，推进产业绿色转型；另一方面要以科学的眼光正视化工行业的发展，摒弃"谈化色变"，借鉴发达国家绿色化工产业发展的经验，推动石油化工和精细化工制造业实现新突破。

一、绿色化工是化工行业可持续发展的必然趋势

绿色化学由美国化学会（ACS）在 1991 年提出，并成为美国环保署（EPA）的发展目标，也得到了世界很多国家的积极响应。1996 年，由时任美国总统比尔·克林顿发起设立的"总统绿色化学挑战奖"（Green Chemistry Challenge Awards），是美国国家级奖励，旨在宣传和推广通过绿色化学显著提高人类健康和环境的先驱工作，极大推动了绿色化工产业的发展。

面对"双碳"目标的挑战，化工行业面临的碳排放规模大、能源利用率低等问题愈加凸显。绿色化工的兴起，使化学工业环境污染的治理由先污染后治理转向从源头上根治环境污染，代表了化工产业可持续发展的方向。其核心是利用化学原理从源头减少和消除工业生产对环境的污染，将反应物的原子全部转化为期望的最终产物。在化工产品生产过程中，从工艺源头上推行源消减、进行生产过程的优化集成，废物再利用与资源化，从而降低了成本与消耗，减少废弃物的排放和毒性，减少产品全生命周期对环境的不良影响。绿色化工的优势体现在：一是节约能源的优势。采用先进技术对物质的分子结构进行处理，在高选择性反应的情况下，将反应物的原子全部转化为期望的最终产物，以节约各类资源。二是过程无污染的优势。生产过程中使用的是绿色无污染的催化剂与溶剂，且原材料的利用价值较高，大幅减少对于环境的污染。三是减少废物排放。应用化学结构的处理方式，对各类化学成分进行重新组合处理，可以全面提高原子的利用率，减少各类废物与副产品的产生。

二、绿色化工产业的前沿领域和发展方向

绿色化工通过技术和工艺革新，有效地改善过去被动滞后的污染物末端治理的现象，缓解产业发展与环境保护之间的矛盾，成为全球化工新材料领域实现产业变革和竞争优势的重要前沿领域。具体有以下发展方向：

（一）原料循环利用

摒弃传统"资源-产品-废弃物"的商业模式，将产品价值链演变为回收和重复利用的连续流程，并持续保持产品、部件和原材料的最高效用和最高价值，从而创造新的价值。再生 PET 成为塑料循环利用的典范。如，联合利华计划将原生塑料的使用量减半，确保所有的塑料包装到 2025 年都是可重复使用的、可回收的或可降解的，并在其包装中使用至少 25% 的再生塑料，宝洁（P&G）长远目标是所有产品和包装均使用 100% 可再生或可循环使用材料。加拿大初创企业 Loop Industries 开发的一项技术可将所有聚对苯二甲酸乙二酯（PET）塑料和纤维（包括所有染料、添加剂和杂质）解聚成优质 PET 塑料。

（二）绿色催化剂

在现代石油化工、先进材料、创新药和电子化学品等一些行业中，几乎离不开各类催化剂。绿色催化剂，其性能表现高效且对环境友好，是绿色化学领域的基础，是化工工业领域技术上的重大变革。如，汽车尾气处理的三元催化剂，含有三种贵金属元素铂（Pt）、铑（Rh）、钯（Pd），这三种元素的金属氧化物对某些化学反应具有催化作用。自 2020 年起，欧盟开始针对乘用车和新型商用车执行新的碳排放标准（欧 6d 阶段），OEM 生产的 95% 新车碳排放量不得超过 95 g/km，到 2021 年必须 100% 达标。到 2023 年之后，欧洲迎来更为严格的欧 7 排放标准。

（三）碳捕集、封存和转化

二氧化碳的捕集、利用与封存（CCUS）是实现碳减排的一种关键技术路线。碳捕集：即将电力、化工、钢铁等行业利用化石能源过程中产生的二氧化碳进行分离和富集的过程。碳转化：即通过地质、化学、生物等各种反应，将二氧化碳转化成对我们有价

值的目标产物。碳封存：即通过工程技术手段将捕集的二氧化碳储存于地质构造中，实现与大气长期隔绝。据 IEA《可持续发展前景》报告中展望，到 2050 年，全球碳捕集封存利用将从现在 4000 万吨 / 年的水平，增长至 2050 年的 56.35 亿吨 / 年。2010 年至今，美国主要的、大规模的 CCUS 项目已经增加了 3 倍，同时每年的完成量已从 1000 万吨增加到 3500—4000 万吨。美国埃克森美孚和荷兰皇家壳牌等能源巨头，已开始推进碳捕集与封存服务的产业化和商业化发展。

（四）超临界二氧化碳

化学品制造相关的污染问题不仅来源于原料和产品，更多的是来自其制造过程中的反应介质、分离和配方中使用的溶剂。超临界二氧化碳因为其化学萃取上的角色，再加上其毒性低，对环境影响较小，是重要的商用以及工业溶剂。在无毒无害溶剂的研究中，最活跃的研究项目是开发超临界流体（SCF），特别是超临界二氧化碳作溶剂。如，在医药加工领域，超临界二氧化碳替代传统溶剂是二氯甲烷和丙酮。日本 Takeda 化学工业公司正在大量使用超临界 CO_2 以从抗生素中除去丙酮。霍夫曼–拉罗奇进行了超临界 CO_2 萃取纯化维生素 E 的中试试验，此工艺最可取代 200 ℃下的真空精馏。在喷涂系统中，超临界 CO_2 作为高固体喷涂溶剂的替代品，可将挥发性有机化合物的排放量减少 80%，大大改善非黏性喷涂的质量。

（五）清洁氧化反应

在化学品中，通过氧化过程生产的产品占据最大部分。采用不产生污染的氧化剂如分子氧、过氧化氢和臭氧等，选择合适的催化剂和有效的产品反应路径、采用多种强化方法，生产环境友好的绿色化学品，是实现清洁生产的重要领域。如，烯烃的氧化裂解一直都是化学家们研究的热点课题，是底物中引入含氧官能团的重要途径。在索尔维开发的过氧化氢制环氧丙烷（HPPO）工艺中，丙烯被氧化为环氧丙烷，用于生产聚氨酯泡沫。此外，索尔维布局湿电子化学品应用领域，是全球过氧化氢（双氧水）解决方案的领先者，广泛应用于光伏电池片生产，大型集成电路、LCD 和半导体的清洗和蚀刻。

（六）不对称合成中的氢气

药物分子的立体化学决定了其生物活性，不对称合成已成为药物研究的一个关键因素。自然界中构成生命体的基础物质核苷酸、氨基酸和单糖以及由它们构成的生物大分子核酸、蛋白质和糖类都具有独特的手性特征。如，默沙东研制的西格列汀（Sitagliptin），作为首例 FDA 批准上市的 DPP-4 抑制剂，用于治疗 2 型糖尿病，2019 年实现全球销售额 34.82 亿美元。其第三代产品直接使用不对称催化氢化的方法构建手性中心，且不需要使用保护基团，不但简化了合成步骤，还降低了消耗，提高了原子经济性。这使每公斤合成所产生的废料由 250 公斤降低到 50 公斤，而整个过程对水的消费量为零。

（七）生物质原材料

开发利用生物质，是以农作物、草本植物以及林业剩余物、农作物秸秆等为原料，通过物理、化学和生物学等绿色化学技术手段，合成生物基材料、生物质燃料、生物基化学品等。美国规划 2020 年生物基材料取代石化基材料的 25%；全球经济合作与发展组织（OECD）发布的"面向 2030 生物经济施政纲领"战略报告预计，2030 年全球将有大约 35% 的化学品和其他工业产品来自生物制造。同时，利用生物原料以减少对石油等化石资源的依赖，是保护环境的一个长远的发展方向。美国规划到 2030 年生物质能源占运输燃料的 30%，瑞典、芬兰等国规划到 2040 年前后生物质燃料完全替代石油基车用燃料。

三、上海加快绿色化工创新发展的对策建议

面向"十四五"，上海正积极构建集成电路、生物医药、新能源、航空航天等"3+6"新型产业体系，但是涉及重点领域配套的先进基础材料、关键战略材料、前沿新材料、专用化学品尚存"卡脖子"问题，诸如集成电路领域的超净高纯试剂、CMP 抛光液和光刻胶，日本和欧美企业垄断着极高的市场份额。为全面完成《上海市先进制造业发展"十四五"规划》提出的"到 2025 年，努力建设成为参与全球竞争的绿色化工产业集群，产业规模达到 2700 亿元"的发展目标，上海应以绿色化工产业为牵引，统筹推进石油化工和精细化工制造业的绿色化、高端化、智慧化、集约化转型。

（一）健全绿色化工技术创新体系

紧密联系电子信息、新能源、航空航天和生物医药等战略产业发展需求，支持龙头企业搭建面向产业链上下游的中试共享平台，建设上海国际化工新材料创新中心。加强产业

基础导向研究、应用产品开发，引导各类创新要素向企业集聚，重点突破电子化学品、高纯溶剂、绿色催化剂、医药中间体等绿色化学制品。建立和完善以企业为主体、市场为导向、产学研相结合的技术创新体系，实现技术研发、成果转化和产业化的有机结合。

（二）优化绿色化工产业的统筹协调

将绿色化工产业纳入新材料创新发展的重点方向，通过新材料产业发展部门会商、协调机制，统筹研究协调绿色化工产业发展重大问题。对符合要求的绿色化工产业项目，享受行政审批绿色通道，优先办理项目用地手续、获取污染物排放总量指标，按规定享受"环评简化""告知承诺"等项目审批简化程序。促进新材料初期市场培育，完善新产品首批次应用的风险补偿机制及保险补贴政策。引导金融机构加大对绿色化工企业的信贷支持，鼓励和引导各种风险投资基金、股权投资引导基金、产业投资基金对绿色化工企业特别是初创型企业的支持。

（三）构建绿色化工产业生态体系

加快化工行业的绿色制造和数字化转型，推动行业智能化水平提升，完善产业链管理、能源管控、工艺流程、基础设施、风险监测与预警等方面能力。以上海化工区为主要载体，努力建设成为参与全球竞争的绿色化工产业集群。依托"超能新材料""碳谷绿湾""化工新材料""电子化学品专区"等化工特色园区，发挥园区品牌效应，强化特色产业招商，加快上中下游一体化发展，形成"先进材料-再生资源-环保产业-配套服务"融合的绿色化工产业新格局。

参考文献：

【1】胡惠雯：《"十四五"绿色化工如何实现？》，载《中国化工报》2020 年 12 月 18 日。

【2】马隆龙、唐志华、汪丛伟等：《生物质能研究现状及未来发展策略》，载《中国科学院院刊》2019 年第 4 期。

【3】尤思路：《手性药物及其不对称催化合成的研究进展》，载《西南军医》2010 年第 1 期。

【4】纪红兵、钱宇：《清洁氧化反应关键技术基础研究的进展》，载《自然科学进展》2004 年第 2 期。

推动上海石化产业转型发展

　　石油化工及精细化工制造业是上海"3+6"新型产业体系的重要一环，其工业总产值一直稳占全市工业总产值的10%。同时，化工新材料在上海高端产业发展中起着重要的基础性、引领性作用，是集成电路、生物医药、新能源和航空航天等战略性产业发展的基石。"十四五"期间，围绕"碳达峰、碳中和"目标，上海石化产业需要聚焦绿色低碳高质量发展，围绕产业链开展技术创新，大力发展高端化、环境友好型产业，提升产业核心竞争力。

　　石油和化学工业是国民经济重要的基础工业和支柱产业，经济总量大，关联度高，带动性强，在现代国家工业体系中扮演着重要的角色。新一轮科技革命和产业变革中，能源、新材料、新一代信息技术、海洋工程装备、高性能医疗器械与生物医药等实体经济的发展，都离不开石油和化学工业。上海的石油化工及精细化工制造业，近三年来工业总产值分别为4006.76亿元、3871.08亿元、3488.97亿元，是稳固上海市工业总产值基本盘的主要力量。上海作为杭州湾石化产业集群的重要载体，面对能源环保的压力、双碳目标挑战，以及原料多元化进程加快，上海市石化产业在推动新兴产业发展、能源结构变革中亟须发挥更大作用。

一、我国石化产业发展面临的新形势与新挑战

（一）产业技术创新成为焦点，技术引进难度加大

作为基础学科，化学创新成为国际战略博弈的主战场，围绕科技制高点的竞争极为激烈，石化工业引进国外高端技术遭受制约。一些颠覆性技术逐步具备实用条件，如天然气直接制乙烯等取得显著进展，将对原有石化工业技术布局产生重要影响。石化领域仍存在一些"卡脖子"技术问题，国产高端石化产品面临国外挤压和倾销风险，加强原始创新和自主创新能力、实现高水平科技自立自强的紧迫性日益增强。

（二）双碳技术革新加快，产业变革蓄势待发

石化行业面临更加严格的环境监管，排放指标已经成为行业稀缺资源，变成制约企业发展的最大瓶颈。传统上依赖于高耗能和高排放的企业将会越来越难以为继。在"双碳"趋势下，欧洲和美国国际石油巨头战略调整方向大同小异，其中美国石油巨头将重点放在碳捕捉、碳封存的相关技术开发，以及利用技术进步带来的生物质能的充分利用。而欧洲等国际石油巨头，将重点转移在可再生能源、清洁电力等方向。

（三）绿色转型步伐加快，能源结构不断优化

石化行业在国民经济整体碳排放占比约为 5%—6%，低于电力、钢铁、水泥等行业。石化行业加快新能源布局，逐步实现清洁能源替换阶段，主要表现为将油气勘探开发与生产过程中的机器驱动能源，从传统的化石能源转换为太阳能和风能等可再生能源，以及提高整体生产运营中的电气化应用水平；同时升级设备，替换掉能效低的设备等。该阶段所需投资略高，但仍在多数石油公司承受范围以内，经济性和减排效果都明显高于第一阶段。

（四）行业集中度将进一步提升，规模化效应凸显

石化企业都在积极布局大炼化项目，通过重投资带来大规模稳定的收入体量和高折旧产生的现金流，以支撑后续企业向高精尖的转型发展。石化行业仅追求规模化发展而忽略质量的模式已经行不通了，需要向市场更大、技术壁垒更强、盈利能力更好的领域发展。巴斯夫、利安德巴塞尔等国际石化企业认为中国将是未来全球石化行业产能增长

的主要驱动力并不断加强在国内的投资。石化产业竞争持续加剧，集中度进一步提高，延续强者恒强的态势，头部企业将持续享受产业集中度提升的红利。

二、国内外典型石化企业转型发展的经验做法

石化产业作为资源型和能源型产业，碳排放量在工业领域居于前列，绿色转型倒逼石化产业的自我革新。上海作为杭州湾石化产业集群的重要载体，在能源、环保紧约束的情况下，应将发展融入一个整合的生态系统，借鉴国内外典型石化企业聚焦产业绿色低碳的经验，积极推进发展战略调整，为上海石化产业的转型发展提供了参考路径。

（一）巴斯夫：推动全流程绿色低碳转型

巴斯夫作为全球化工龙头，通过采用绿色电力及创新生产技术，成为化工行业气候保护标杆。2021年3月，巴斯夫发布了气候中和路线图，计划到2030年二氧化碳绝对排放量比2018年减少25%，并承诺到2050年实现净零排放。巴斯夫通过大规模采购绿色电力，目前已经成为长三角地区最大、珠三角地区第二大的绿电购买方。巴斯夫于2021年6月与华润电力在广东电力交易中心达成广东首笔"绿电"交易，巴斯夫湛江一体化项目的首批装置实现了100%可再生能源电力供应。巴斯夫还提出，初步计划与大能源生产商合作，到2025年前采购约44万兆瓦时的可再生能源电力。未来巴斯夫将与合作伙伴联合开发新技术，充分发挥一体化体系优势，优化生产效率，增加可再生能源在能源供应中的比例，以实现减排目标。巴斯夫还计划借助新的内部数字解决方案，在2021年底前为约45000种销售产品提供碳足迹数据。产品碳足迹（PCF）包括所有与产品相关的温室气体排放，涵盖从原材料采购到生产过程中的能源消耗等所有环节。这为巴斯夫的客户和合作伙伴提供了透明度，方便共同制定计划，减少从价值链到最终产品的二氧化碳排放。

（二）三菱化学：逐步剥离石油化工和煤化工

三菱化学是日本最大的综合性化学集团，主要聚焦功能性商品、基础原材料、健康保健等三大领域，拥有6.9万多名员工，2019年销售收入273亿美元，位列2020年全球化工50强第8名。在日本采取行动减少温室气体排放之际，日本老牌化工巨头三菱化学决定，将在未来几年内终止石油化工和煤化工业务，并在2023财年之前将其拆分出去。未来，三菱化学的战略重点将聚焦电子、健康与生命科学，同时进一步提高在化

学品、聚合物、薄膜和成型材料等功能材料领域的竞争力。三菱化学此前宣布，将投资1.1亿欧元用来扩大其子公司三菱聚酯薄膜有限公司（MFE）位于德国威斯巴登的聚酯薄膜生产能力。此次新增生产线的设计产能为年产 27000 吨聚酯薄膜，计划于 2024 年底完工。这是三菱化学自 2018 年以来在全球聚酯薄膜业务方面的第三次投资。

（三）LG 化学：强化动力电池产业发展优势

LG 化学将通过并购、合资和战略投资等方式扩大与主要行业参与者的合作关系，从而加快向环保型业务组合转型，扩大其电池材料、可再生能源和生物业务。抓住电动汽车电池的发展机遇，以石化为主营业务的韩国 LG 化学正加紧转型到车载电池业领域，LG 化学分拆了其电池事业部，大力发展电池业务。LG 化学宣布，将投资 6 万亿韩元，扩大电池材料生产线，并投资 3 万亿韩元用于生产环保的石化产品，其余的投资将用于 LG 的生命科学业务。LG 化学是作为一家动力电池企业，为排名前 20 的汽车品牌中的 13 个品牌提供电动汽车电池，其中包括大众、雷诺、通用汽车、福特、现代汽车、沃尔沃、奥迪、戴姆勒等。LG 化学 2019 年在车载电池市场的份额约为 10%，排名第 4。

（四）中国石化：加快氢能源产业布局

"十四五"期间，中国石化将持续加大氢能领域投资力度，加快发展以氢能为核心的新能源业务，大力推进氢能全产业链快速发展，打造"油气氢电非"综合能源服务商，努力成为中国第一氢能公司，引领我国氢能产业高质量发展。目前，中国石化正不断加快氢能产业布局，从资本运营、技术研发、生产储运、网点布局、社会合作等各领域全面推进氢能全产业链建设，已经在加氢站、制氢技术、氢燃料电池、储氢材料等多个领域取得突破。2019 年 11 月 6 日，中国石化与法液空签署氢能合作备忘录；2020 年3 月 26 日，燕山石化北京冬奥会氢气新能源保供项目新建 2000 立方米 / 小时氢气提纯装置一次开车成功；2020 年 7 月 16 日，石油化工科学研究院"质子交换膜燃料电池汽车用燃料氢气质量检测项目"获国家认监委资质认定（CMA），是国内首家获 CMA 资质认证；2020 年 9 月 23 日，拥有自主知识产权的首套高纯氢气生产示范装置在高桥石化成功投产，这是国内首次将炼厂副产氢气提纯至 99.999%；2020 年 12 月 15 日，广州石化氢燃料电池供氢中心正式投产。

三、上海石化产业转型发展的对策建议

当前，石化行业的绿色发展、低碳发展已经成为发展潮流，上海石化产业存在区域协同不足，产品供给端和需求端的结构性失衡问题比较突出、行业面临"污名化"等矛盾。面向"十四五"，上海石化产业应以科学的眼光正视化工行业的发展，科学定位、优势互补、拉长短板，发挥科技创新和产业载体优势，推进石化产业的绿色化、高端化、智慧化、集约化转型，努力走出一条大都市石化产业转型发展的新路。

（一）打造低碳技术创新高地，引领产业转型升级

通过设立低碳技术研发和示范应用专项，加强碳资源综合利用基础研究、碳捕集封存转化（CCUS）应用产品开发；利用开展工业企业的碳资源评估评价，引导低碳创新技术和产品的示范应用，逐步降低产业发展对环境的污染度和对能源与资源的消耗度，推动传统的石化企业走集约化、高端化、绿色化的可持续发展之路。组建低碳产业创新发展联盟，打造引才引智、产业金融、科技成果孵化转化等创新平台，各类创新要素向企业集聚，紧密联系电子信息、新能源、航空航天和生物医药等战略产业发展需求，支持龙头企业搭建面向产业链上下游的中试共享平台，构建产学研相结合的技术创新体系，实现技术研发、成果转化和产业化的有机结合，建设上海国际低碳技术创新高地。

（二）建设绿色产业示范园区，构建绿色生态体系

发挥好上海化工区的集中集聚效应，在结构调整、科技创新、绿色低碳、国际合作等方面下最大功夫取得新进展，在构建行业新发展格局中发挥主力军作用。依托"超能新材料""碳谷绿湾""化工新材料""电子化学品专区"等化工特色园区，发挥园区品牌效应，强化特色产业招商，加快上中下游一体化发展，形成"再生资源-环保产业-配套服务"的绿色化工产业新格局。培育推行全过程绿色制造生态体系，坚持原料产品项目一体化、公用工程物流一体化、环境保护生态一体化、智能智慧数据一体化、管理服务科创一体化的发展理念。

（三）加快数字化转型力度，提升产业管理运营水平

加快优势重点化工企业的智能化和数字化运营能力，明确职能分工，激发市场主体

活力，完善产业链管理、能源管控、工艺流程、基础设施、风险监测与预警等方面的能力，积极主动实施责任关怀，建立与周边社区最大化共享园区发展目标成果。推进智慧化工园区试点示范工作，研究推广智慧化工园区适用技术，全面推动化工园区数字化、智慧化发展，不断提升化工园区综合服务水平，推动园区走高效、清洁、低碳、循环的绿色发展道路。

（四）做好要素保障服务，营造产业健康发展的环境

围绕石化产业龙头企业、重点园区和重大项目建设，加强产业资金、人才、土地、能源等要素资源保障。对符合要求的绿色化工产业项目，享受行政审批绿色通道，优先办理项目用地手续、获取污染物排放总量指标，按规定享受"环评简化""告知承诺"等项目审批简化程序。完善多元化选择石油进口目标市场，以降低由于国际区域动荡和国际石油价格波动对石化产业带来的不利影响，以保证石化产业的平稳发展。

参考文献：

【1】孟凡君：《全面推动数字化、智慧化　培育五大世界级石化产业集群》，载《中国工业报》2021年6月7日。

【2】郭倩、于瑶：《央地多举措力促工业绿色低碳发展》，载《经济参考报》2021年6月25日。

【3】付奇：《"十四五"，江苏化工产业何去何从》，载《新华日报》2021年9月28日。

【4】凌军辉、陈刚、朱程：《对标"双碳"　石化产业全面迭代需迈"三道坎"》，载《经济参考报》2021年9月22日。

加快发展上海 LNG 动力船舶制造业

造船业在绿色低碳经济中扮演着重要角色。据相关数据统计，从 2017 年开始，造船业每年排放 208 万吨二氧化碳，其中 60% 是在生产过程中产生的，24% 属于试运行的液体燃料。全球各国在环保压力下，均通过各种政策大力推动 LNG 动力船舶的发展，完善 LNG 动力基础设施建设。2021 年 4 月 8 日，韩国造船业成立了产学官研协商机制"造船碳中和委员会"，三星重工（SHI）、大宇造船等韩国排名前六的造船公司，发表了加强碳中和合作的联合宣言。本文围绕我国"碳达峰""碳中和"目标对经济发展方式提出的新要求，梳理分析了制约国内 LNG 船舶制造业发展的瓶颈问题，并就上海如何发挥 LNG 产业关键装备制造优势，推动 LNG 动力船舶制造业发展提出相关对策建议。

据国际船舶网报道，多行业联盟（SEA-LNG）日前发布的一份调查分析报告指出，以液化天然气（LNG）为燃料的船舶订单约占全球新建船舶订单总量的 13%，且在 2021 年之后，不同尺寸的 LNG 动力船数量也将呈现持续增长的态势。另据挪威船级社（DNV GL）的数据显示，目前全球在运营 LNG 动力船数量达到了 198 艘，手持订单达 265 艘，此外还有 146 艘采用"LNG-ready"设计的船舶，为改装 LNG 动力做好了准备。LNG 动力船舶作为清洁能源在航运领域的实践方式，其在低碳环保上占据先天优势。在相同的功率输出下，设计先进的天然气发动机，二氧化碳排放比柴油机减少约 20%，氮氧化物排放约减少 80%，硫氧化物、颗粒排放几乎减少 100%。多行业联盟（SEA-LNG）主席彼得·凯勒也认为，LNG 能够让船东在保护大气及海洋环境的同时，减少现被国际海事组织（IMO）限制的船舶污染物排放。

一、上海具备国内 LNG 产业链关键装备制造优势

我国 LNG 燃料动力应用始于 2009 年，集中在沿海和江河航运，虽然在国家一系列强有力政策的扶持下得到快速发展，但推广应用中也有诸多堵点，亟待破局。相关业内专家指出，上海作为国内以船舶制造为核心的 LNG 关键装备的龙头，应把握国际国内清洁能源发展需求，积极争取国家相关部门支持，才打通应用通道，在助力绿色航运中赢得先机，推动我国"碳达峰、碳中和"目标的实现。

液化天然气（LNG）产业链上游主要包括气田产出天然气、天然气的净化分离及液化等；中游主要包括运输船舶、终端站（储罐和再气化设施）和供气主干管网等；下游为联合循环电站、城市燃气公司、分布式能源站、LNG 动力车船等最终市场用户。经过多年努力，上海形成了以船舶制造为核心的国内 LNG 关键装备研发、设计、制造和工程总包基地，一定程度上代表了我国高端船舶制造业的整体能力。其表现在：

（一）上海的高端船舶总装建造能力强

沪东中华致力打造全方位的液化天然气（LNG）产业链，产品线由大型 LNG 运输船拓宽至 LNG 加注船、浮式液化天然气储存及再气化装置（LNG-FSRU）、LNG 动力船等领域。2019 年，在 LNG 船改装浮式储存及再气化装置（FSRU）、超大型集装箱船改装 LNG 动力系统等方面又取得新的突破，成为中国目前唯一有建造大型 LNG 船实绩，并具备 LNG 全产业链装备拓展能力的造船企业。外高桥造船凭借其在好望角型散货船、超大型油轮等方面具备的丰富建造经验和实力，对该两种船舶的全系列主建产品进行了双燃料船型开发升级，2019 年获得新加坡 Eastern Pacific Shipping 签订 2+3 艘 20.9 万 DWT 级双燃料动力散货船建造合同；2020 年获得裕民航运和跨国矿业企业英美资源集

141

团联合项目 4 艘 19 万 DWT 级双燃料动力散货船；2021 年获得英美资源集团子公司新加坡 Anglo American 航运公司 2 艘 19 万吨 LNG 动力好望角型散货船合同。江南造船以中型薄膜型 LNG 船和中小型 C 型舱 LNG 船为主，在国际上有一定优势。

（二）上海的高端船舶产业集聚程度高

长兴岛、外高桥和临港地区汇集了多家船舶装配企业和总装建造企业。长兴岛国家新型工业化产业示范基地拥有江南造船和江南长兴，以及振华重工长兴分公司、上海中远海运等，2021 年 6 月将迎来沪东中华浦东厂区和沪东重机浦东厂区的整体搬迁。临近浦东外高桥保税区有外高桥造船；位于临港的中船三井、中船瓦锡兰、沃尔沃遍达发动机覆盖了低、中、高速全系列船用发动机，各类船用设备配套企业开始集聚。

（三）产业链及研发保障体系完善

配套材料方面，依托宝钢集团的钢材基础，邮轮外壳原材料自主可控。其中，殷瓦钢作为一种高端船用材料，由沪东中华牵头宝钢完成了研制，已取得 GTT 及船级社证书。标准认证方面，上海的标准认证服务机构较为齐全。上海远东防火测试中心是全国唯一一家符合 IMO 认定、能开展 FTP 防火测试的机构。世界知名的船级社和国际权威认证机构 DNV/GL（挪威船级社）的智能和数字研发中心也落户上海。创新资源方面，技术积累和人才资源雄厚。上海聚集了中国船舶及海洋工程设计研究院、上海船舶研究设计院、中国船舶第七〇四研究所等国家级专业研究院所，以及上海交通大学、上海海事大学等高等学府。

二、国内 LNG 动力船舶制造业发展遇到多方面挑战

（一）建设资金和相关技术存在短板，LNG 经济性优势未能有效发挥

1. LNG 动力船建造成本较高。据了解，LNG 燃料动力船的投资高出常规燃料船舶 25%—30%，其回收期长达 10—15 年，尤其受近些年国际油价持续走低的影响，船东建造 LNG 船的积极性明显不足。如，我国水运主通道之一的西江干线，建造的 1650 吨级 LNG 动力船造价成本 450 万元／艘，减去补贴，实际造价成本为 372 万元，相比同吨级的普通货船造价高出 52 万元左右。另一方面，新冠疫情造成船舶普遍延期交付，并且

原材料价格持续高位、汇率持续上升、用工短缺等内外部环境压力，导致船企资金不能及时回笼，资金流动性承受巨大压力，面临续贷、保函展期等困难。相对传统油料船舶而言，LNG 的经济性优势不再凸显。

2. LNG 动力船舶加气技术有待改进。LNG 动力船舶加注的方式是目前最大的难题之一。输送 LNG 的管道都是低温管道，延展性、伸缩性都较差，如果在长江沿岸设置岸基 LNG 加注站，那么极易因丰水期与枯水期较大的水位差异值增加加注 LNG 的难度。我国已经开始借助趸船，使其与大陆的管道进行连接，待其灌满 LNG 后为路过的 LNG 动力船舶注入燃料，然而相关技术问题需要解决。

（二）配套设施和管理体系存在不足，LNG 关键装备的推广应用受制较多

1. 配套基础设施建设滞后。国家出台的《长江干线京杭运河西江航运干线 LNG 加注码头布局方案（2017—2025 年）》明确，到 2025 年前，基本建成长江干线、京杭运河、西江航运干线 LNG 加注码头体系（包括岸基式和趸船式）。其中长江干线 45 处，京杭运河 19 处，西江航运干线 10 处。据不完全统计，目前趸船式船用 LNG 加注站已建成 19 座，仅有 3 座试运营；岸基式船用 LNG 加注站已建成 12 座（京杭运河 10 座，长三角水网地区 2 座），投入运营的有 6 座（5 座分布于京杭运河，1 座位于黄浦江）。显见，正常运行的 LNG 动力船航运范围比较小，局限于长江中下游一带。受加注站数目的影响与限制，当运力饱和时，很多船东选择停运；或者要预估航行里程和燃料消耗情况，避开缺少加注站点的城市，加注点过少和布局畸形，导致船东采用 LNG 动力船的意愿显著下降。

2. 标准规范和审批流程有待完善。我国 LNG 行业相关技术标准主要由海事局、中国船级社（CCS）负责制定发布，近年来已从气体燃料供应、发动机机舱布置、检测与安全保护、关键设备技术、建造规范的制定和船舶入级检验等多个方面颁布规范，但 LNG 船舶政策及规范还不够健全完善。另一方面，水上 LNG 加注建设审批涉及国土、发改、住建、交通、消防、水利、环保等多个部门，认为 LNG 高风险的传统意识占主导，申办流程不够清晰，使得目前已相对成熟的陆上加气站建设至少需要经 7 个部门审批，盖 26 个章。处于试点阶段的船舶 LNG 加注站建设审批更是面临审批程序繁琐、周期过长等问题。反映在加注站安全监管条例方面，则过多参照国外技术规范，与国情难

以匹配。如，内河 LNG 运输船设的安全距离参考了远洋 LNG 运输船安全区，但由于内河水文条件的限制，在此安全监管标准下，LNG 运输船无法在内河行驶，只能通过槽车运输。

（三）补贴政策和融资产品存在痛点，LNG 关键装备的发展动力受到制约

1. 补贴政策支持缺乏持续性。一是 LNG 动力船补贴原则不够细化。仅根据船舶功率决定补贴金额，未将船舶 LNG 动力系统技术纳入考察目标，制约了国内厂商研发先进技术的积极性。二是应用补贴不够清晰。如，车船费减免、节能减排补贴程序难以掌握，不利于船东申请补贴。三是政策覆盖范围相对狭窄。目前补贴对象仅包含 LNG 动力船舶、LNG 水上产业链等，其他环节暂无补贴，难以形成完善的水上 LNG 加注网络。四是补贴政策实施期限过短。国家对于先期企业投资 LNG 基础设施和水上 LNG 加注站并无引导资金，且更新不及时。鼓励新建和改建 LNG 燃料动力船舶的政策至 2017 年 12 月 31 日已截止，自 2018 年 1 月起至今尚未出台新的新建和改建 LNG 燃料动力船舶的补贴资金政策。

2. 船舶融资产品配套服务有待完善。与世界领先的航运金融服务中心相比，我国在船舶融资租赁、航运衍生品、保险服务等领域存在较大的差距。一是船舶融资的手段较为单一。船舶投资期较长且资本成本较高，导致中小企业船舶组合投资方式受限、融资难度提升。二是国际资金结算仍然受限。资金结算体系难以满足船舶投资者的需要，船舶资金结构供应中存在结构性失调。三是相关的金融服务机构对于船舶登记、船舶估价、船舶评估、船舶检验等领域较陌生。四是我国航运金融的保险产品相关配套服务匮乏，风险防控能力较弱，无法充分满足相关航运企业的现实需要。

三、加快推动上海 LNG 动力船舶制造业发展的对策建议

随着技术进步、法规趋严、政府支持，以及众多港口加快 LNG 基础设施建设，LNG 船舶在水运业应用已是大势所趋。上海政府部门应会同行业协会、龙头企业一起，积极争取国家相关部委支持，在配套设施、标准规则、财税政策、金融服务等方面实现突破，助力上海 LNG 动力船舶制造业驶入高质量发展快车道。

（一）完善配套设施建设和审批流程

一是建立定期协调机制，出台更宽松的操作规程。由国家行业主管部门牵头，行业协会具体执行，组织航运、造船、钢铁、物流、金融等重点企业与机构，针对原材料供应、货款结算、物资管控等涉及产业链供应链稳定问题，建立定期协调机制，合力解决项目实施中出现的规划选址、土地预审、动力配套、燃料供应安全性、环境评价及其他专业评价审批等问题。建议在《船舶载运危险货物安全监督管理规定》的基础上，将LNG燃料动力船按照常规船监管，出台更为宽松的LNG船舶进江、加注、过驳、补给等相关标准及操作规程，将安全要求降低到与LPG（液化石油气）船同一监管水平或与欧美发达国家可比水平。

二是简化审批流程，提升审批效率。对我国LNG动力船舶试点现状进行整合汇总，尽快健全审核批准流程，并建设审批备案制度。在条件成熟时，把LNG动力船舶的审批权下发至各省级航务海事机构，提升审批效率，加强各大航运企业应用LNG动力船舶的积极性。明确水上LNG加注站管理权责部门，便于制定岸线要求及项目立项、建设、验收和运营的管理规范，研究出台船用LNG加注站建设管理办法及小型LNG运输船进江监管细则。

三是完善配套设施，加快沿江沿海供气站布局。加快我国沿江沿海供气站的规划与建设，进一步出台沿海船舶LNG加注布局方案，完善我国内河LNG动力船舶加气站的规划部署，确立LNG水上供气站的主要负责机构，在装卸货同步作业、跨港LNG加注服务等方面出台便利措施。鼓励建造移动加注船，实现加注方式多样化，提升LNG加注船及作业的安全水平，建立岸上充电设施及燃料补给基础设施网络。

（二）加强行业规则与标准建设

一是健全标准体系。从产品设计、材料比选、产品及配套件制造、产品采购、产品验收等环节着手，健全符合国内LNG船舶的总体性、安全性、经济性、续航性、产业链完整性的标准体系，提高制造和国产化水平。

二是完善行业法规。推动基于区块链的国际贸易及航运相关标准的制定，完善溯源存证功能，推动国际运输征信体系建设。完善船舶检验法规和建造规范、加快推进船舶岸电受电设施改造、船舶使用岸电激励机制等，建立涵盖LNG运输、加注、应用各环节的 LNG 水上应用规范标准体系。

（三）增加财税政策支持力度

一是提高补贴力度。补贴新建和改建 LNG 燃料动力船舶，鼓励水运行业企业提高使用 LNG 的比例。通过评估前期补贴资金管理办法的实施情况，适当提高补贴标准、延长政策时限、扩大补贴范畴、聚焦补贴对象，进一步激发船东积极性。

二是出台对 LNG 动力船舶设备尤其是发动机技术的补贴。进行分类补贴，推进船舶设备的国产化替代。如，为国内用户承建 LNG 船舶产业链装备及国产化配套设备的企业，可比照出口产品享受一定的退减税政策；填补国内空白的装备和配套设备企业，可享受所得税减免。

三是出台对 LNG 加注建站和加注船的补贴。如，LNG 保税 / 退税加注，保证企业运营和增加布点，形成便捷的加注网点。严格执行船舶排放标准，推动 LNG 清洁能源的应用，引导和推广使用 LNG 清洁燃料。

（四）增强航运金融服务能力

一是创新船舶融资模式。进一步细化与船舶融资相关的税收制度，建立船舶融资租赁产权登记制度。鼓励设立和发展航运金融中介机构，探索大型船舶和海洋工程装备制造企业参与组建租赁公司，进一步放宽金融租赁公司的经营限制，创建风险投资基金。鼓励使用人民币融资造船、结算运费，支持符合条件的船舶和海洋工程装备制造企业上市融资和发行债券。

二是鼓励金融机构拓展船舶和海洋工程服务业。鼓励金融机构订购深水海洋工程装备和高端船舶，积极支持内外资企业和机构开展航运融资、航运保险、航运结算、航材租赁等服务，加大对深水海洋工程装备和高端船舶企业的信贷融资支持力度。加强银企合作，对船舶和海洋工程装备建造实行抵押融资。鼓励政策性金融机构加大对骨干船海企业支持力度，通过提高经营性贷款额度、授信额度、保函服务、专项债等多种方式，缓解企业短期经营压力。

三是支持发展航运运价指数衍生品交易业务，提升国际航运市场话语权。大力支持上海航交所与上海期交所合作，创新航运金融衍生品，丰富"上海航运指数"系列，通过指数影响力提高在国际航运市场上的话语权。

参考文献：

【1】李磊：《我国当前 LNG 动力船舶存在的问题及对策》，载《船舶物资与市场》2021 年第 2 期。

【2】吴珉颉、段兆芳：《我国 LNG 动力船发展现状、问题及建议》，载《中国石油企业》2019 年第 11 期。

【3】董壮志：《船舶融资市场：分化加剧创新求变》，载《中国远洋海运》2021 年第 2 期。

大力发展氨燃料动力船舶

2022年2月，国家能源局《"十四五"新型储能发展实施方案》提出发展氨储能技术，强调了氨的氢基储能和低碳燃料属性。同年6月，交通运输部等四部门发布贯彻落实《中共中央　国务院关于完整准确全面贯彻新发展理念做好碳达峰碳中和工作的意见》的实施意见，提出探索氢、氨等清洁能源新型动力船舶的应用，实现交通运输业的高质量发展。作为氢的细分赛道，绿氨的储运及燃烧特性使其成为航运领域最具潜力的"零碳"燃料之一。上海应充分发挥科技创新实力，布局氨动力船舶赛道，打造世界级氢氨燃料枢纽，建成国际一流的氢能科技创新高地和多元示范应用高地。

一、氨燃料动力船舶发展现状与趋势

（一）氨为航运业提供"零碳"解决方案

氨燃料具有无碳燃烧、能量密度高等特点，采用可再生能源制氢合成绿氨[①]，可以

---

① 绿氨指通过可再生能源电解水制取氢气所合成的氨。

帮助航运业大幅减碳，实现全生命周期的零碳排放。氨是富氢化合物，重量载氢能力高达 17.6%，体积载氢效率是氢气的 150%，常压下相较于氢气 –283 ℃极低液化温度，氨的液化温度为 –33 ℃，或在常温条件下，9 个大气压也可实现液化。同时在成本方面，同质量的液氨储罐是液氢储罐的 0.2%—1%，且液氨的单位体积重量密度是液氢的 8.5 倍，氨动力船舶的能量密度大大高于氢气。其次，100 km 内液氨的储运成本为 150 元 /t，500 km 内液氨的储运成本为 350 元 /t，为液氢储运成本的 1.7%，氨储运的成本优势可以帮助解决氢能运输难和成本高等问题。此外，氨完全燃烧产物只有氮气和水，且已有成熟的供应体系和基础设施，便于大规模运输和供能，考虑到远洋航行船舶载重吨位大、航程长，需要使用能量密度高的清洁燃料以提高船体空间利用率，氨已成为行业公认的大型船舶理想清洁燃料之一。根据国际能源署（IEA）预测，到 2050 年氨能将占据 45% 的航运燃料需求，并取代化石燃料成为最主要的航运燃料。

（二）氨燃料发动机等核心环节持续升级

氨燃料发动机是氨燃料动力船舶的核心环节，随着氨燃料船舶的市场潜力日益凸显，全球主要船舶发动机制造商均已启动氨燃料发动机开发计划。欧洲主导氨燃料发动机研发，芬兰发动机制造商瓦锡兰已经成功测试了使用 70%—90% 氨的混合燃料发动机，并计划在 2025 年开始交付；德国曼恩能源方案正在开发使用柴油和氨的双燃料中速发动机，并宣布 2024 年将在大型远洋船舶上实现商业化应用；瑞士温特图尔计划将从 2025 年推出氨燃料发动机，并积极探索多燃料解决方案，在核心发动机系列中使用氨等零碳燃料。国内的中船动力、中国船舶七一一所联合大连中车也在积极推进氨燃料发动机的研发，自主机型预计将在 2025 年正式推出。目前，业界正从研发测试阶段向样机和小批量生产阶段过渡，商业化示范应用指日可待。

（三）全球范围内氨动力船舶布局提速

欧盟、日本和韩国在氨燃料动力船舶领域处于领先位置。2022 年 4 月，挪威格里格海事旗下的 Grieg Edge、挪威船舶设计公司 LMG Marin 与瓦锡兰合作开发的氨燃料氨运输船已获得 DNV 船级社的原则性批准（AiP），预计将于 2025 年前推出第一艘氨燃料氨运输船，将风电制取的绿氨作为船舶燃料并实现绿氨的运输。2023 年初，日本三菱造船设计的 21 万吨氨燃料散货船获得了船级社 AiP 认证，同时日本已开始在中东、澳大利亚、南美等地寻求合作建设海外绿氨生产基地。2023 年 6 月，韩国三星重工宣布建设氨能技术大型实证设备，开展氨燃料船舶燃料供应系统和减排系统的性能验证和安全性测试；三星重工开发的氨燃料超大型油船（VLCC）、现代重工集团和韩国造船海洋开发的氨燃料氨运输船，以及韩国大宇开发的 23000TEU 氨燃料集装箱船均获得船级社的 AiP 证书。近三年来，全球氨动力船舶开发项目超过 60 个，其中获得船级社 AiP 证书的船型设计已超过 42 项。

上海领衔国内氨燃料动力船舶设计。江南造船在 2021 年推出了 40000 立方米氨燃料液化气船概念设计并获 AiP 认证，验证了氨燃料与气体运输船的适配性；2023 年 2 月，上海船舶研究设计院和新加坡新诚航运联合研发的 8.5 万吨氨燃料散货船获得中国船级社（CCS）的 AiP 认证；2023 年 5 月，中国船舶旗下的第七〇八所自主研发设计、青岛造船建造的全球首艘氨燃料动力预留 6000TEU 级系列集装箱船首制船交付，实现了国内中大型集装箱船采用替代燃料技术的新突破。

二、上海发展氨燃料动力船舶的挑战与机遇

（一）上海发展氨燃料动力船舶的挑战

1. 技术难题亟待突破

氨动力船舶目前面临一系列亟待解决的共性技术难题。由于氨燃料相对传统燃油来说热值低、供给压力高，对氨燃料供给系统的稳定性和压力控制提出更高要求，液氨燃料泵、增压泵、氨蒸气压缩机等核心部件需要实现技术突破。同时，在实际燃烧过程中，一旦燃烧不充分或发生氧化，容易导致氨燃料所含的氮元素转化成温室效应更强的 NO_x 气体排放，因此燃烧和尾气处理的定向控制策略至关重要。此外，氨具有毒性且易逃逸，考虑到船舶燃料加注量较大且加注时间较长，需要升级加注连接方式，避免加注过程中燃料与空气接触，并在燃料处理和供应系统中将泄漏风险降至合理水平，增加了船舶设计的难度。

2. 政策法规仍需完善

由于氨燃料在船舶工业应用中尚处于起步阶段，目前存在标准规范有待细化和政策不完善等问题，主要标准仍以船级社出台的指导性文件为主。国际标准方面，《国际散装运输液化气体船舶构造和设备规则》（IGC）规定，已标识为有毒货品的货物不允许用作燃料，而氨就是其中之一；同时，《使用气体或其他低闪点燃料船舶国际安全规则》

（IGF）对液化天然气（LNG）、液化石油气（LPG）等低闪点燃料的应用安全提出了完整的要求，但尚无针对氨燃料的完整安全规则（国际海事组织等机构已针对氨等船舶新燃料的应用开展国际标准的修订工作）。国内标准方面，2022 年中国船级社编制的《船舶应用氨燃料指南》发布，主要对氨燃料船舶的设计、制造和检验技术提出要求，但是氨燃料的应用规范需要从燃料生产、运输、港口储存、加注等各环节出发通盘考虑，需完善制储运加基础设施建设标准，并结合航运需求，制定安全有效的行业规范。此外，目前氢能产业链主要扶持政策集中于上游制氢环节和氢燃料电池环节，对氢氨融合相关产品的扶持力度不足，大规模的氨燃料供应仍需打破绿氢合成氨与电力、化工行业的政策壁垒，并对氨动力船舶等重点方向的应用示范推出有针对性的激励政策。

3. 燃料规模成本受限

氨动力船舶的规模化应用面临燃料成本挑战。目前合成氨市场仍以灰氨[①] 为主，要想实现航运绿色转型的目标，燃料来源需要从灰氨过渡到应用碳捕获和储存技术的蓝氨[②]，最终实现使用可再生能源生产的绿氨。根据欧洲海事安全局（EMSA）发布的氨作为航运燃料潜力的相关测算，采用蓝氨和绿氨的燃料动力船舶的总体成本（TCO）比传统燃油要高出 2 到 3.5 倍左右。因此，在航运业减碳目标的驱动下，通过提升可再生能源制氢合成氨的规模和生产效率来降低绿氨成本，并逐步提升绿氨燃料占比，是推进氨动力船舶规模化和商业化发展的关键。

（二）上海发展氨燃料动力船舶的机遇

1. 行业基础深厚

上海具有世界级的船舶研发设计实力和制造能力。上海集聚全国综合实力顶尖的造船企业，包括外高桥造船厂、江南造船、沪东中华造船等，上海长兴岛是世界最大的造船基地，从研发实力、生产制造能力、产业规模等各方面来讲，上海在船舶领域占据领先地位。同时，长三角具有成熟的行业配套和人才支持体系，上海、南通、舟山等地在造船、海工、维修、船配及燃料供应服务等方面具备协同优势。深厚的行业基础结合优质的产业配套，上海具有在氨动力船舶研发和示范应用等领域探索前沿创新发展的

---

① 灰氨指使用天然气和煤等传统化石能源制成的氨。
② 蓝氨指使用天然气或煤炭气化产生的氢气制成的氨，且应用碳捕获和储存技术回收和封存过程中产生的二氧化碳。

实力。

2. 应用场景条件成熟

广阔海域及一流港口为上海氨燃料动力船舶发展提供广阔的承载空间。一方面，东部海域拥有丰富的海上风电资源，海上风电场发电制取的氢气可与通过空气分离装置生产的氮气一起合成氨气，可在利用冷凝装置生成液氨后依托海上储存装置和航运实现液氨的储存、运输和加注。另一方面，上海拥有上海港、洋山港等世界级港口，2022年上海港、洛杉矶港和C40城市气候领导联盟共同倡议建立"上海港–洛杉矶港绿色航运走廊"，从使用低排放船舶开始向使用零碳排放集装箱船舶逐步过渡，通过大力推进清洁燃料技术的发展来实现整个供应链的绿色发展。依托现代航运服务体系和服务能力，上海具备建设氨燃料补给和物流中心的条件，为氨动力船舶提供了广阔的应用场景。

三、上海发展氨燃料动力船舶的对策建议

（一）发挥上海科创实力，产学研推动关键技术突破

依托上海交通大学、上海海事大学以及上海船舶设计院、江南造船、沪东中华造船、上海外高桥造船等重点科研机构和企业，开展能源化学、环境化学、材料学、动力工程等多个领域的协同研究。加深与欧盟、日本、韩国、新加坡船舶研发机构的合作关系，以项目为导向加强产学研合作，提升关键设备的核心竞争力。加大氨燃料发动机装备的研发力度，在氨燃料供给系统、氨燃料动力装置及尾气后处理等关键环节实现研发突破和示范应用，重点攻克氮氧化物等有害排放物的处理转化路径，建立灵活安全高效的燃烧控制系统，优化大规模液氨储罐设计以提升安全性，突破氨燃料的应用技术瓶颈。

（二）参与规范标准制定，建立健全政策法规体系

依托上海船舶设计研究院、上海船舶电子设备研究所、中国船舶科学研究中心、中国船舶集团综合技术经济研究院等科研单位，在氨燃料船舶总体、设计、消防、环保、机械、电气等各个方面，以及海上风电、智能船舶、防污染技术等重点领域开展标准制定研究。积极参与国际标准制定，提升在氨燃料船舶领域标准制定的国际影响力。联合重点企业、船级社和研究机构，完善从燃料生产、运输、港口储存、加注等各个环节的政策法规，紧密结合氨燃料动力技术发展现状制定产业扶持政策，对氨在能源领域的应

用管理进行适度开放，并针对氨燃料发动机等核心环节攻关项目，以及可再生能源制绿氢合成氨、氨燃料船舶等重点示范应用项目出台补贴政策，发挥政策引导作用，促进全产业链融合贯通。

（三）全产业链协同发展，实现绿氨规模化供应

充分利用上海风电示范项目、国家级化工园区、世界级物流港口，打造绿氢绿氨生产、储运、贸易全产业链，保障绿氨的低成本及规模化供应。上游依托嘉定氢能港、临港国际氢能谷的科技创新力，突破绿氨的大规模制取技术，推进可再生能源氢氨一体化项目落地，推进海上风电制取绿氢合成氨的示范应用，并与港口联动建设氨燃料枢纽和技术中心。中游与国际国内可再生能源丰富地区建立长期绿氨供应合作关系，并在现有的氨运输网络基础之上，优化液氨管道网络整体规划，联动化工园区、港口和可再生能源氢氨一体化制备基地，构建远距离液氨管道运输体系。下游推进港口码头氨燃料加注站等基础设施建设，积极推进氨燃料动力船舶的商业化示范应用，加快绿色航运走廊进程，对国际氨燃料市场和远途贸易市场形成支撑。

推进上海燃料电池分布式智慧能源试点建设

　　党的二十大报告提出加快规划建设新型能源体系,《上海市能源发展"十四五"规划》明确上海能源高质量发展目标从集中为主向集中和分布式发展并重转型。本文阐述了燃料电池分布式能源的内涵、特点,分析了推进燃料电池分布式智慧能源建设必要性,总结佛山"氢进万家"经验,以期为推进上海燃料电池分布式智慧能源试点建设,带动终端设备智造集群化提供参考和建议。

　　分布式能源是一种布置在用户侧的集能源生产消费为一体能源供应方式,直接向终端用户提供不同的能源品类,相较于传统的集中式生产、运输、终端消费的用能模式,能够最大程度地减少运输消耗,有效利用发电过程产生的余热,从而提高能源利用效率。根据全球能源互联网发展合作组织预测,到2050年、2060年,我国终端能源消费电气化率分别达到57%和66%。[①] 燃料电池分布式能源是分布式能源一种重要的类型,根据不同的燃料电池技术路线通过天然气重整制氢、电解水制氢、直接接入纯氢等方

---

① 全球能源互联网发展合作组织:《中国2030年能源电力发展规划研究及2060年展望》(于2021年3月18日在中国碳达峰碳中和成果发布暨研讨会的报告)。

154

式，依托燃气管网或氢气管网，进入燃料电池发电装置将氢气转化为电能，同时反应生成一定的热量，能够实现热电联供。

与微型燃气轮机、内燃机传统分布式能源相比，燃料电池分布式能源具有效率高、排放低、体积小、噪音低等优势，与光伏、风能等分布式可再生能源相比，燃料电池分布式能源能够避免间歇性和不稳定性问题。适用于靠近用户的千瓦至兆瓦级的分布式发电系统，主要应用领域为微型分布式热电联供系统、大型分布式电站或热电联供系统，被视为电网削峰填谷和打造碳中和社区的重要解决方案，有助于加快推动氢能产业化和应用场景建设，对于国家能源战略和能源体系革命提供了新的实践路径。

表 1　燃料电池与传统分布式能源比较

项　　目		燃料电池	微型燃气轮机	内燃机
单机容量（kW）		1—300	25—300	0.005—10000
发电效率（%）		50—60	25—30	21—42
综合效率（%）		80—90	60—80	80
热电比		0.5—1.0	1.4—2.0	0.83—2.0
排放量（g/MWh）	氮氧化物	2.73	200	
	硫氧化物	0.02727	3.63632	
	可吸入颗粒物	0.00455	40.9086	
	二氧化碳	249997	725445.8	
噪音（1m处）/dB		< 60	> 85	> 60
寿命 /h		10000—80000	45000	30000—60000
启动时间		30 s—2 d	60 s	10 s
应用场景		家用、分布式微小型发电系统	百千瓦及以上冷热电联供系统	楼宇分布式能源系统

资料来源：张钟平：《燃料电池分布式能源现状及关键技术》（作者系华电电力科学研究院有限公司、国家能源分布式能源技术研发（实验）中心主任助理，于2019年4月28日在第九届中国国际储能大会发布的报告，有删改，目前收录于《浙江电力》）。

一、推进燃料电池分布式智慧能源建设必要性

（一）进一步提高能源利用效率

在传统的发电系统中，依赖于煤等化石能源，其燃烧能量有 60%—70% 消耗在锅

炉和汽轮发电机等设备上，在电力运输过程中也存在 5% 左右的传输损耗，同时给环境带来一定的污染，其发展越来越受到限制。燃料电池分布式能源是利用燃料电池发电技术同时向用户供给电能和热能的生产方式，用燃料电池运行过程中产生的余热供热，使得氢气能源转换效率达到 80%—90%，与传统的火力发电输电相比，总效率提高 2 倍左右，同时减少二氧化碳和其他有害气体的排放。

（二）探索多能融合技术应用

一是解决可再生能源的并网消纳问题。由于可再生能源的间歇性、波动性以及反调峰性等特点，发电并网后可能导致电网出现裂网甚至断网的情况，全国弃风弃光的现象较多，造成能源浪费。依托风能、光能可再生能源发电制氢，通过燃料电池终端发电提供电能、热能和冷气，能够实现多能互补。二是探索多能融合技术应用。由于我国的电力系统、热力系统、天然气系统各子系统都是单独设计和运行，缺乏连接各系统的关键技术，导致整体能源利用效率不高，结构不合理。燃料电池分布式能源工程涵盖了燃料电池热电联产终端、多能互补能源微网、社区智慧能源系统的实际应用，是"多能融合"技术的一次突破性研究应用。

（三）实现社区能源管理数字化

社区智慧能源系统以多能互补能源微网为核心，将社区内多个家庭燃料电池分布式热电联产终端、可再生能源、储能装置，以及电动汽车充电桩等相互连接，形成以燃料电池分布式热电联产终端为核心供能装置的一个完整小型电力系统。应用5G、物联网、人工智能等新一代信息技术实现电、冷、热多种能源灵活接入，全面整合能源控制参量、能源运行、能源使用等数据，实现智能量测、需求响应、传输网络以及服务平台管理，构建"源-网-荷-储"互动调控体系，实现社区能源管理数字化。

二、佛山"氢进万家"智慧能源示范社区建设经验

佛山全国首座氢能进万家智慧能源示范社区项目，由中科润谷智慧能源科技有限公司（以下简称"中科润谷"）负责实施，以东京奥运会氢能社区和氢能场馆的规范标准来建设，项目建设的核心为燃料电池分布式能源工程，引入智慧能源管理控制系统，为

社区建筑提供冷热电三联供，目前处在试运营阶段。[1]

（一）探索氢进万家智慧能源建设

通过天然气重组制氢、光伏制氢，利用燃气管道掺氢运输，使用燃料电池发电为社区家庭提供电能和热能。公寓楼家庭用户安装 700 瓦家用燃料电池热电联产设备，采用一户一机的模式，每户家庭单独配备一台设备进行单独供能，合计 394 套。项目一期家庭燃料电池热电联供设备通过天然气重整制氢，使用氢燃料电池为社区家庭供电。项目二期直接接入光伏制氢局域管网，发电运行方式为电能自发自用并网运行，冬季利用发电产生的热量为家庭供暖。

在引入商用燃料电池设备基础上，配置制冷设备，为社区商业提供冷热电，并网运行。商业楼安装 4 套由斗山集团燃料电池有限公司生产的 PURECELL400（440 kW）商用燃料电池热电联产设备。通过天然气重整制氢，经燃料电池为社区商业部分供电。发电运行方式为电能自发自用，用电高峰时，向电网购买。电量富余时，通过电力路由器把多余电量输送上网。除了在冬季可为社区供暖之外，夏季时采用 2 台溴化锂制冷机组，把商用燃料电池热电联供设备在发电过程产生的热能加以转化，为商业部分供冷。

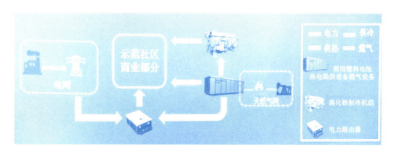

图 1　燃料电池分布式智慧能源示范社区商用供能示意图

（二）建立智慧能源管控体系平台

由中科润谷牵头，联合清华大学"科技冬奥-氢能出行"专项课题组及北清智创新能源科技公司开发氢能进万家智慧能源管控平台，对能源、能源微网、检测系统、管理

---

[1]　资料来源：卢聪：《燃料电池分布式热电联产技术及应用》(于 2022 年 9 月 27—28 日在中国城市燃气氢能发展创新联盟 2022 年年会暨第三届氢能学术会议的报告，有删改）

控制系统等分项共同开发建设智慧能源管控平台。平台针对燃料电池分布式能源系统以及配套设备的多国家、多型号、多厂家的特点，对多种数据源具有兼容性，满足多种数据接入标准并具备高扩展性。同时具备实时大数据分析功能和各个能源链条管控功能，具有实时检测、展现动态数据及控制管理模组、能源微网全链数据监测、能耗分析、能效分析和实时优化建模等功能模组，实现对燃料电池分布式能源系统的智能监控、管理和调度。

（三）推进终端设备产业化建设

通过示范应用打造终端设备制造产业集群。2020年10月，佛山市南海区人民政府、中科润谷资产管理有限公司、中科润谷航天氢能系统（泰安）有限公司三方签署《佛山南海中日韩智慧能源产业基地战略合作框架协议》，旨在共同合作建设"佛山南海中日韩智慧能源产业基地项目"。该产业基地将具备百万台家用燃料电池热电联供设备终端生产制造规模和百万千瓦商用燃料电池冷热电联供设备生产制造规模，相关产业链配套十余个子项。项目计划总投资80亿元，分两期进行。其中，一期投资19.1亿元，专注于燃料电池分布式热电联产装备产业化项目，包括家用和商用燃料电池分布式热电联产装备，采用固体氧化物和磷酸燃料电池技术路线。项目二期计划投资60.9亿元，完成总体产业基地搭建，形成以燃料电池分布式热电联设备为核心的智慧能源上下游全产业链整合能力，实现面向国内外市场推广。

三、对上海启示和建议

（一）推进燃料电池分布式智慧能源试点建设

借鉴佛山探索"氢进万家"试点建设的做法，在临港新片区、长三角生态绿色一体化发展示范区、五大新城等重点功能区和特色产业园区，以及氢气富集化工园区，依托社区人才公寓、商业楼宇、园区标准厂房、科创孵化器等应用场景，开展分布式燃料电池智慧能源试点项目建设，探索天然气重组制氢、海上风电、光伏制氢等多能融合技术应用，依托城市燃气管网设施或规划建设氢气局域输送管道，以燃料电池冷热电联产终端设备为基础，经过设备内氢燃料电池发电，为"社区、园区"提供电力、供热和供冷，实现燃料电池冷热电三联供。以能源微网为核心，探索能源管理智慧化和精细化，打造燃料电池分布式智慧"零碳社区""零碳园区""零碳楼宇"。

（二）以试点应用推进分布式能源数字化

能源数字化是燃料电池分布式智慧能源社区建设的关键，通过燃料电池分布式智慧能源社区试点建设，推进能源数字化转型。探索建立智慧能源大数据管理控制平台，应用 5G、物联网、人工智能等新一代信息技术对能源的生产、存储、输送和使用状况进行实时监控、分析，并在大数据、云计算的基础上对能源系统及配套设备进行实时检测、报告和优化处理。包括：智慧能源多能互补优化建模，气网、电网、产氢能耗，碳排放以及减排数据等；制氢效率、使用效率、热（冷）电联产效率等；实时负荷强度排名、分布式能源各节点能耗 / 供能排名以及碳排放与减碳排名等。形成高度集成化的智慧能源控制系统。实现对接入系统的各个能源节点进行智能监控，智能调度、能效统计分析与节能管理。

（三）以试点应用带动终端智能制造

借鉴佛山"氢进万家"智慧能源示范社区建设以示范应用推动燃料电池分布式能源设备智造产业集群发展，实现产品制造和产业链配套本土化的经验，以上海布局绿色低碳、智能终端新赛道为契机，充分发挥上海在燃料电池电堆、系统等领域的技术优势和能源装备领域的产业制造优势，以临港国际氢能谷、嘉定氢能港等绿色低碳特色园区为载体，以分布式能源的试点应用带动热电联产设备及产业链配套的智能制造，推进家用燃料电池热电联供设备终端和商用燃料电池冷热电联供设备智造本地化，打造燃料电池热电联产设备终端智造的产业集群。

（四）以试点应用探索行业标准规范建设

燃料电池分布式智慧能源社区标准规范是推进项目建设的技术指南。在国家积极推进标准供给由政府主导向政府与市场并重转变，标准化工作由国内驱动向国内国际相互促进转变背景下，建议鼓励行业领军企业牵头，通过项目试点应用，联合智慧社区规划建筑设计单位、氢能技术协会（联盟）、高校、科研院所，探索氢能进万家智慧能源社区国家标准、设计规范和产品标准等促进氢能进万家智慧能源产业发展的标准，为国家"减碳"社区和"碳中和"社区建设提供标准化实施路径。

参考文献：

【1】曾洪瑜、史翊翔等：《燃料电池分布式供能技术发展现状与展望》，载《发电技术》2018 年第 2 期。

【2】钟财富：《国内外分布式燃料电池发电应用现状及前景分析》，载《中国能源》2021 年第 2 期。

【3】廖文俊、倪蕾蕾等：《分布式能源用燃料电池的应用及发展前景》，载《装备机械》2017 年第 3 期。

以绿色金融推动产业绿色发展

2023 年 1 月 9 日，上海银保监局等八部门联合印发《上海绿色金融行动方案》，强调要充分依托上海金融要素市场集聚优势，促进经济社会全面绿色低碳转型，为落实"双碳"目标提供高质量金融服务保障。在这一背景下，加快绿色金融支持科技创新生态建设，促进产业结构转型升级，推动经济可持续发展，对上海稳固国际金融中心建设、确立领先的国际绿色金融枢纽地位提出了新的考验。

绿色金融是指为支持环境改善、应对气候变化和资源节约高效利用的经济活动提供的金融服务；主要以绿色信贷、绿色债券、绿色保险等金融服务为手段，通过合理配置资源为产业绿色发展提供多元化支撑；是助力"双碳"目标实现、助推产业绿色发展的重要力量。产业绿色发展包括传统产业绿色化转型和绿色低碳产业新赛道发展。

近年来，依托国际金融中心地位，上海绿色金融发展成效显著，创新力不断提升，为碳达峰、碳中和目标实现奠定了坚实基础。2023 年 1 月 9 日，上海银保监局等

八部门联合印发《上海绿色金融行动方案》，提出到 2025 年绿色融资余额将突破 1.5 万亿元。

一、上海绿色金融推动产业绿色发展的现状及问题

（一）上海绿色金融推动产业绿色发展的现状

一是绿色信贷规模不断扩大、绿色融资形式不断创新，成为支撑产业绿色发展的重要资金来源。绿色信贷是绿色金融最主要的产品之一，近年来上海地区绿色信贷余额保持平稳增长态势，绿色贷款质量较高、风险可控。构建了"绿色金融+"服务体系，能效融资、清洁能源融资、排放权融资等绿色融资形式不断创新。针对绿色低碳产业，上海市经济信息化委与上海银行、国家开发银行上海市分行共同发布了"产业绿贷金融创新融资服务试点平台 2.0"，为需要绿色转型和绿色技术创新的节能环保中小微企业提供贷款项目的全线上便捷服务，解决融资难问题。

二是绿色债券和绿色基金稳定发展，为产业绿色发展提供持续动力保障。上海清算所在 2022 年前 11 个月支持发行的"绿色债券"总额达 3042 亿元，同比增长超过 500%；"绿色债券"的托管余额达 3800 亿余元。2022 年度上海证券业承销、发行绿色债券规模达 792 亿元。同时，2020 年评价周期内，上海绿色基金新增 10 只，位列全国第三。

三是碳排放交易市场发展领跑全国，为实现"双碳"目标保驾护航。上海是全国最早启动碳交易试点的地区之一，已初步形成了契合碳排放管理要求的交易制度和交易市场。数据显示，上海碳市场平稳运行八年来，吸纳了 27 个行业 300 多家企业和 860 多家机构投资者，是全国唯一连续八年实现企业履约清缴率 100% 的试点地区。上海碳市场总体交易规模在试点碳市场中位列第四，国家核证自愿减排量（CCER）现货品种累计成交量超 2.2 亿吨，交易规模始终排在第一。上海环境能源交易所推出了碳中和指数、碳排放配额质押贷款保证保险等创新金融产品，推动碳减排行为的合理定价，促进绿色低碳产业新赛道发展，为实现"双碳"目标提供有力支撑。

（二）上海绿色金融推动产业绿色发展存在的主要问题

一是绿色金融产品多元性不强，产业绿色发展受到一定限制。首先，绿色信贷主要用于政府介入的环保项目，用于中小企业环保项目的很少。同时，绿色信贷资金来

源渠道也比较单一，多依赖于商业银行贷款，其他机构参与程度较低。其次，相较于欧美等发达国家，绿色金融衍生品业务尚未引起足够重视。碳市场交易大多局限于现货业务，围绕期货、期权等衍生品开展的业务不足。此外，金融机构的绿色金融专业能力不足，尚难以从生态环保技术角度对绿色项目进行可行性评估和风险识别并开发相应的产品和服务。这些都导致了绿色金融产品覆盖范围小，针对中小型绿色低碳企业的绿色信贷规模有限制，真正需转型的企业无法得到精准扶持，产业转型升级受限。

二是绿色金融政策支持力度不够，产业绿色发展缺乏足够动力。首先，政府相关部门关于支持绿色金融发展的政策指引和具体措施较少，相关绿色金融制度规则尚未完全与国际接轨。如碳排放的量化与数据质量过程（MRV）体系不完善，具体执行方法和流程有待提升；国内外绿色标准存在较大差异，加大了绿色资本跨境流动的交易成本。相较于欧美国家，政府给予中小企业产业转型升级的财政、金融、投资、土地等优惠政策力度还不足，绿色发展模式相对滞后和高污染企业缺乏自主创新动力和转型积极性。其次，银行内部政策不能与政府政策有机地结合。商业银行更倾向于投资收益较稳定、贷款风险较低的企业，而不是政府政策青睐的回报期限较长的绿色低碳企业，绿色贷款积极性难以提高。此外，政策结果评价和分析存在滞后性，绿色政策执行效果还未与监管有效结合，推高了银行开展绿色金融成本，最终影响了产业转型升级和绿色低碳技术创新的积极性。

三是绿色金融信息披露不透明不及时，产业绿色发展可能流于形式。其一，我国《绿色信贷指引》以及上海相关绿色信贷政策中对业务信息的披露缺乏定量方法和实施细节的规定，且主要依靠自愿性披露，约束力较弱。其二，2022年日本、马来西亚及欧美发达国家营收排名前100的企业环境、社会和公司治理（ESG）信息披露率均在90%以上。相较于其他国家及地区，上海有关ESG环境信息风险披露不足。截至2022年6月30日，上海地区上市公司披露2021年度ESG报告、社会责任报告或可持续发展报告比例为49.34%。其三，绿色评级标准尚不统一。现行绿色金融标准对于绿色认证评级缺乏具有可操作性的统一标准，不同机构间评级结果缺乏可比性。信息不对称引发企业"漂绿"等问题，使得产业绿色转型升级和绿色低碳产业新赛道发展可能陷入做"面子工程"的尴尬境地，也阻碍了真正有需求的企业进行绿色转型升级和技术创新。

二、加快上海绿色金融高质量发展，助推产业绿色发展的对策建议

（一）深化绿色金融市场多层次结构，拓宽产业绿色融资渠道

一是开发创新型、多元化的绿色金融产品，满足企业绿色发展的个性化融资需求。鼓励金融机构结合企业自身特点，为不可替代、具有牵引和拉动作用的绿色核心技术创新提供精准和明确的投融资服务，开发有针对性的绿色金融产品。例如为攻关负碳、新能源和高效储能等前沿技术的绿色低碳新赛道中小企业提供中长期信贷产品，通过金融创新破解绿色金融面临的期限错配、信息不对称等问题。鼓励保险公司开发针对合同能源管理、环境污染第三方治理的保险产品。支持社会资本设立民间绿色投资基金，完善收益成本风险分担机制。探索将符合条件的重大清洁低碳能源项目等纳入地方政府专项债券支持范围，支持区域绿色低碳项目建设。此外，丰富针对个人、家庭的绿色消费贷款产品种类，加强绿色消费产品对消费者的吸引力，为产业绿色发展带来新的生机。

二是探索新型绿色信用机制，健全绿色金融服务体系。鼓励符合条件的第三方机构开展绿色企业评价和绿色债券信用评级，揭示绿色债券信用风险。在征信系统中建立绿色金融企业和项目标识，协助解决金融机构对绿色项目和企业的信贷识别问题。鼓励银行发展环保金融、碳金融，研究发展并不断扩大排污权抵押贷款、国际碳保理融资、国际金融公司能效贷款等绿色信贷业务规模，探索将特许经营权等纳入贷款担保物范围，为企业提供全面的绿色信贷综合服务。支持上海环交所对标欧盟能交所和洲际交易所研发碳价格指数，助力将上海打造成为具有国际影响力的碳交易、碳定价、碳金融中心。

三是发展绿色供应链金融服务，联动绿色产业链上中下游。支持和鼓励金融机构向符合条件的企业提供用于重大清洁低碳能源项目投资、创新研发、生产、改造和消费等全生命周期的金融服务。建设一体化产业绿色集聚性示范区，形成上海特色的绿色金融服务先导区，通过产融机制创新助力绿色产业链的发展。依托绿色产业链核心企业，积极开展供应链金融服务，有效满足上下游企业的融资需求。鼓励核心企业带动链上企业高端化、绿色化发展，促进产业绿色发展创造更高的生态效益与经济效益。

（二）协同联动绿色金融和产业政策，增强产业绿色发展动力

加大绿色信贷和产业扶持政策优惠力度，提高传统产业绿色转型升级和绿色低碳产业发展积极性。联合上海市发展改革委、上海市经济信息化委、上海市商务委、上海市规划资源局、上海市生态环境局等部门，依托国家层面"十四五"产业绿色规划，结合上海地区特色整合绿色资源金融需求，共同细化上海绿色金融、绿色供应链产业服务和创新的政策框架。鼓励上海市各区围绕"3+6"产业体系，建立"豁免企业清单"，探索给予授信期限内完成节能量目标、推广核心关键绿色工艺技术及装备、获评"绿色工厂"或"零碳工厂"的企业阶梯式下调的贷款利率。鼓励金融机构改革内部资金转移定价机制，探索结构性货币政策工具、监管评价等方式，审慎设置科学的绿色信贷不良率容忍度。依托政府引导基金或者产业投资基金，支持产业绿色发展。政府出资产生的投资超额收益部分可以按照一定比例，让利给社会出资人。[①] 鼓励上海市各区参照浦东新区先行探索经验[②]，经国家金融管理部门授权，适当放宽融资租赁公司开展绿色低碳业务的租赁资产余额集中度与关联度的监管限制。

（三）加速建设绿色金融信息披露体系，保障产业绿色可持续发展

一是完善上海绿色信息披露体系，提升产业绿色发展透明度。其一，通过上交所牵头进一步完善我国上市公司强制性绿色信息披露框架，构建明确、可量化、与国际接轨的绿色信息披露指标体系。鼓励企业加大绿色低碳相关的信息披露，谨防企业"漂绿"行为。其二，依托上海市大数据资源平台，建立绿色金融数据服务专题库，在全市推广智慧能源双碳云平台，探索与产业绿贷综合性融资服务平台等建立数据对接机制。其三，完善碳交易标准规则体系，建立企业碳账户，鼓励金融机构为碳积分高的企业提供优惠的金融产品或者服务。

二是提升绿色金融数字化水平，以新兴技术带动产业绿色发展。其一，积极推进数字技术与绿色金融领域深度融合，充分利用大数据、区块链和人工智能等新兴技术的优

[①] 发改财金规〔2016〕2800号第七条规定，政府出资产业投资基金可以综合运用参股基金、联合投资、融资担保、政府出资适当让利等多种方式，充分发挥基金在贯彻产业政策、引导民间投资、稳定经济增长等方面的作用。

[②]《上海市浦东新区绿色金融发展若干规定》第十八条。

势，准确发现企业在不同场景和生命周期的绿色金融需求，为绿色金融投资决策和投后管理、交易定价、绿色核心技术创新等提供支持。其二，依托金融数据库中客户资源和先进的数字技术，自动且快速对小微企业和项目进行绿色认定和评价，使绿色金融服务覆盖更多的长尾客户和部分中小微企业。

加快布局上海"数字＋新能源电力"

电力行业低碳化转型趋势下，以光伏、风电为代表的新能源电力有望迎来较大的发展空间。同时，新型电力技术与数字化技术的融合不断加快，数字化成为提升发电能效、加快规模化并网、精细化运维的技术支撑之一。在"双碳"战略引领下，建议上海进一步布局"数字＋新能源电力"，构筑发展优势。

随着国家"双碳"目标的提出，以低碳化为导向的电力结构调整加速，以风电、光伏为代表的可再生能源发电行业迎来发展机遇。根据埃森哲《中国能源企业低碳转型白皮书》，到2030年我国非化石能源的装机占比将达到62.6%，其所占比例较2020年提升16.3%，其中新增部分以光伏和风电为主。在新能源发电需求快速增长背景下，数字化技术与可再生能源发电领域正在走向愈加紧密的融合，"数字＋新能源电力"正成为新能源规模化增长背景下的一大发展趋势。

一、关注数字技术在新能源发电领域中的应用

目前，数字技术已用于新能源发电领域的发电、运维、消纳等多个环节，助力风

电、光伏等清洁能源的平准化发电成本（LCOE）下降，并赋能智能电网建设，提升对新能源电力的消纳限度。

（一）发电环节：根据外部因素优化发电方案

由于非化石能源的供给存在着随机性、不可控性，光伏、风电、水电等的发电系统需具备相应的灵活性以适应外部因素变动。基于这一特征，应用大数据、数字孪生等数字化技术可优化发电系统的灵活度，提升发电效率。例如，华为基于丰富的应用数据积累和大数据平台分析，研发了融合全场景、自适应、自学习的"双面组件＋跟踪支架"智能控制算法和组件MPP智能追踪算法，在多个现场发电项目测试中实现发电量的提升；美国初创公司HST Solar开发了太阳能电厂建设方案的AI算法平台，可以根据站点位置、安装设备等情况给出详细的建设方案，相比于人工安装方案降低10%—20%的投资成本。明阳智能研发了海上发电过程中的机位智能优化模块，开发了基于多重变量嵌套迭代遍历寻优方式、先进的尾流计算模型等，实现对上万种机位排布方案快速寻优，有效提升风机发电量。

（二）设备运维：提升发电资产管理效能

在运维环节，应用物联网、工业互联网等技术可实现设备的数字化运维，提升设备巡检的效率和精准度。在光伏领域，华为开发了组件远程巡检系统，可在15分钟内自动输出100 MW电站的诊断报告，并主动向运维人员发出维修需求、问题诊断及故障的确切位置，提升电站运维效率50%以上。在风电领域，"5G＋智慧风场"已在国内多地落地，实现风电组机的智能化运维；扩博智能利用搭载了机器视觉技术的无人机，实现对风机叶片的无人巡检，并给出设备状态预测趋势分析，提升设备的精细化管理能力。

（三）能源消纳：多方面提升并网效率

由于光伏、风电、水电存在着随机性和波动性，对电网的灵活性提出更高要求。针对受制于电网带来的消纳问题，新能源企业积极应用数字化技术辅助提升并网效率，主要有两方面应用思路。一是提升逆变器并网能力。华为开发AI BOOST智能并网算法，能主动识别电站的电气特性，实现更好的弱电网接入能力和故障超越能力。二是依托虚拟电厂模式提升分布式新能源并网能力。德国"E-Energy"项目利用信息技术将分散的新能源发电单元协调组织起来，形成一个大型的虚拟电场，并通过通信控制组件将发电单元和中央服务器相连，实现发电单元对电网以及电力市场的实时响应，提升电量的可控性。国内虚拟电厂起步相对较晚，近年来南京江北新区、浙江丽水、上海等地开始实践，但更多侧重于用电侧的需求响应，对管控分布式新能源电力的探索还不是很多。

二、上海"数字＋新能源电力"的发展现状

随着新一代信息技术和新型电力系统的蓬勃发展，国内"数字＋新能源电力"进展较快，但仍处于发展初期。目前，上海在"数字＋新能源发电"领域布局不多。在"数字＋光伏"方向上，国内相关技术主要集中在头部光伏厂商，以华为为代表的数字技术厂商，以及国家电网等垄断型能源企业。上海的光伏产业链基础不深，光伏技术的数字化创新能力不强，但逐渐涌现出以采日能源为代表的初创型企业。在"数字＋风电"方向上，以上海电气为代表的传统风电厂商已开始数字化转型，形成了新一代数字化智慧风电场解决方案，并逐渐由设备供应商向全生命周期服务供应商转变；以扩博智能为代表的数字化技术厂商亦瞄准新能源设备运维赛道，完成阶段性能力积累。在"数字＋电网"方向上，依托虚拟电厂，国网上海电力已经在临港地区尝试精细化的调节手段，让电网就地消纳周边的风电和分布式储能资源，实现区域负荷自治。

三、加快布局上海"数字＋新能源电力"的几点建议

（一）加快能源领域国企的数字化转型

支持上海电气等新能源领域的龙头企业依托丰富的数据、场景资源要素，进一步提升风电、核电等新能源产品的数字化、智能化水平，提升设备的交互性和可控性；利用数字孪生等新技术，加快布局深海风电等前沿领域。深化上海市政府与国家电网的战略合作，积极利用上海数字化技术资源促进电网技术和数字化能力的融合，进一步完善虚拟电厂功能，试点探索新能源的协调控制策略、调度算法等并尝试形成行业标准，助力源网荷协同。

（二）支持新能源与数字化技术的融合创新

依托相关行业组织，加强新能源与数字化领域的交流合作，重点聚焦风能、太阳

能、智能电网装备等领域，进一步挖掘新能源数字化的技术创新潜力。依托上海丰富的人才资源和数字化技术，积极引入新能源企业的技术研发中心，以数字化技术推动生产运维模式向精细高效化加速转变，提升新能源电力对整体电力系统调频、惯量的贡献度，在规模增长的同时提升发展质量。支持工业互联网、机器视觉、人工智能等领域的企业瞄准新能源方向，推进技术融合创新，培育发展一批具有高成长性的"数字 + 新能源"企业。

（三）打造开放融合的产业创新生态

依托长三角良好的光伏、风能产业基础，以及产业合作基础，通过长三角 G60 科创走廊光伏协同创新产业联盟跨区域组织，积极推动新能源企业与技术型企业组建创新联合体，开展跨区域技术合作。基于光伏、风电项目多数分布在西部及沿海地区的特点，鼓励数字化技术企业与光伏、风电等企业开展跨区域的项目技术合作。联合电力能源部门、相关企业以政府监管部门，探索打通电力数据壁垒，鼓励产业联盟、行业协会等组织在数据融合、数据协同开放、行业标准等方面积极探索，支撑新能源数字化发展。

参考文献：

【1】中国南方电网：《数字电网白皮书（2020 年）》。

【2】埃森哲：《中国能源企业低碳转型白皮书》。

第四编

绿色智能

以"数字化生态伙伴"应用服务上海城市数字化转型

　　2021 年初上海市全面启动城市数字化转型发展工作，提出要坚持整体性转变，推动"经济、生活、治理"全面数字化转型；要坚持全方位赋能，构建数据驱动的数字城市基本框架；要坚持革命性重塑，引导全身共建共治共享数字城市。2021 年 10 月发布的《上海市全面推进城市数字化转型"十四五"规划》，提出围绕数字化、数据化和场景化应用，强化规则、标准和数据利用，打造全域感知、全数融通、全时响应和全景赋能的未来之城，把"数字化生态伙伴"计划作为未来服务上海数字化转型的重要抓手。本文以"数字化生态伙伴"计划的场景应用为牵引，分析其对城市数字化转型的作用和功能，并提出具体的对策建议。

　　"数字化生态伙伴"是围绕数字化场景应用，以推动政府和企业数字化转型应用场景落地为目标，促进创新共享、互惠互利、共同发展，从而构建的数字化创新链、产业链、生态链生态共同体。

　　2021 年 10 月发布的《上海市全面推进城市数字化转型"十四五"规划》，提出加快数字化转型与强化"四大功能"、深化"五个中心"建设深度融合，与提升城市能级和核心竞争力、提升城市软实力紧密衔接，从"城市是生命体、有机体"的全局出发，统筹推进城市经济、生活、治理全面数字化转型。

从具体推进规划来看，围绕数字化、数据化和场景化应用，强化规则、标准和数据利用，打造全域感知、全数融通、全时响应和全景赋能的未来之城。城市数字化转型是一个城市的存量增效、增量创新和流量赋能的过程，但在具体推进"数字家园"的过程中也出现了数据异构、数字鸿沟和管理鸿沟问题。针对上述问题，可以从如下几方面推进上海市城市数字化转型。

一、围绕顶层规划，加快打造数据、技术、业务和服务四大生态伙伴计划

数字化转型是整体性转变型，在转型中往往涉及众多产品或技术厂商提供服务，不同产品间经常出现技术兼容性问题；数字化转型是全方面转变，不是单一技术的实现，而是涉及组织机构、业务和运维服务各个方面的转变；数字化转型是一个领域的发展模式重塑，不是单一企业或机构的转型，会涉及服务链、产业链和价值链的整体体系，与现有的政策、公共服务间也存在较多协同关系。

（一）建立生态伙伴计划总体要求

围绕城市数字化转型的战略要求，明确数字化转型数据、技术、业务和服务合作伙伴的指导思想、整体要求、标准体系和总体管理体系。对不同类别的合作伙伴间的关系进行总体性描述，围绕数据标准定义，技术功能实现，业务服务战略、组织变革等总体原则，保障数字化转型的有序性、成效性和高效性。

（二）细分生态伙伴个性化基本要求

对不同类型的生态伙伴提出基本要求，包括企业的基本资质、业务、信用等方面的总体要求。同时，围绕数字化转型的具体要求，提出不同类型生态伙伴的团队、能力、业绩经验等方面的具体要求。

二、围绕阶段性重点任务，推动"数字化生态伙伴"与重点任务的融合发展

城市数字化转型工作的推进是有着整体性和阶段性的特征，阶段性工作有时间、任务和成果的特征，同时阶段性任务又和下一个阶段的任务有衔接、支撑和融合发展特点。生态伙伴作为支撑数字化转型重点任务的重要体系，需要和阶段性任务深度融合发展。

（一）开展数据标准定义，推动数据伙伴间的融通发展

数据赋能是数字化场景建设的核心之一，场景的建设一方面多元多样，另一方面动态人性化，需要大量的数据支撑应用场景的实现，而单一场景又难以获得完整的数据，需要数据有效地流通，以支持场景应用的实现。

（二）开展技术架构和应用组件技术参考体系建设，推动技术伙伴间的整体协同创新发展

数字化转型的技术架构总体上是数据集中化和应用碎片化，服务交付智能化，人机体现终端化的过程，其中会涉及后台、中台和前台的整体技术架构实现，同时不同技术架构间又是一个高内聚、松耦合的体系，需要基于相对统一的技术架构和技术体系，才能较好地解决硬件异构、数据异构、系统异构等方面的问题。

（三）开展场景应用服务规范流程建设，推动相关业务伙伴的规范发展

数字化转型是一个革命性重塑的过程，与现有的政策、法规、规范等都存在一定程度的冲突，技术的实现和业务流程的再造需要基于法制体系规范推进，包括隐私、身份关系的确认、法律关系的确定、事情实事的陈述等，在技术和业务流程上有着众多需要进一步探究的细节问题，需要具体执行的业务伙伴从流程化、精细化和人性化等方面加以落实。

（四）开展有关配套服务保障建设，推动服务伙伴的融合发展

城市数字化转型是一个城市的生命体，但在服务时间、资源消耗和运行保障上有别

于现有的场景应用，需要新的配套服务生态支撑才能更好地运行服务。

三、围绕城市软实力，推进"数字化生态伙伴"迭代发展

生态伙伴有着桥梁、纽带、平台作用，当前，人才、创新、法制成为经济高质量发展的核心要素，城市数字化转型工作和城市建设间是多种要素的深度融合过程，更是城市软实力建设的重要组成部分。

（一）支持生态伙伴加速发展

从政策、人才、标准等多方面，支持生态伙伴加速发展。将发展生态伙伴纳入现有政府重点支持范围，一方面落实国家在标准、人才等方面的推进战略，推进生态伙伴开展人才和标准体系建设工作，另一方面结合上海市相关政策，引导生态伙伴厂商开展有关技术研发、人才培养和标准制订工作，实现与现有数字化转型重大布局间的融合发展，加速生态伙伴体系的形成。

（二）助力生态伙伴高质量发展

多角度开展生态伙伴成果展示，助力生态伙伴高质量发展。通过技能大赛、服务评选、媒体宣传等方式，引导生态伙伴企业高质量发展，发掘优秀厂商、优秀产品、优秀人才，通过宣传、交流、培训等形式，推进优秀生态伙伴间的交互式发展，从而推动整个生态体系的高质量发展。

（三）促进生态伙伴的集聚发展

从支持社团机构、园区载体和功能区入手，推动生态伙伴的集聚发展。支持专业社团围绕生态伙伴开展对接服务，推动社团组织、园区载体和功能区围绕生态伙伴开展整体性服务工作，以载体、协会和功能区为依托，逐步推进不同生态伙伴间的集聚发展，积极形成伙伴生态。

（四）推动生态伙伴广泛发展

从文明城市人民建，文明城市为人民的出发点，推进生态伙伴广泛发展。生态伙伴人群有着广泛性、多样性和渗透性特点，广泛支持各类生态伙伴开展宣教活动，通过宣

教活动扩大数字化转型工作的正面影响力，减轻数字化转型推进工作中的数字鸿沟、管理鸿沟问题；结合宣教工作，积极推进数字化转型中的多方参与工作，通过多方参与优化数字化转型治理方式，让建、管、用广泛结合；通过广泛宣教工作，推动与技术创新、文化创意、人居环境建设等工作的更加广泛的融合，不断焕发昂扬奋进的城市精神风貌，塑造新时代市民的新形象。

参考文献：

【1】百度文库：《数字生态系统的建设与应用》，https://wenku.baidu.com/view/67bfb6a95bf5f61fb7360b4c2e3f5727a5e92492.html?_=&_wkts_=1694766129098。

促进数字孪生在上海制造业数字化转型中的应用

　　　　数字孪生（Digital Twin）已经走过了几十年的发展历程，随着计算机软硬件技术的不断迭代更新，数字孪生技术被更广泛地应用在智慧城市、工业制造、城市基建等多个领域，成为推动城市数字化转型，构建数据驱动的数字城市基本框架，建设数字之都的重要技术之一。

　　"数字孪生"是指通过对物理世界的人、物、事件等所有要素数字化，在网络空间再造一个与之对应的"虚拟世界"，形成物理维度上的实体世界和信息维度上的数字世界同生共存、虚实交融的格局。数字孪生作为推动实现企业数字化转型、促进数字经济发展的重要抓手，已建立了普遍适应的理论技术体系，并在产品设计制造、工程建设和其他学科分析等领域有较为深入的应用。上海的制造业在高质量发展中越来越强调技术自主和数字安全，数字孪生本身具有的高效决策、深度分析等特点，将有力推动数字产业化和产业数字化进程，实现上海制造业打造具有国际竞争力的高端产业集群的战略目标。

一、数字孪生对制造业数字化转型的意义

（一）新基建成为数字孪生应用的重要支撑

"新基建"是指能够支撑传统产业向网络化、数字化、智能化方向发展的信息基础设施的建设。出于加速全产业的数字化转型，从而达到促进现代信息技术与产业经济融合的目的，上海持续推进 5G、人工智能等新基建建设布局，不断夯实数字底座，为数字孪生的大规模应用创造了条件。

一是上海市 5G 网络建设基本实现主城区、郊区城镇中心室外全覆盖，满足外环内及行业应用、高价值区域需求。围绕企业主体，建立覆盖全产业链、区域协同的多层次生态体系，形成通用型、专业型、行业型多层次工业互联网平台体系，推动上海市中小企业上云上平台。二是基础算力加快建设，特斯拉上海超级工厂数据中心建设落成并投入使用；上海移动临港园区数据中心一期已投产使用 3 年多，二期工程也在抓紧建设中，这座总装机容量约 3 万机架的数据中心，已成为华东地区最大的数据中心园区，助力临港新片区建成"国际数据港"互联设施体系。三是人工智能上海高地建设初步形成，上海人工智能实验室、白玉兰开源开放研究院等机构揭牌运作，一批国家部署的重大创新项目推进实施。智能驾驶、健康医疗、智能机器人等产业达到全国领先水平，已经形成从基础算法、核心芯片、智能软硬件产品到行业应用的全栈产业链。

（二）需求增多，潜力无限

一方面，数字孪生提供了更复杂的仿真和建模、更好的互操作性、IoT 传感器以及可视化数字仿真平台和工具，实现了设计、仿真、工艺、生产等真实世界结果的虚实融合，虚实对应。这使企业意识到，构建以数字孪生为基础的技术体系比以往更具战略意义，通过在数字孪生世界中验证和完善企业的技术结构体系，可以让企业立于市场竞争的不败之地。另一方面，大量的数据以及各领域内的技术和知识，正成为数字孪生上好的"原料"和基础构件，在生产制造的现实场景中已经具有了实现和推广应用的巨大潜力。同时，数字孪生不但持续发生在物理实体全生命周期中，而且数字孪生体会超越物理实体生命周期，在数字空间持久存续，并不断孕育出大量新技术和新模式。

（三）制造业数字化转型的趋势方向

随着物联网对大数据和大量的数字生态系统访问的增加，高保真数字孪生也变得更加易于创建和维护，有望成为制造业数字化转型的关键技术和提高效能的重要工具，加速企业的数字化转型。一是数字孪生通过集合各种真实数据和工业机理模型，生成连接真实世界和虚拟世界的数字孪生模型，有效发挥其在产品设计验证、数据采集、分析预测、模拟仿真等方面的作用，为企业提供最优的降本增效方案。二是更多的企业将数字孪生用于市场预测、优化企业流程，挖掘数据价值，创新和提升产品质量，调整供应链、售后服务等业务模式，以此确立起数字经济发展中的竞争优势，逐渐孕育出数字经济时代的新生产模式。三是数字孪生还能为产业发展和转型寻找新的价值模式，助力于推进产业数字化和数字产业化，促进数字经济与实体经济融合发展。

二、数字孪生应用于制造业数字化转型的现状和问题分析

（一）应用现状

1. 数字孪生应用于产品研发

产品研发是数字孪生最早开展应用的领域。它突破物理条件的限制，以更少的成本和更快的速度，建立起实体模型，它不仅反映出产品的实际性能，实现无纸化的零部件设计和装配设计，还取代传统通过物理实验取得实验数据的研发方式，用计算、仿真、分析等方式进行虚拟实验，模拟产品的运行状况，对产品进行测试、验证和优化。如美国通用公司为每台引擎、涡轮都创建了一个数字孪生体，通过这些拟真的数字化模型，工程师们可以在虚拟空间调试、实验，能够让机器的运行效果达到最佳。

2. 数字孪生应用于工艺规划和生产过程管理

随着产品制造过程越来越复杂，多品种、小批量生产的需求越来越强，企业对生产制造过程进行规划、排期的精准性和灵活性，以及对产品质量追溯的要求也越来越高。数字孪生被应用于生产制造全流程，通过建立包含所有制造过程细节的数字孪生模型，在虚拟环境中验证产品的设计，进行设备参数调试，规划生产工艺流程，优化生产资源配置；模拟实际的生产工况，及时发现和应对生产过程中的各种异常和不稳定性。如在汽车装配中，通过建立虚拟的装配流水线，模拟产品装配过程，通过改变不同工位的装

配顺序，达到最大装配效率。之后，只要在实际的流水线进行调整即可，以此实现汽车装配过程中的提质增效。

3. 数字孪生应用于设备维护与故障预测

如何预测一款产品比如汽车变速箱、发动机等设备的故障点？数字孪生为这一问题提供了解决方案。通过将设备本体实时映射在虚拟世界中，模拟出其物理特征、实时状态以及外界环境等，通过在虚拟世界的运行，预测和判断本体的故障概率和故障点、维护周期，实现复杂设备的故障诊断。如通用公司利用数字孪生，将航空发动机实时传感器数据与性能模型结合，构建出自适应数字孪生模型，通过模拟环境变化和产品运行状态，精准监测航空发动机的部件和整机性能，并结合历史数据和性能模型，进行故障诊断和性能预测，实现数据驱动的性能寻优。

（二）存在问题

1. 核心技术由国外主导

数字孪生发展潜力巨大，吸引了全球众多企业的参与。美国和德国等发达国家成为数字孪生应用的领跑者。凭借在工业软件、仿真系统方面的技术领先优势，以及在传统工控网络、通信等方面的标准话语权，它们掌握了大量数字孪生的主导力量。如，XMPRO[①] 积极参与美国工业互联网联盟的建设，独自提出了数字孪生参考架构；Bently 软件[②] 围绕孪生工具的能力，开发了完整的工具体系，可以为基础设施提供从建模、仿真到 AEC[③] 系统化的数字孪生化服务，成为基础设施领域的领先企业；西门子美国公司从 PLM[④] 转型数字孪生驱动的工业软件解决方案，已基本形成了自身的数字孪生体系和生态。当前各个行业的大量软硬件系统由国外企业提供，核心软件技术由国外主导，使得国内企业使用时存在通信协议及标准不统一、不开放、数据采集难、系统集成差等诸多问题，对数字孪生技术的推广与应用形成较大阻力。

---

① XMPRO：总部设在得克萨斯州的达拉斯，是一家致力于开发数字孪生应用和服务平台的科技企业。

② Bently 软件：是面向基础设施建设行业，为其提供以数据驱动的数字孪生基础设施软件及解决方案的软件企业。

③ AEC（Architecture, Engineering & Construction）：是建筑行业中提供建筑设计、工程设计以及施工服务的综合数字模型。通过将它们整合到统一的行业中，可以更高效地工作，以实现共同目标。

④ PLM（Product Lifecycle Management）：产品生命周期管理。

2. 数字孪生仍需数据支持

数字孪生的核心是模型和数据，建立完善的数字模型是第一步，而更多的数据应用才是关键。一是不同数字孪生软件对于数据标准的不同要求，在数据存储、数据准确性、数据一致性和数据传输的稳定性方面还存在比较大的差异，难以发挥出数字孪生的潜能。二是在数据使用上，数据歧义、数据可用性低、质量差以及数据关联性不足的情况仍然比较普遍；同时数据传输和存储的安全问题，以及因开放网络而造成企业数据丢失和被网络攻击的情况，仍然让数据的开放行为偏于保守。三是数据的分享与开放机制仍有待完善，不同主体之间的数据分享存在较大的安全隐患和利益冲突，数据归属权、使用权等方面的规则还未形成，难以满足数字孪生对数据开放共享的迫切需求。

3. 数字孪生潜力仍有待发掘

数字孪生因实现制造物理世界与信息世界交互与共融的需要应运而生，机器学习、大数据、物联网、5G、区块链等新兴技术的兴起，给数字孪生带来更大的应用潜力。如通过融合机器学习、计算机视觉等技术，数字孪生可以将感知数据与行业数据结合进行自我学习更新，实现学习预测功能，在数字空间中模拟物理对象的运行，发现潜在的新运行模式，并以人类可理解、可感知的方式呈现在数字空间中；或者利用5G高速传输技术，达到海量数据传递的实时同步，实时生成精准的数字仿真模型，实现对物理世界状态的同步跟踪分析，做出对产业整体发展趋势的预测。因此，要发挥出数字孪生的最大潜力，多技术要素融合仍需加强。

三、促进数字孪生应用于上海制造业数字化转型的对策建议

上海将数字孪生技术应用于制造业已经形成了一定规模和基础，但深度和广度仍显不够。应围绕产业特点，加强重点攻关，力争在制造业的数字化转型中，走出新路径，发挥引领示范作用。

（一）着力重点推进

结合上海产业特点，在汽车、船舶、飞机、高端装备等数字孪生应用较成熟的领域，梳理数字孪生在这些领域的应用现状、技术生态体系脉络等，总结出满足产业发展需求、先进适用的数字孪生应用经验和模式，逐步向全行业推广。鼓励上海市制造业、

软件行业、设备供应商等深入合作，共同开展数字孪生标准、多协议数据转换、工业通信协议适配等方面的研究，把握技术演进趋势和发展方向，构建适合上海制造业发展的数字孪生标准体系。在长三角区域，加强试点示范和应用场景推广，加深横、纵向产业链的交流合作与需求对接，提升重点领域数字孪生标准实施和应用成效，探索建立标准研究与科技研发、行业应用高度融合的长效机制。

（二）加强技术攻关

支持上海市及长三角相关企业和高校院所加强关键技术协同创新，鼓励有条件的高等学校加强数字孪生技术相关的数学、物理、信息科学等基础理论研究。整合各方资源，支持产学研联合探索关键技术路径的创新突破，围绕数字孪生基础理论和核心技术，打造本土化的数字孪生引擎。发挥上海超大城市数据要素和硬件资源优势，围绕上海市制造业产业体系及重点领域，建立本土化的数字孪生知识库、模型库、算法库等开放兼容的生态资源库。提升 3D 建模和仿真、数据可视化、IoT 物联接入、智能分析和决策等关键技术能力，构建起成熟的技术体系，将上海市的数字孪生应用向更广、更深层面推进。

（三）发挥龙头引领

以制造业龙头企业和软件龙头企业为核心，鼓励搭建行业通用的数字孪生技术服务平台，在服务中小企业的同时，逐步建立起行业生态和产品矩阵。促进数字孪生产品供应商、工具开发商、第三方服务机构间的交流互动，鼓励共同挖掘和探索具有潜在应用价值的数字孪生应用场景。健全数字孪生领域技术创新、专利保护与标准化之间的互动支撑，促进数字孪生创新成果的知识产权体系建设。加强企业间的互通与数据模型要素流转，推进优质数字孪生技术、高质量数据模型集群的推广与应用，打造具有自主知识产权、知名品牌和国际影响力的产品与技术，推动数字孪生技术与上海制造业融合发展，赋能制造业全方位升级。

参考文献：

【1】郭亮、张煜：《数字孪生在制造中的应用进展综述》，载《机械科学与技术》2020 年第 4 期。

【2】杨林瑶、陈思远、王晓、张俊、王成红:《数字孪生与平行系统:发展现状、对比及展望》,载《自动化学报》2019 年第 11 期。

【3】樊留群、丁凯、刘广杰:《智能制造中的数字孪生技术》,载《制造技术与机床》2019 年第 7 期。

【4】张冰、李欣、万欣欣:《从数字孪生到数字工程建模仿真迈入新时代》,载《系统仿真学报》2019 年第 31 期。

推动区块链技术在上海民政领域应用建设

  信息技术是现代民政的重要支撑，对有效履行民政职能、提升民政管理与服务现代化水平、实现资源共享、促进政务公开、转变工作方式、提高工作效率具有重要意义。中共中央总书记习近平在主持中央政治局集体学习时指出，要探索利用区块链数据共享模式，实现政务数据跨部门、跨区域共同维护和利用，促进业务协同办理，深化"最多跑一次"改革，为人民群众带来更好的政务服务体验。本文基于区块链在民政领域的具体业务需求，提出在上海民政领域信息化建设工作中应用区块链技术的建议。

一、上海民政信息化发展现状和存在问题

（一）现状分析

  上海民政信息化建设始于 20 世纪 90 年代初，目前已建成以上海市民政局机关为核心，覆盖全市各级民政部门（市、区、街镇、居村委）、直属单位以及相关市级委办单位（部门）的分布式应用和集中式管理的上海市民政信息系统，涵盖社会救助、社会服

务、社会福利、社会治理等方面，有效支撑了民政事业发展。

在社会救助方面，坚持"以民为本、为民解困、为民服务"的宗旨，根据"9+1"的社会救助体系框架，打造以最低生活保障、特困人员供养为基础，支出型贫困家庭生活救助、受灾人员救助和临时救助为补充，医疗救助、教育救助、住房救助、就业救助等专项救助相配套，社会力量充分参与，救助信息充分共享的信息系统，从而实现"统一受理、协同办理"的工作格局，编织好让困难群众求助有门、受助及时的安全网，兜住民生底线。

在社会服务方面，从服务对象的视角出发，按照"一网受理、只跑一次、一次办成"以及"协同服务、一网通办、全市通办"的思路对民政婚姻登记等业务服务事项进行标准化梳理，结合人脸识别等新技术，构建线上线下融合、服务衔接有序、规范安全高效的互联网＋民政业务服务新模式，实现民政业务的标准化、智能化、多元化、协同化，提升服务体验。

在社会福利方面，积极应对人口老龄化，通过建设老年综合津贴管理信息系统，加强津贴发放服务能力，实现老人信息管理和查询服务精细化，提升津贴发放精准度，促进老年人福利均等化。同时，对津贴发放进度及时间进行全程监管和预警，有效保障津贴及时发放和过程规范管理，提升老年人获得感和幸福感。

在社会治理方面，通过建设开放性的系统平台，实现街镇、居村的信息系统从多头建设、重复建设向一头管理、集约管理的转变；通过数据的"一口采集"归口机制，推动市、区条线部门从向街镇、居村要数据转变为向大数据中心要数据，将基层干部从繁杂重复的台账填报中解放出来，运用现代治理理念和信息技术感知基层动态、社情民意，辅助城市运行管理决策，实现"进一步向基层放权赋能，加快制定赋权清单，推动更多社会资源、管理权限和民生服务下放到基层"。

（二）存在问题

随着民政工作领域拓宽、任务加大，现有的数据管理方式已无法适应政府组织结构扁平化、治理及服务过程透明化的要求，也无法确保重要数据不被任意篡改或者即使被更改也将会被及时记录、有迹可循、有据可查。例如：在实施扶贫救助过程中，现有的系统存在数据安全漏洞，无法全程追踪资金流向，不法分子可通过篡改数据达到不法目的；在社会治理过程中，现有的治理系统无法提供居村干部的详细工作记录，从而可能会出现居村干部不作为、社区居民不信任居村干部的现象。

二、区块链技术对民政领域信息化建设的作用分析

（一）区块链技术发展分析

区块链是一个分布式的共享账本和数据库，具有去中心化、不可篡改、全程留痕、可以追溯、集体维护、公开透明等特点。这些特点保证了区块链的"诚实"与"透明"，为区块链创造信任奠定了基础。区块链系统采用链式结构来存储数据，使用密码学技术链接相邻区块。每个区块包括区块头和区块体两个部分，区块头存储一些元信息以确保数据不可篡改，而区块体则存储详细数据信息，实现多个主体之间的协作信任与一致行动，从而解决信息不对称问题。

区块链经历了三个发展阶段。在区块链 1.0 时代，应用领域较为单调，主要是各种数字货币，例如比特币等。区块链 2.0 时代引入了智能合约，其程序就会被视为一份具有权威性且永不可悔改的交易合约，从而可以支持更丰富的金融领域场景，例如债券发行、证券发放等。到了区块链 3.0 时代，区块链的应用场景进一步拓展到医疗、政府治理、经济等诸多领域。区块链将在促进数据共享、优化业务流程、提升协同效率、建设可信体系等方面发挥重要的作用，同时为跨层级、跨部门的数据互联互通提供了安全可信任的环境。

（二）区块链在民政领域的应用场景分析

民政工作服务民生、连接民心，不但关系到社会安定团结，更是衡量人民群众生活幸福与否的重要指标。作为一种新兴技术，区块链在许多民政领域均可找到落脚点，能够促进政府治理及服务过程透明化，提高政府创新绩效，打造智能化和可信任的民政服务。

1. 区块链＋民政资金监管

民政资金的使用需要全程实时监管，区块链技术的运用能够及时发现并阻止违规操作的发生。监管机构借助区块链技术能够实时了解资金拨付的每一个过程，从而高效地进行审查。区块链技术能够确保资金的落实情况。事后的审核与追责在民政资金监管中起着至关重要的作用。进行事后审核时，需要检查民政服务对象是否正确、资金发放是否符合规范等问题。基于区块链不可篡改的特性可以保证民政资金真正落实到需求者的

手中。基于区块链技术去中心化的特点，可以探索弱中心化的资金监管组织形式，改变传统模式下的高度中心化管理方式，从而提升资金的安全性。

2. 区块链 + 救助扶贫

民政在社会福利和救灾救助方面起着重要作用。区块链采用信息安全技术和密码学原理，可以使得民政资金在使用过程中的数据不会被篡改且对所有的操作都有迹可循。利用区块链技术，在扶贫救助的所有环节上对每一个贫困人口都能实现精准识别、科学帮扶、有效监督，把传统的救助行为管理方式与区块链技术相结合，进一步助力保障措施落实到位。打造基于区块链技术的扶贫救助平台可以实现扶贫的所有参与方同时维护同一账本，落实情况会在每个节点留下真实记录，开展全流程管理跟踪督促及有效监管，确保帮扶对象得到有效救助，及时发现帮扶过程中的违法犯罪行为。

3. 区块链 + 慈善

区块链技术可以简化慈善机构内部工作流程、提高管理效率，同时提高慈善机构之间的协作效率。利用区块链技术可以记录数据的整个生命周期，机构之间所有数据交换记录被所有参与者所识别，透明且可追溯。可以记录和跟踪数据的来源和流通路径。更新和修改被"跟踪"，并且同时，可以通过使用散列算法来验证数据的完整性，从而确保和改善流通数据的质量。完善公益行业在筹款信息方面的公开化、透明化，进而逐步提高社会公众对公益的公信力，向公众传递透明管理的信号，更有利于社会监督和监督的实施。

4. 区块链 + 婚姻

婚姻是一种特殊的契约关系。传统的居民婚姻信息更新仅仅保存在民政系统。其他机构或者个人无法及时获取最新信息的变更，存储形式多以纸质和电子文档为主，易丢失和恶意篡改，纸质的婚姻证书也存在造假的风险。基于区块链的婚姻登记系统，居民登记结婚信息时，可以把个人信息，婚前财产，债务信息等数据都将通过加密的方式上记录在区块链上，既不可人为篡改，还将生成唯一、真实的区块链结婚证书，可以实现民政部门与劳动、财税、工商、住建、公安、车管、金融等部门的链上信息比对，有效解决各个机构之间信息不对称、"骗婚骗财"等问题。

5. 区块链 + 养老

一站式医疗健康管理服务。利用区块链技术将医院、疗养机构、医生、药品配送企业和老年患者连成一个数据网，实现线上线下互动、远程服务和可穿戴设备的连接，便捷地为老人提供一站式健康管理服务。"区块链＋养老护理"由护理人员负责访问、记录和维护数据，将使护理人员可以更加确信数据的准确性和一致性，从而改善对病人的护理。"区块链＋养老"监管审计功能，具体体现为利用区块链上的存证数据进行审核审计。杜绝了养老补贴金数据造假、不正常交易等舞弊行为，从而确保基本养老金按时足额发放。

三、区块链技术应用于上海民政领域的相关建议

（一）优化业务流程

传统的政府工作都是以中心化形式开展，而区块链是去中心化的新组织形式，对传统的民政资金、业务监管流程会产生巨大的挑战。因此，需从民政现有资金监管及业务流程的实际情况出发，协调各项政策法规、业务流程与区块链之间的矛盾，在不违反现有政策法规的基础上，优化业务流程，保障民政工作顺利开展的同时促进区块链技术合理应用。

（二）推动落地应用

从上海民政现有信息化建设现状来看，区块链技术目前仍然属于规划阶段，还未正式落地应用。建议基于上海民政的信息化基础及实际业务情况，挑选业务简单，部署节点数较少，不涉及区块链系统金融功能的应用，尝试进行区块链技术在民政系统的试点建设，推动区块链技术在民政领域应用，并在实际应用中注重围绕整个区块链应用系统的设备、数据、应用、加密、认证以及权限等方面构筑一个完整的安全应用体系。

（三）完善数据共享方式

民政业务服务民生，涉及救助、慈善、婚姻登记、老龄、殡葬、救济、区划地名、社会福利等多类社会管理和公共服务多个业务领域，与上海市级委办局、区县民政部门、外省市民政部门、养老机构、银行等有大量的数据共享需求。建议结合区块链技术在民政领域应用的落地，会同上海市大数据中心通过区块链技术解决政务数据共享与开放中的互信、隐私数据保护、数据安全访问、数据交换的时效性、可追溯可审计、身份认证和访问权限控制等问题，有效降低数据交换和共享系统的复杂性，推动数据共享方式的不断完善。

参考文献：

【1】中国信息通信研究院：《区块链白皮书（2020年）》，http://www.caict.ac.cn/kxyj/qwfb/bps/202012/t20201230_367315.htm。

【2】《杭州地铁携手支付宝　推出区块链电子发票》，载《科技金融时报》，http://st.zjol.com.cn/rdzx15491/201903/t20190328_9782593.shtml。

【3】《全国首个区块链电子票据平台上线》，载《杭州日报》，http://www.hangzhou.gov.cn/art/2019/6/13/art_812262_34605997.html。

【4】深圳市政务服务数据管理局：《24类常用电子证照上链"i深圳"APP区块链电子证照应用平台上线》，http://www.sz.gov.cn/szzsj/gkmlpt/content/7/7039/post_7039297.html#19236。

【5】复旦大学等联合发布：《2020上海区块链技术与应用白皮书》，https://max.book118.com/html/2020/1212/8044106121003025.shtm。

【6】赛迪智库区块链产业形势分析课题组：《一文读懂区块链产业最新发展趋势》，https://new.qq.com/omn/20210222/20210222A07JZA00.html。

推动太赫兹产业发展

　　随着人们对电磁频谱的不断探索，电子学和光学获得了人们的充分认识，通过对电子学和光学的研究，已形成了两大较为成熟的研究和应用技术。一个是微波毫米波技术，在雷达、射电天文、通信、成像、导航等领域得到了广泛的应用；另一个是光学技术，其应用已渗透到人们日常生活的方方面面。然而毫米波和光频段之间，还存在着丰富的未被充分开发的频谱资源，也就是太赫兹频段。

一、开发太赫兹频谱的重要意义

（一）太赫兹的概念

　　太赫兹是指频率在 0.1—10 THz（波长为 3000—30 μm）范围内的电磁波，这是一个覆盖很广泛并且很特殊的频谱区域。起初，这一频段被称为"太赫兹鸿沟"（THz Gap），原因是这一频段夹在两个发展相对成熟的频段，即电子学频谱和光学频谱之间。其低频段与电子学领域的毫米波频段有重叠，高频段与光学领域的远红外频段有重叠。由于这一领域的特殊性，形成了早期研究的空白区。

（二）开发太赫兹频谱的重要意义

我国正式开展太赫兹研究始于 2005 年的第 270 次香山科学会议，20 多位专家学者专门探讨了我国太赫兹科学技术发展方向，大家一致认为太赫兹既是"科学技术前沿"又是"国家重大需求"。开发太赫兹频谱资源，对促进我国的国民经济发展、国防建设有着重要意义。

一是增强我国频谱资源储备。随着国内以 5G 为首的通信技术的高速发展，对于频谱资源的争夺、供给、利用等问题和矛盾日益显现，成为影响我国数字经济发展的重要因素。因此，在促进低频段资源充分利用的情况下，对更高频段的开发使用，是解决频谱资源紧张的有效手段。太赫兹频谱由于范围很宽，传输性能优良，通过科学开发利用，可以提供超出传统无线宽带更丰富的频谱资源，有效缓解低频段资源供需矛盾，为我国无线电频谱相关领域的长期发展提供更加丰富的频谱资源支撑，增强我国战略资源的储备能力。

二是抢占发展先机。太赫兹频谱的开发应用还处在空白区域，我国在 5G 技术领域处于领先地位，如果能在太赫兹领域的开发利用中获得先机，就能为我国实现"数字中国"战略，推动数字经济发展，提供有力支撑。同时还能促进我国在国际频谱资源的竞争中占据领先地位，引领国际在太赫兹频段的业务划分和应用，提升我国国际战略地位。

三是军事战略价值。太赫兹技术在未来战场侦察、隐身与反隐身、精确制导、电磁对抗等军事领域也将发挥重要作用。未来信息化战争的胜败取决于制信息权，而掌握制信息权的根本在于掌握制电磁频谱权，太赫兹是尚未应用的频谱资源，谁先掌握太赫兹频谱资源，谁就将占据未来军事制高点。

二、太赫兹技术的应用场景和存在问题

（一）应用场景

随着研究的开展，太赫兹技术对物理、化学、生物、电子、射电天文等领域的重要性逐渐显现，可以应用在雷达、国土安全与反恐、高保密的数据通讯与传输、大气与环境监测、实时生物信息提取以及医学诊断等多个领域。

1. 医疗诊断。太赫兹辐射是完全非电离的，能量较 X 射线低很多，对绝大部分的

生物细胞无电离伤害，适合对活体生物或组织进行实时检查。如皮肤烧伤或皮肤癌的早期诊断，口腔疾病诊断，活体 DNA 鉴别等。

2. 大气与环境监测。许多大分子在太赫兹频段表现出很强的吸收和谐振，形成具有生物特异性的太赫兹特征谱，包括碳（C），水（H_2O），一氧化氮（NO），氮（N_2），氧（O_2）等大量的分子也有各自的太赫兹特征谱。这些特征谱信息对于生物化学物质结构，以及大气污染和天文探测有着很高的研究价值。

3. 安全检查。利用太赫兹成像技术进行安全检查是当前最具吸引力的应用。太赫兹的高频率使得成像的分辨率更高，足够看到隐藏在衣物、鞋内的刀具、枪械等物品，另外结合太赫兹对物质鉴别的特性，还能区分出是否携带炸药或毒品等危害物。

4. 无损检测。利用太赫兹电磁信号特点和成像技术，检测材料中的缺陷。该技术广泛应用于航天、雷达材料的检测。随着太赫兹检测设备的小型化和低成本，该种设备越来越多地被用于工业、民用产品流水线的快速无损检测。

5. 太空通信。太赫兹通信可以提供 10 GB/s 的无线传输速度，特别是在卫星通信领域。在外太空近似真空的状态下，太赫兹的传输不受水分吸收的影响，可以实现比当前的超宽带技术快几百至一千多倍的传输速度。太赫兹通信以极高的带宽进行高保密卫星通信，对卫星互联网通信体系的构建也能起到极大的支撑作用。

（二）存在问题

太赫兹多领域的应用价值，使其成为各国争相抢占的科学技术制高点。经过近 20 年的研究，国内太赫兹的研究已经有所突破，但从政策支持、频谱规划、产业化等方面还需加强推进力度。

1. 太赫兹频谱的开发缺乏顶层设计和规划

一是在推动太赫兹频谱开发、频谱资源规划方面缺乏国家顶层设计。在推动太赫兹技术研发应用、产业化落地、行业发展方面缺少战略布局和规划指引。国内安徽省已经看到太赫兹的潜力，将太赫兹产业纳入"十四五"规划，支持太赫兹安检、太赫兹诊疗、太赫兹通信等领域关键核心技术攻关，着力解决产业链"卡脖子"难题。二是产业链参与和协同不强。由于国内太赫兹频谱开发缺乏顶层设计，尚未形成太赫兹技术指标、产业规划等，导致产业链的各方参与性不强，协同发展较弱。

2. 太赫兹技术研发应用存在多方难点

一是研究深度和广度仍需拓展。我国太赫兹技术的研究主要集中在太赫兹通信系统研发、太赫兹雷达和太赫兹辐射源等方面，在太赫兹元器件、支持太赫兹通信的芯片等硬件方面的研究还比较欠缺。在国防、航天领域的研发应用成果较多，但民用消费领域的研发应用相对落后。二是专利限制。由于国外开展太赫兹技术研究较早，在太赫兹波发生材料、芯片、元器件、滤波器等领域已经建立起技术保护和技术壁垒，国内想要实现技术上的超越，需要跨过专利这道坎，探索出自己的技术发展路线。三是标准化。由于技术发展受到国外专利的限制，我国在太赫兹相关技术的标准化方面取得的成果相对较少，在标准制定方面缺乏话语权，这给我国争取太赫兹领域国际领先地位带来一定挑战。

三、上海发展太赫兹技术和频谱产业化的相关建议

目前太赫兹正处在从演示系统向产业化发展的关键时期，要推动太赫兹科技的产业化进程，须尽快开展太赫兹频谱开发的顶层规划，研究建立从太赫兹基础研究、太赫兹元器件到太赫兹系统研究完整的创新链，并带动相关产业高质量发展。

（一）开展太赫兹频谱资源规划

一是研究制定太赫兹频谱开发利用国家层面的规划、太赫兹频谱资源开发利用的法律法规及配套规章制度，宏观把握该频段开发的方向和原则，提前做好战略布局。二是结合"网络强国""制造强国""数字中国"等战略以及军民融合深度发展重要任务，优化完善太赫兹产业发展政策、技术创新政策、应用推广政策等配套政策支持体系，建设开放包容、创新发展的生态圈，优化产业发展环境。

上海应围绕太赫兹频谱的开发利用，结合上海重点产业和国防建设需求率先开展频谱规划的相关研究，探索制定分阶段、分频段的频谱使用方案，助力我国频谱规划能力的提升。

（二）推动太赫兹技术的研发应用

科学制定太赫兹技术研究发展路径和应用方向。一是聚焦太赫兹传输及链路、太赫兹辐射、太赫兹探测、太赫兹通信等技术难点，开展重点技术攻关和研究实验。二是围

绕太赫兹技术应用的重点领域，在高功率辐射源、高灵敏度探测器、核心芯片、太赫兹波器件等产业价值链高端环节，实现自主知识产权和核心技术的研究突破。三是夯实太赫兹技术发展基础，鼓励企业、高校、研究机构等共同组建太赫兹技术联盟，积极推动前沿性、关键性、基础性和共性技术的前瞻性研究，以创新应用推动太赫兹技术应用落地和产业化发展。

上海应考虑与太赫兹产业发展需求相适应的技术研究和应用方向，以推动太赫兹技术的落地和产业化发展为导向，精准聚焦运用于产业发展的基础技术研究和应用场景，驱动技术研发成果快速转化落地，抢占太赫兹核心技术制高点，提升产业竞争力。

（三）优化太赫兹产业空间布局

制定科学合理的太赫兹产业布局规划，推动各区域产业的差异化发展。一是结合自身区位优势、资源优势、产业优势和研发优势，选择本地区最有基础、最具优势条件、最能率先取得突破的细分应用领域进行优先发展，避免产生同质化、低水平的发展现象。二是促进区域合作，以产业链、价值链为纽带，通过上下游产业链配套，实现区域性产业集聚，打造特色产业园区。上海应瞄准国家重大战略需求和未来产业发展制高点，结合上海"3+6"产业布局，瞄准具有高成长性、高附加值、关键核心技术的产业方向，引导资源要素向创新型、具有良好发展前景和市场竞争能力的领域配置，推动太赫兹产业迅速成长扩大。

参考文献：

【1】张健、邓贤进、王成：《太赫兹高速无线通信：体制、技术与验证系统》，载《太赫兹科学与电子信息学报》2014 年第 12 期。

【2】陈智、张雅鑫、李少谦：《发展中国太赫兹高速通信技术与应用的思考》，载《中兴通讯技术》2018 年第 24 期。

【3】冯伟、韦舒婷、曹俊诚：《6G 技术发展愿景与太赫兹通信》，载《物理学报》2021 年第 70 期。

【4】孙美玉：《抢占"太赫兹频谱"先机　加快我国高频段开发利用》，载《中国电子报》2016 年 9 月 27 日。

把握元宇宙——互联网下一代形态发展风口

元宇宙可能是近年来最火爆的一词。2021 年 3 月 Roblox 在纽交所上市，股价一飞冲天，涨幅接近 10 倍，成为美国资本市场炙手可热的明星股，引起外界对元宇宙的高度关注，随后 Facebook、腾讯、字节跳动等科技公司加快布局元宇宙，2021 年被称为元宇宙元年。从产业的角度看，元宇宙发展仍处于初级阶段，未来可能存在巨大增长空间，从政府角度看，需要前瞻性考虑和解决其发展所带来的相关问题。

元宇宙的热度持续上升，它带着科幻色彩引爆科技和投资圈。继元宇宙概念第一股 Roblox 上市后，各大互联网巨头纷纷紧随其后，加快布局元宇宙。随着 5G、人工智能、区块链、VR/AR 显示技术等的不断成熟，元宇宙技术有望实现持续发展与创新。

一、元宇宙的概念及其发展历程

（一）元宇宙的概念

元宇宙是由英文 Metaverse 一词翻译而来，其前缀 meta 意为"超越""元"，我们在研究大数据时有 Metadata 一词，被译为元数据，也称为数据的数据；verse 则是 universe"宇宙"这一词的词根，组合成为 Metaverse，其直译即为元宇宙。

维基百科将元宇宙定义为"一个集体虚拟共享空间，由虚拟增强的物理现实和物理持久的虚拟空间融合而创造，包括所有虚拟世界、增强现实和互联网的总和"。并指出，元宇宙呈现收敛性和物理持久性特征，基于未来互联网，具有链接感知和共享特征的 3D 虚拟空间，其本质是平行宇宙。

（二）元宇宙的由来

早在 1992 年，尼尔·斯蒂芬森（Neal Stephenson）在科幻小说《雪崩》中首次提出元宇宙的概念；2003 年，网络虚拟游戏 *Second Life* 上线，在一个虚拟空间中，被称为"居民"的用户可通过虚拟化身互相交互，做许多现实生活中的事情，如吃饭、跳舞、购物、旅游等，居民们可以制造和相互交易虚拟财产和服务；2009 年，沙盒创造类游戏 *Minecraft* 上线，玩家可以在游戏中的三维空间里，打造建筑物、社区，创造物和艺术品，并进行多人交互活动。

在过去的 29 年里，元宇宙的形态——虚拟演唱会、数字人、云上会议等虚拟模式的产品形态不断出现。如大众熟知的科幻电影《失控玩家》中，一个 NPC（游戏中的背景人物）与真人游戏玩家产生互动，并联手绝地反击，拯救了其所处虚拟世界的人物角色；2018 年上映的电影《头号玩家》中，同样也展示了一个叫"绿洲"的虚拟世界。2020 年 4 月，美国歌手 Travis Scott 在 Epic Game 旗下的《堡垒之夜》中举办了一场线上虚拟演唱会，吸引了超过 1200 万名玩家参加。2020 年中国传媒大学的学生借助沙盒游戏 *Minecraft*，在游戏里搭建了一个像素中国传媒大学校园，并举办了一场云上毕业典礼，当天参与的同学以动画形象进行互动，曾一度引发热议。Facebook 推出了 VR 社交平台 Horizon，人们可以沉浸其中并创造世界，社交方式将不再局限于打字和语音。网易投资了类似于《第二人生》的 3D 社交平台 Imvu，专注于利用 VR 和 3D 技术创造虚拟世界的"现实社交"。

由此可见，元宇宙的火爆加速了数字化迁徙的速度，同时，技术的发展和用户的增长为元宇宙奠定了基础，个人的数字社交需求、互联网企业创新需求以及资本投资需求三者叠加，进一步助推了元宇宙的爆发。

二、元宇宙核心技术及相关产业

（一）元宇宙核心技术

元宇宙源于游戏而超越游戏，在对元宇宙的探索中，类似的虚拟世界形态正在进入新的发展阶段，其背后是元宇宙相关技术的"群聚效应"。《元宇宙通证》一书中指出，元宇宙的核心技术可以用BIGANT（大蚂蚁）来概括。B指区块链技术（Blockchain），I指交互技术（Interactivity），G指电子游戏技术（Game），A指人工智能技术（AI），N指网络及运算技术（Network），T指物联网技术（Internet of Things）。"大蚂蚁"可以说集数字技术之大成。

区块链技术——通过智能合约、去中心化的清结算平台和价值传递机制，保障价值归属与流转，实现经济系统运行的稳定、高效，透明和确定性；交互技术——通过VR、AR、ER、MR等持续迭代升级，提供沉浸式虚拟现实体验，不断深化感知交互；电子游戏技术——通过3D建模、实时渲染、游戏引擎等技术，为元宇宙各种场景数字内容提供支撑；人工智能技术——通过机器学习、机器视觉、自然语言处理等，为元宇宙现实世界与虚拟世界交互的大量场景提供支撑；网络及运算技术——以5G/6G网络、云计算、边缘技术等技术，为元宇宙提供实时、流畅、强大的体验感；物联网技术——集各类传感技术、网络传输技术等，实现元宇宙万物互联、虚实共生。

（二）元宇宙相关产业情况

这一波的元宇宙热首先受益的是游戏、影音视频，以及VR设备等硬件设备厂商，包括芯片、显示、云计算、通信、定位、环境感知等方面。根据IDC统计，2020年全球AR/VR市场相关支出120.7亿美元，未来复合增速54%，而中国市场规模约66亿美元，未来几年复合增速47%。在2021—2025年间，全球VR虚拟现实产品出货量有望达到约41.4%的年均增速，AR增强现实产品出货量有望达到约138%的年均增速。京东方、水晶光电、歌尔股份、欧菲光、蓝思科技、韦尔股份等VR硬件显示设备厂商将快速增长，歌尔股份代工的中高端VR头显出货量占全球总量70%。其次受益的是游戏和影音内容生态的平台，如腾讯、网易、完美世界、爱奇艺等内容平台，国内最早的"自动化生成多模态内容元宇宙"参建者之一影谱科技，在构建元宇宙消费落地应用方面具有明显先发优势。

未来元宇宙将赋能现实世界的千行百业，激发传统行业的发展新动能，如会展、教育、金融、商贸等依托现有商业模式进行元宇宙化创新，推动价值链和产业链升级（见图1）。工业元宇宙将同样具有广阔的发展空间，它将继工业互联网实现企业内部设备之间、人与设备之间的互联和通信，以及企业上游供应链、下游销渠道及售后服务维修体系、外部合作伙伴等互联之后，实现全生命周期虚实共生、企业和消费者智能高效闭环下的全息智能制造、智能经济体系，真正实现企业与客户的无缝闭环。

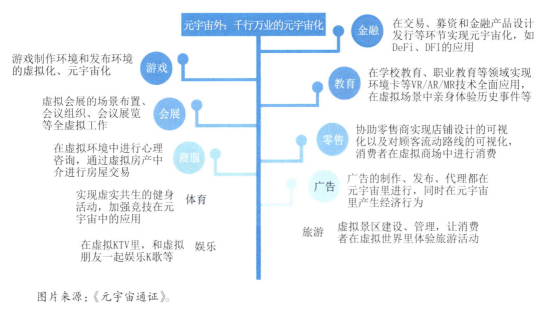

图片来源：《元宇宙通证》。

图1　千行百业元宇宙化

三、元宇宙发展需要关注的几个问题

如果说互联网的上半场是消费互联网，下半场是产业互联网，那元宇宙被称为互联网的下一形态。从 PC 时代的互联网到智能手机时代的移动互联网，除了技术的标准规范需要修订，还有伦理道德等一系列的准则需要制定，互联网的下一形态正呼之欲出，以游戏为主体的元宇宙的基础设施和框架已趋于成熟，未来人们将以怎样的姿态和力度去拥抱整个元宇宙，需要前瞻思考和布局。

（一）元宇宙的制度选择

如何避免简单复制现实世界的价值观，实现元宇宙的最优制度设计，将是一个富有挑战性的课题。确定元宇宙的秩序和运行规则，厘清虚拟环境的道德和法律规范，构建元宇宙的文明框架体系等，将避免重走移动互联网发展初期的老路，规避用户身份认证与隐私保护、移动购物对传统零售的冲击、移动平台 IOS 与 Android 大战等问题，保障元宇宙的健康有序发展。

（二）避免元宇宙内的垄断

虽然元宇宙具有去中心化的共创、共享、共治的良好基因，但在元宇宙的构建过程中，往往由各行业巨头牵头，形成各自的生态圈。创建元宇宙需要政府、资本和民众等各自发挥作用，确保元宇宙不是一个被单一大公司垄断的空间，建立元宇宙之间和谐共存的规则。

（三）平衡好与现实世界的关系

元宇宙具有自我成长的生命力，以及自我调整和演变的内在动力，必将摆脱和超越现实世界的发展范式，传统的生命概念、时空概念、价值观念等都将被改变和颠覆。元宇宙作为虚拟的世界，其形成与发展过程中需要与现实世界互动。人们需要平衡好两个世界的互动关系，实现两个世界在理念、技术和文化层面的互补和平衡，以达到新的生态文明。

四、上海推动元宇宙发展的相关建议

纵观科技发展史，通常不会出现立即彻底改变行业的情况。元宇宙将逐渐改变建筑工程施工、影视制作、产品设计、车辆设计、教育培训和制造等行业，建议上海从以下几个方面做好推动元宇宙发展的准备工作。

（一）强化技术研发布局

强化元宇宙核心技术 BIGANT（大蚂蚁）研发，确保未来满足基于 5G 的元宇宙"杀手级"应用的网络需求，面向元宇宙海量实时交互式内容的计算能力，以及拓展元宇宙虚实界面互动的 AR、VR 等硬件和人工智能、脑机接口等技术，强化从底层技术支撑到前端设备运行支撑的技术布局，为元宇宙发展提供全面支撑。

（二）加强优势产业引导

发挥上海已经聚集的盛大网络、三七互娱、巨人网络等大型游戏企业，以及哔哩哔哩、喜马拉雅、小红书等影音内容平台型企业的产业集群效应，加快布局新型场景化社交、虚拟偶像、线上聚会、沉浸式教育等新"玩法"，突破产业发展瓶颈，探索元宇宙发展。

（三）规范产业发展生态

加强元宇宙标准统筹规划，厘清虚拟环境的道德和法律规范，引导和鼓励科技巨头之间开展技术、硬件、软件、服务、内容等标准化合作，从舆论、技术、资本、伦理、法律法规等层面全面梳理元宇宙发展相关的风险点，为元宇宙健康发展营造良好生态。

参考文献：

【1】朱嘉明：《"元宇宙"和"后人类社会"》，载《经济观察报》"观察家"版，2021年6月18日。

【2】杨雪梅：《被提出29年，为什么今年才称"元宇宙元年"？》，新浪科技，http://finance.sina.com.cn/2021-09-16/doc-iktzscyx4501335.shtml。

【3】刘巷、陈思颖、郑嘉琪、许婷婷：《爆火的"元宇宙"究竟是什么？一图看懂！巨头争相布局》，载《21世纪经济报道》2021年9月14日。

【4】赵国栋、易欢欢等：《元宇宙通证》，中译出版社2021年版。

【5】雪球：《元宇宙产业链初探》，https:xueqiu.com/1114979798/197624861。

推动上海隐私计算技术发展

作为推动多方数据协同的有效手段，隐私计算技术发展迅速，成为当下市场和政策的关注焦点之一。目前，隐私计算技术在金融、医疗、政务服务、市场营销四个领域应用较多并取得较好成效。但由于应用领域局限、安全性挑战和合规风险问题，隐私计算技术仍难实现规模化应用。为进一步挖掘上海丰富的场景资源、数据要素的潜能，助力城市数字化转型，本文提出推动上海隐私计算技术发展的若干建议。

随着各领域数字化转型的不断深入，数据要素成为驱动技术创新、生产力变革的基础性、战略性要素之一。与此同时，数据要素的使用和治理问题得到社会各界的广泛关注。一方面，人工智能、大数据、云计算等技术应用依赖于多领域的数据协作，亟须破解多方数据融合的难题；另一方面，传统技术手段尚不能很好地解决多领域数据协作中的合规性和安全性问题，一些技术创新应用因此陷入瓶颈。

在此背景下，隐私计算技术应运而生并被广泛地应用在金融、营销、医疗等领域的数据协作中。基于在挖掘数据价值方面的显著作用，隐私计算技术的发展受到市场和政策的高度关注。对上海而言，发展隐私计算技术有助于更好挖掘丰富的数据要素和场景资源的潜能，支撑人工智能等技术的应用落地，助力城市数字化转型，具有较强的实践意义。

一、隐私计算技术的典型应用及场景

隐私计算技术是指一种由两个或多个参与方联合计算的技术和系统，参与方在不泄露各自数据的前提下，通过协作，对他们的数据进行联合机器学习和联合分析。在隐私计算技术的框架下，通过联邦学习、安全多方计算、可信计算等方式，参与方的数据明文不出本地，在保护数据安全的同时，开展多源数据跨域合作，实现了数据保护与融合应用的较好平衡。

目前，隐私计算技术的三大典型应用是联合计算、数据发布及云计算，应用模式如图1所示。其中，联合计算的应用需求最多、数据保护难度最大。现有的应用案例主要集中在金融、医疗、政务及营销四大场景。

资料来源：隐私计算的最佳实践（Gartner）。

图1　隐私计算技术的三大应用

在金融场景中，主要应用在风控、信贷、营销、反欺诈等环节。例如在信贷风控过程中，仅依靠单个银行的数据信息进行风控建模往往面临数据维度缺失、数据体量较少的问题，从而影响风控模型的有效性。依托隐私计算的联邦学习技术可以实现多家银行之间及与其他信息源的数据联合，从而提升风控模型的精准度和有效性。

在医疗场景中，可应用于病例结构化、辅助诊疗、辅助用药等方面。依托隐私计算技术，可以在保障医疗数据不离开私有域的前提下实现数据的联合统计分析。例如，多家医疗机构可以通过横向联邦学习联合构建目标检测模型，用于医疗影像的辅助识别，既提升了单个数据源条件下的模型性能，也使得即使病例量较小的医疗机构也能获得高质量辅助诊疗技术的机会。

在政务服务场景中，助力实现不同部门之间的政务协同、政企数据融合以及政务数据的价值挖掘。例如，将隐私数据技术应用于城市大脑，实现经济发展、城市建设、城市治理、民生事业等多维度数据的融合应用，为城市的建设规划、运行监管、企业服务等各方面提供决策支持，提升政务服务的有效性和精准度。

在市场营销场景中，助力提升广告投放的有效性和用户的实际体验。借助联邦学习技术，实现广告商和流量方数据的联合建模，融合应用用户行为数据及广告转化链路数据，减少营销成本，优化广告投放效果。

二、隐私计算技术发展遇到的难点

虽然隐私计算技术为数据的融合应用提供了一定的支撑，但整体仍处于技术快速迭代阶段，技术的规模化应用仍存在难点，主要集中在应用领域的局限性、应用过程的安全性保障和数据使用的合规性风险三方面。

（一）应用领域的局限性

应用领域的局限性使得隐私计算技术难以进行规模化的复制应用，从而难以成为解决数据协同问题的通用性工具。这主要基于以下三方面原因。一是技术能力尚不充分。由于隐私计算的模型计算复杂度高、多方交互效率低、模型性能不佳等问题，现有大部分的应用案例均聚焦于少量数据的支持，对海量数据场景的支持能力还比较有限。二是参与方的计算和网络性能瓶颈阻碍规模化应用。由于隐私计算过程带来较大的通信负载，且需要各参与方同时进行，对参与方的网络或计算性能提出比较高的要求，否则模型运算就会受制于资源最受限的一方。三是平台壁垒的存在使得数据协同范围存在局限。由于隐私计算技术涵盖多种方案，平台间难以形成数据协同，使得应用不同平台的数据源的融合应用困难，数据"孤岛"可能变成"群岛"，且容易造成平台重复建设的问题。

（二）实际应用面临安全性挑战

虽然隐私技术计算在较大程度上平衡了数据安全和数据使用的诉求，但在实际应用中仍存在一定的安全性挑战。一是算法协议无法实现绝对安全，即隐私计算技术通常会设定安全假设并在此基础上进行协议和算法设计，但在实际过程中这一假设并不一定完全成立，还需要其他约束条件进行强化。二是存在模型泄漏风险，即如果在各方联合建模过程中模型被泄露，那么原始数据存在被反推的可能，数据安全存在隐患。三是存在参与方的安全隐患，即在联合建模过程中存在着参与方暴露其他方数据隐私、恶意合谋获取其他方数据的可能。

（三）数据应用存在合规风险

在应用隐私计算过程中，原始数据的采集需要根据我国《数据安全法》《网络安全法》等法律规定，获得用户授权同意，但是在实践层面上，获取个人完全符合法律要求的授权同意难度较高。此外，由于在数据立法层面尚未对数据及其衍生品的权属和法律定位进行明确，隐私计算的技术方案也面临着合规要求的不确定性，若后续制度设计有所健全，存在着因政策调整而改变技术演进方向的可能。

三、发展上海隐私计算技术的相关建议

（一）支持企业发展壮大与行业应用探索

结合上海应用场景资源丰富、相关技术支撑较为充分、数字生态较为健全的优势，支持发展一批隐私计算技术型企业，着力培养隐私计算技术的通用型平台，更好支撑各领域的数字化转型。鼓励医疗、金融、商业等部门开放数据协同的业务场景，应用隐私计算技术探索打破数据流通瓶颈，提升数字化转型实效。在先进制造、智慧医疗、药物研发、智慧城市等行业领域，选择一批数字化基础较好、数字协同需求潜力较大、数据安全风险可控的场景，支持代表性企业深入探索隐私计算技术的应用，形成具有行业引领示范意义的应用项目。

（二）建立完善技术和应用标准体系

通过完善技术和应用标准，能够加速隐私计算技术的规范化发展进程，并降低各方对隐私计算的安全性顾虑。但是，隐私计算技术仍处于行业探索发展的初期阶段，技术和应用的标准仍有许多空白。建议上海瞄准应用发展过程中的关键环节，提升技术和应用的标准制定能力及产品安全性的验证能力，并依托数据安全相关的研究机构，加强对隐私计算技术、数据要素治理等方面的前沿理论研究与探索。

（三）促进相关多元技术融合发展

依托行业协会、发展联盟等组织，加强隐私计算类企业与现有的人工智能、云计

算、区块链等领域企业的交流，支持各领域企业基于数据协同中的重大项目、供需需求组建创新联合体，开展联合攻关，形成多元技术融合的解决方案，不断拓展隐私计算技术的应用范围，提升应用实效。

参考文献：

【1】腾讯研究院：《腾讯隐私计算白皮书 2021》。

【2】Gartner：《隐私计算的最佳实践》。

推动上海第四代半导体材料创新

　　半导体业界对后摩尔时代的来临已经达成了共识。硅基（Si）器件受材料特性限制已经走到了性能极限，随着应用需求愈加明朗，未来对高功率器件的性能要求越来越高，目前，以氧化镓（Ga_2O_3）和锑化物为代表的第四代半导体材料快速发展。与日本、美国、欧盟相比，我国第四代半导体材料以及相关功率器件研究相对滞后，上海亟须抓住战略机遇期，实现先进半导体材料、辅助材料的自主可控，保障相关工业体系安全。

　　随着量子信息、人工智能等高新技术的发展，半导体新体系及其微电子等多功能器件技术也在更新迭代。半导体材料是制作半导体器件和集成电路的电子材料，是半导体工业的基础。利用半导体材料制作的各种各样的半导体器件和集成电路，促进了现代信息社会的飞速发展。

一、第四代半导体材料的进化之路

（一）第一代半导体材料：基于Ⅳ族硅（Si）、锗（Ge）元素

作为第一代半导体材料的锗和硅，在国际信息产业技术中的各类分立器件和应用极为普遍的集成电路、电子信息网络工程、电脑、手机、电视、航空航天、各类军事工程和迅速发展的新能源、硅光伏产业中都得到了极为广泛的应用。由于二氧化硅（SiO_2）是一种高质量的绝缘体，很容易作为基于硅的器件的一部分进行整合，且硅器件漏电流要低得多，因此，半导体器件和集成电路仍然主要是用硅晶体材料制造的，硅器件构成了全球销售的所有半导体产品的95%以上。虽然在某些领域的性能方面表现不佳，但还有性价比助其占据市场。

（二）第二代半导体材料：以Ⅲ—Ⅴ族砷化镓（GaAs）及磷化铟（InP）为代表

第二代半导体材料主要是指化合物半导体材料，如砷化镓（GaAs）、锑化铟（InSb）；三元化合物半导体，如GaAsAl、GaAsP；还有一些固溶体半导体，如Ge-Si、GaAs-GaP；玻璃半导体（又称非晶态半导体），如非晶硅、玻璃态氧化物半导体；有机半导体，如酞菁、酞菁铜、聚丙烯腈等。砷化镓和磷化铟半导体激光器成为光通信系统中的关键器件，同时砷化镓高速器件也加速了光纤及移动通信新产业的发展。主要应用领域为光电子、微电子、微波功率器件等。因信息高速公路和互联网的兴起，还被广泛应用于卫星通讯、移动通讯、光通信和GPS导航等领域。

（三）第三代半导体材料：以Ⅲ—Ⅴ族氮化镓（GaN）、Ⅳ族碳化硅（SiC）为代表

第三代半导体材料的兴起，是以氮化镓材料P型掺杂的突破为起点，以高效率蓝绿光发光二极管和蓝光半导体激光器的研制成功为标志的，它具备高击穿电场、高热导率、高电子饱和速率及抗强辐射能力等优异性能，更适合于制作高温、高频、抗辐射及大功率电子器件，是固态光源和电力电子、微波射频器件的"核芯"。在半导体照明、新一代移动通信、能源互联网、高速轨道交通、新能源汽车、消费类电子等领域有广阔的应用前景，有望突破传统半导体技术的瓶颈，与第一代、第二代半导体技术互补，对

节能减排、产业转型升级、催生新的经济增长点将发挥重要作用。

（四）第四代半导体材料：以氧化镓（Ga_2O_3）和锑化物为代表

第四代半导体是指以氧化镓（Ga_2O_3）和锑化物等为代表的半导体材料，相比其他半导体材料，第四代半导体材料拥有体积更小、能耗更低、功能更强等优势，可以在苛刻的环境条件下更好地运用在光电器件、电力电子器件中。如 Ga_2O_3 基板制作相较于 SiC 与 GaN 更容易，又因为其超宽禁带的特性，使材料所能承受更高电压的崩溃电压和临界电场，使其在超高功率元件的应用极具潜力；锑化物半导体在开发下一代的小体积、轻重量、低功耗、低成本器件，及其要求极为苛刻的应用方面具有不可替代的独特优势。

二、第四代半导体材料发展潜力巨大

虽然前三代半导体技术持续发展，但也已经逐渐暴露出无法满足新需求的问题，特别是难以同时满足高性能、低成本的要求。在此背景下，业界将目光开始转向拥有小体积、低功耗等优势的第四代半导体。但四代半导体之间并不是迭代关系，它们的应用场景有交叉，但不完全重合。目前具有发展潜力成为第四代半导体技术的主要材料体系包括：窄带隙的锑化镓、铟化砷化合物半导体；超宽带隙的氧化物材料；其他各类低维材料如碳基纳米材料、二维原子晶体材料等。

（一）氧化镓（Ga_2O_3）

作为新型的宽禁带半导体材料，氧化镓（Ga_2O_3）由于自身的优异性能，凭借其比第三代半导体材料 SiC 和 GaN 更宽的禁带（宽禁带使得材料可以承受更高的电场强度，硅的禁带宽度低至 1.1 eV，而碳化硅的禁带宽度为 3.3 eV，氮化镓的禁带宽度也只有 3.4 eV，相较之下近似 5 eV 的氧化镓占了很大的优势），在紫外探测、高频功率器件等领域吸引了越来越多的关注和研究，尤其在光电子器件方面有广阔的应用前景，被用于 Ga 基半导体材料的绝缘层，以及紫外线滤光片。一旦氧化镓取代目前广泛使用的硅材料，每年将减少 1440 万吨二氧化碳的排放。

氧化镓（Ga_2O_3）分为 α、β、γ、δ 和 ε 五种结晶形态，其中 β-异构体性质最为稳定，其次是 ε 和 α，目前大部分研究和开发也是针对禁带宽度在 4.7 eV 和 4.9 eV 之间

的 β- 氧化镓进行。而且 β- 氧化镓的生长速率快于碳化硅和氮化镓，衬底工艺也相对较简单。但对合适的半导体材料来说，仅有宽禁带是远远不够的，氧化镓存在一定的局限性：一是导热能力差，甚至低于砷化镓。与导热性能强的碳化硅相比，氧化镓的导热性只有前者的十分之一。这意味着晶体管中产生的热量难以发散，很有可能限制设备的寿命。二是氧化镓制造 p 型半导体的难度较高，这两点也成了氧化镓商用普及的限制条件，需要业内投入更多精力和人才来解决。

从目前的发展情况来看，氧化镓尚处于一个早期阶段，仍未具备与氮化镓和碳化硅相抗衡的实力，而且自身还有导热性和结构上的挑战。但从长远看，氧化镓的性能潜力远大于目前的技术障碍。

（二）锑化物半导体（ABCS）

从 2009 年起国外已将锑化物半导体相关的材料和器件列为出口封锁和垄断技术。它主要是指以 Ga、In、Al 等 Ⅲ 族元素与 Sb、As 等 Ⅴ 族元素化合形成的二元、三元和四元化合物半导体材料，如 GaSb、InSb、AlGaSb、InAsSb、AlGaAsSb、InGaAsSb 等，晶格常数一般都在 0.61 nm 左右。在开发下一代的小体积、轻重量、低功耗、低成本器件，及其要求极为苛刻的应用方面就具有不可替代的独特优势。锑化物光电器件可广泛用于生物分子探测、校园/机场/高铁等安防、电力站监测、非接触不停留安检、环保/安监气体探测、量子计算等应用场景。其中锑化镓在中长波红外应用中将具有明显优势，而且根据最新研究进展，企业已可以做出雪崩增益型探测器，将其应用价值进一步大幅度提升。锑化铟探测器将具有无与伦比的速度和精度，预计未来将有非常广阔的市场空间。

但锑化镓材料的缺点是：一是材料特别容易氧化，给加工带来困难，表面很难控制。二是材料比较软，也比较脆，给晶片的加工带来很大困难，对抛光、研磨有很高的要求。三是作为衬底也存在一定缺陷，常见的就是位错，有时候也出现孪晶。

三、国内外发展第四代半导体材料的经验做法和借鉴启示

（一）国内外发展第四代半导体材料的经验做法

日本在氧化镓衬底-外延-器件等方面的研发水平全球领先。日本经济产业省（METI）为致力于开发新一代低能耗半导体材料"氧化镓"的私营企业和大学提供财政

支持，预计未来 5 年的投资额将超过 8560 万美元。日本两家新创公司分别是 FLOSFIA 以及 Novel Crystal Technology，它们是世界上仅有的两家能够量产 Ga_2O_3 材料及器件的企业。FLOSFIA 成立于 2011 年，主要投资者包括了 DENSO、三菱重工以及安川电机，在 2021 年 3 月底的 E 轮投资中还获得了由三菱重工领投的 10 亿日元投资。考虑到技术尚没有完全成熟，FLOSFIA 的短期市场定位仍在家庭电力调节、电源适配器、UPS 等中压应用上，未来再推进到基站等高频通信设备、电动汽车逆变器和工业电机等领域。Novel Crystal Technology 创立于 2015 年，由日本电子零部件企业田村制作所和 AGC 等出资成立，主要研发、生产新一代半导体技术，全球首次量产了 100 mm（4 英寸）的"氧化镓"晶圆。

美国空军研究室（AFRL）正在试图突破 Ga_2O_3 外延技术，并且资助了诺格公司的子公司 Synoptics，开发 Ga_2O_3 的衬底生长技术。一旦各个环节具备之后，美国将是第二个彻底实现全产业链国产化的国家。

欧盟围绕工业应用级别的锑半导体研究，如锑半导体的存储器设计、单光子 LED 在锑半导体的特性研究等，由玛丽居里奖学金和欧盟基金会联合推出一个专门用于培养三价锑半导体领域的高精尖人才的博士培养计划 Quantimony。德国莱布尼茨晶体生长研究所（IKZ）从 2009 年开始研发和生长 Ga_2O_3 晶体，为美国 AFRL 供应了 GaO 外延片。

中科院半导体研究所、上海技术物理研究所等研究机构率先突破了锑化镓基砷化铟／锑化镓超晶格焦平面技术，其性能基本达到与国际同步的发展水平。中科院半导体研究所自主开发了 GaSb 单晶和衬底材料制备技术，目前能够小批量生产 GaSb 衬底。中国电科 46 所制备的氧化镓单晶的宽度接近 100 mm，总长度达到 250 mm，可加工出 4 英寸晶圆、3 英寸晶圆和 2 英寸晶圆。中科院半导体研究所研制出多种规格的锑化镓基铟镓砷锑量子阱激光器。中科院上海微系统与信息技术研究所和西安电子科技大学联手首次将晶圆级 β 相 GaO 单晶薄膜（400 nm）与高导热的 Si 和 4H-SiC 衬底晶圆级集成，并制备出高性能器件。复旦大学方志来团队在 p 型氧化镓深紫外日盲探测器研究中取得重要进展。山西省晋城市光机电产业研究院引进的锑化物半导体项目目前已经进入试运行阶段，在 2022 年达到 1 万支芯片的产能，将成为全国首条第四代半导体的生产线。辽宁省利美科技项目建成后年产 1900 公斤锑化镓晶体、13 万片（折合 2 英寸）锑化镓晶片。北京镓族科技有限公司是国内首家、国际第二家专业从事第四代（超宽禁带）半导体氧化镓材料开发及应用产业化的高科技公司，拥有2英寸氧化镓单晶生长产线、2英寸氧化镓外延生长产线、晶体加工生产线，同时具备4—6英寸氧化镓单晶生长研发平测试和器件研发的能力。深圳进化半导体基于全球首创的无铱工艺进行大尺寸第四代半导体氧化镓材料的衬底技术开发，已经完成由祥峰投资领投的数千万元人民币天使轮融资。杭州富加镓业已开展了氧化镓单晶材料设计、模拟仿真、生长及性能表征等。

（二）对上海发展第四代半导体材料的借鉴启示

一是以临港新片区、张江科学城为主平台，围绕高纯度、大尺寸、高均匀性、高性能、低成本、多功能和集成化，打造一批半导体产业高端创新平台基地，前瞻谋划第四代半导体材料研发。围绕半导体材料、芯片及器件、半导体装备、光伏和LED等领域的前沿技术和产业化技术集中攻关，优化创新链布局。

二是围绕第四代半导体技术，结合上海集成产业发展的重要方向，鼓励行业龙头企业联动产业链上下游开展相关芯片设计、芯片工艺、先进封装等技术攻关和产业化突破。寻求国家部委支持，建设国家级的面向高校、科研院所和初创企业的软件与硬件、单晶生长与外延、芯片工艺、封装等中试平台。引进建设具备先进工艺和运营水平的代工厂，推动建设具有自主可控能力的垂直整合制造企业。

三是以扶植国产化为出发点，联动相关委办局，通过政策法规、资金奖励等配套政策，配合和组织政府采购方式的第四代半导体材料示范应用，鼓励终端企业积极采用国产材料、器件和装备，使上游企业积累工艺参数和应用数据，加速提升国产材料、器件和装备性能，最终实现国产化。

参考文献：

【1】王宏兴：《第四代宽禁带半导体的发展与展望》，载《粤港澳大湾区真空科技与宽禁带半导体应用高峰论坛暨2017年广东省真空学会学术年会论文集》，2017年。

【2】凌玲：《半导体材料的发展现状》，载《新材料产业》2003年第6期。

【3】郝跃：《高效能半导体器件进展与展望》，载《重庆邮电大学学报（自然科学版）》2021年第6期。

加快推进上海智能网联汽车产业发展

  智能网联汽车是新时代下汽车产业转型升级的突破口和未来战略的制高点，它不仅是汽车本身的技术，更是"传统工业经济＋数字经济＋智能经济"融合的产物。推动汽车产业与新一代信息通信、新能源、新材料、人工智能、大数据等新兴产业的深度融合，加强跨界协作，在网联化、智能化与电动化技术上齐头并进。发展智能网联汽车对于保持上海在汽车产业的传统优势和提升城市竞争力具有积极意义，需要从市场、技术、产业政策等方面，对智能网联汽车产业进行分析研究并提前部署。

2023 年 7 月 26 日，工业和信息化部、国家标准化管理委员会印发《国家车联网产业标准体系建设指南（智能网联汽车）（2023 版）》，目标分阶段建立适应我国国情并与国际接轨的智能网联汽车标准体系。据美国市场调研机构 HIS 预测，全球联具备联网功能的智能驾驶汽车保有量到 2023 年有望超过 3.5 亿辆，占全部汽车保有量的比例将超过 20%。尽管中国汽车产业面临销量下滑挑战，但随着智能网联新车型的加速投放市场及潜在消费者对于智能网联认可度的提升，智能网联新车市场渗透率还将进一步提升，未来一段时期内，中国智能汽车产业仍处于加速发展阶段。

一、智能网联汽车有望成为汽车产业未来发展新增长极

整体而言，智能网联汽车是应用计算机、现代传感、信息融合、通讯、人工智能及自动控制等技术，并集环境感知、规划决策、多等级辅助驾驶等功能于一体的智能终端。从智能网联汽车演进路线看，大致可以分为以下三个阶段：一是车载信息服务阶段，以座舱内相关信息服务为主；二是智能网联汽车阶段，以协同式智能交通与 L3 级以下自动驾驶为主；三是智慧出行阶段，真正实现人、车、生活智能融合的出行。目前，我国智能网联汽车大致处于协同式智能交通与 L3 级以下自动驾驶阶段，预计到 2025 年之后将处于智慧出行阶段。

（一）智能技术与车联网技术突破加速推动产业转型

智能网联汽车是通过在普通车辆的基础上增加先进的传感器、控制器、执行器等装置，实现车内网、车外网、车际网的智能信息交换、共享，使车辆具备复杂环境感知、智能化决策、自动化协同控制功能，能够自动分析车辆行驶的安全及危险状态，并使车辆按照人的意愿到达目的地，最终实现替代人来操作的目的。车联网通过构建"路-车-网-云"全方位感知系统，正助推智能网联汽车技术路线从"单车智能"正式转向"车路协同"。面对汽车行业洗牌，车联网路径下的智能网联汽车产业发展有望加速实现产品替代，形成"智能路网-智能车辆-智能服务"产业发展路径。"5G+"道路信息化基础设施建设先行已成为多方共识，优先级将从停车、起步，逐步拓展到高速公路和城市道路复杂场景。

（二）智能网联汽车是数字技术的重要行业应用方向

智能网联汽车作为信息化与工业化深度融合的重要领域，是 5G 垂直应用落地的重点方向，未来具有巨大的产业发展潜力和应用市场空间，对于带动传统汽车行业、交通行业和电子信息行业的产业转型升级、系统创新和融合发展具有重要意义。如，高级驾驶辅助系统（ADAS）有效解放了驾乘人员在驾驶和乘坐汽车时所受的约束，提升汽车的安全性、舒适性和便利性，降低汽车的使用门槛等。智能座舱系统将汽车从普通的乘坐出行工具打造成集出行、生活、娱乐等为一体的综合应用场景。基于 5G 的车联网

技术 C-V2X 将汽车置身于网络体系中，可以高效实现"人、车、路、网"的互联互通。通过自动驾驶和车联网体系构建，产业链下游可以进一步发展无人驾驶物流、共享出行等新的产业业态，从而持续扩大整个智能网联汽车体系的发展空间。

（三）智能网联汽车市场将迎来十多年高速发展黄金期

据波士顿咨询集团预测，2023 年全球智能汽车年出货量将超过 7000 万台。其中，将有 1800 万辆汽车拥有部分无人驾驶功能，1200 万辆汽车成为完全无人驾驶汽车。据 IDC 预测，2035 年，全球智能汽车产业规模将突破 1.2 万亿美元，中国智能汽车产业规模将超过 2000 亿美元。据麦肯锡分析的数据显示，中国未来很可能成为全球最大的自动驾驶市场，至 2030 年无人驾驶相关的新车销售及出行服务创收将超过 5000 亿美元。另据中国汽车工业协会预测，中国在 2020—2025 年间实现低速驾驶和停车场景下的自动驾驶，在 2025—2030 年间实现更多复杂场景下的自动驾驶，到 2040 年，智能汽车可能颠覆当前的交通运输模式，智能驾驶将占据道路上行驶车辆数量的四分之三。

二、上海加快发展智能网联汽车的现状和问题分析

（一）上海智能网联汽车的发展现状

从产业层面看，上海汇聚了国内外知名的整车及零部件企业，涵盖传统车企、新势力造车、零部件供应商及产业链各环节上的服务供应商，具备完整且规模庞大的汽车产业集群，为上海智能网联汽车的发展奠定了坚实基础。据公开数据显示，目前上海有 600 余家经营范围包含"自动驾驶""智能驾驶"或"无人驾驶"的工商登记企业，包括上汽智己、特斯拉、威马、理想、爱驰等整车企业，及联合电子、上汽零束、地平线、创时、千寻位置等传统及非传统供应商。

从配套设施看，上海依托嘉定安亭、浦东金桥、浦东临港及奉贤南桥四大智能网联汽车试验测试基地，持续加大对配套设施的投入及探索。据公开数据显示，目前上海已累计开放 243 条共计 560 公里测试道路，测试场景超过 5000 个，向 24 家企业颁发了 184 张智能汽车道路测试和示范应用牌照，测试总里程累计逾 190 万公里，并已累计向 22 家企业 152 辆车颁发了道路测试和示范应用资质，企业数量和牌照数量均位居全国第一。

从政策层面看，《上海市推动新型基础设施建设行动方案（2020—2022 年）》提出，

到 2022 年底推动上海新型基础设施建设规模和创新能级迈向国际一流水平。其中，新建 3.4 万个 5G 基站、新建 10 万个电动汽车充电桩、建设国内领先的车路协同车联网和智慧道路等内容，对推动上海智能网联汽车产业发展具有重要的促进作用。《上海市先进制造业发展"十四五"规划》也将汽车作为着力打造的六大高端产业集群之一，推动汽车产业向新能源化、智联化、共享化、国际化、品牌化发展；促进汽车与 5G 通信、物联网、智能交通等融合发展。到 2025 年，智能网联汽车总体技术水平和应用规模达到国际领先，实现特定场景的商业化运营。

以代表区域嘉定和浦东新区为例。嘉定作为上海建设世界级汽车产业中心核心承载区，有着完整的汽车产业链和人才配套。目前嘉定共有汽车产业链相关企业 4300 余家，集聚了 90 余家智能汽车相关企业，其中包括大陆、博世、法雷奥等外资巨头以及上汽零束、华为、滴滴、AutoX 等国内智能汽车领域的知名企业，汽车工业产值近 4000 亿元。浦东金桥依托传统的支柱产业与互联网、大数据、人工智能等融合，形成了以新能源汽车 + 智能驾驶为方向的"未来车"产业。目前金桥新能源汽车产业园已挂牌，华为智能汽车解决方案 BU 和上汽联创智能网联创新中心加速推进金桥智能网联车产业基地建设，金桥智能网联汽车开放测试道路已获批，成为国内首条中心城区自动驾驶开放测试道路。临港新片区作为全球智能新能源汽车产业投资新高地，目前已有包括上汽集团、麦格纳、上检中心等在内的多家智能新能源汽车产业项目落地。预计到 2025 年，整个临港新片区的智能汽车产业规模将超过 2000 亿元。

（二）上海智能网联汽车发展面临的挑战

从共性上看，一是在智能网联汽车关键基础技术上仍存在较大差距甚至空白点；二是传统零部件企业散而不强，非传统零部件企业与汽车产业的融合层次较浅，行业缺乏有效协同研发机制；三是智能网联汽车涉及大量的数据采集与信息交互，在国家、企业及个人的信息安全方面存在较大隐患；四是智能网联汽车法律法规制定及配套设施建设刚起步，尚处于探索阶段，没有可供借鉴的成熟案例。

从差异性上看，一是上海作为超大型城市，人口稠密且道路交通复杂，不仅在制定智能网联汽车法律法规方面需要更为谨慎，在推广智能网联汽车应用场景上也有诸多的限制；二是上海本身的公共交通网络发达，自驾出行并不比公共交通便捷。同时，城市出租车也十分方便，未来智能网联汽车在私家车领域的市场需求可能有限。三是上海土地资源紧缺，新势力车企普遍将工厂建在上海周边，如理想汽车建厂在江苏常州，威马汽车建厂在浙江温州，蔚来汽车建厂在安徽合肥。而传统车企如大众集团也已在安徽合肥进行产业布局，2020年12月大众集团控股的大众汽车（安徽）有限公司正式揭牌，并计划在安徽合肥打造一个数字化中心，提供车联网和数字化服务。可以预见，未来在智能网联汽车领域，上海将会面临更激烈的区域产业竞争。

三、对策建议

智能网联汽车已成为未来汽车产业发展的战略方向，成为智慧交通的核心环节，成为推动城市数字化转型的强劲势能。可以预见，智能网联汽车产业将契合车联网迅猛发展的机遇，会同新基建等多重领域共同步入融合发展快车道，带动万亿级市场空间及大规模基础设施投资潜力。为此，建议如下：

（一）加强统筹协调

一是明确发展定位。研究提出智能网联汽车的统一概念，厘清智能网联汽车关键技术环节及演进路径，结合上海的产业现状及特点，明确上海在智能网联汽车上的发展方向及目标。二是优化工作机制。研究推动智能网联汽车发展的工作机制，梳理涉及智能网联汽车各个相关部门的管理职责和角色定位，充分发挥上海在国家政策上的先行先试优势，优化冗余环节，强化协同能力。三是提升保障能力。统筹利用国内外创新要素和市场资源，通过设立产业联盟、强化基金引导、推进技术转化、优化营商环境等多种方式加速协同创新和开放合作。

（二）攻坚关键技术

一是聚焦关键技术。聚焦自动驾驶、车联网等关键技术领域，力争在毫米波雷达、AI处理器芯片、感知传感器、高精地图等方面有所突破，依托5G技术实现C-V2X的车车端与车路端的信息互联，探索跨界研发合作模式。二是完善分级体系。通过企业、高校、科研院所、行业协会、产业联盟等机构间的合作，进一步完善自动驾驶分级体系，探索符合L3级及以上的自动驾驶标准的道路及相关配套设施分级匹配标准。三是优化场景设置。充分发挥嘉定安亭、浦东金桥、临港新片区、奉贤南桥等四大智能网联汽车测试基地作用，聚焦商业货运、高速公路、港口园区等重点应用场景，优化车路协同感知测试路段布局，加快推进智能网联汽车相关配套设施的探索与部署。

（三）打造产业生态

一是把握产业链与应用场景。聚焦前端设计研发、中端生产制造及后端应用服务的产业生态体系建设，依托汽车智能化与网联化技术的发展，突破以往封闭与垂直的供应链体系，着力构建开放与扁平的供应链体系，将应用场景从行业内部向外扩展，实现从智慧出行到智慧城市的演进。二是强化数据监管。智能网联汽车是具备全方位数据采集与互联交互的移动智能终端，在拓展产业生态的同时需要针对智能网联汽车所涉及的数据采集、存储、处理及调用等环节，建立健全智能网联汽车数据监管机制，在发挥数据最大价值的同时保障数据安全。三是推进区域合作。依托"长三角区域一体化"发展契机，进一步发挥上海核心城市功能和生产要素集聚作用，推进国际国内智能网联汽车相关标准的互认互信，加快构建长三角智能网联汽车产业生态体系，加快推进长三角智能网联汽车产业的协同共进。

加快布局卫星互联网产业

　　随着卫星通信技术的进步、市场需求的增长和商业化程度的提升，卫星通信技术在国民经济建设中逐渐占据了重要的位置，成为国家信息化建设的重要组成部分和推进力量，并直接关系到国家安全和经济发展。世界主要航天国家纷纷将卫星互联网视作提升本国综合竞争力的重点发展领域，我国也将卫星互联网的建设上升为国家战略。

　　卫星互联网是将地面互联网概念向空间的延伸。通过卫星、气球、无人机等在天空中飞行的设备作为传输媒介，按照高效利用、综合集成的原则，将太空中不同轨道的各种卫星、星座及高空飞行器进行有机连接，形成一个与地面具有良好互联互通性能的大型复杂网络，并提供与地面互联网类似的应用服务。

一、卫星互联网的特点和发展趋势

（一）卫星互联网的优势特点

　　卫星互联网具有覆盖范围广，对地面情况不敏感等优势，已经成为地面移动通信领域重要的组成部分，尤其是在空中、海洋、荒漠戈壁等地面无线网络难以覆盖的地方，优势特点明显：

一是通信环境不受地面条件约束，具有全球覆盖能力。只要布置足够多数量的卫星或飞行器，就可以做到覆盖地球每个角落，当发生自然灾害（如地震、台风）时仍能提供稳定的通信。

二是卫星互联网容量大。卫星通信信道处于微波频率范围，频率资源相当丰富，能够提供大范围的网络服务。并且，卫星互联网可以和地面网络结合，对提高网络通信和安全性有很大帮助。

三是通信设备的成本不随通信距离的增加而增加。卫星互联网特别适于远距离以及海洋、高山等人类活动稀少地区的通信，是当前全球航空公司空中上网业务的主流技术模式，也有希望成为未来高铁上网问题的有效解决方案。

四是未来通信发展方向。卫星互联网普遍被认为是继 5G 后的新一代通信解决方案，太空将成为下一个新的利益增长点，加快构建卫星互联网对我国未来更加频繁和更加复杂的航天应用活动有着重要意义。

（二）卫星互联网的应用场景

传统地面通信骨干网受限于铺设成本、技术攻克等因素，仅覆盖了约 20% 的陆地面积，在互联网渗透率低的区域进行延伸普及存在现实障碍。而卫星互联网突破了地面基站的固定连接方式，通过太空基站动态覆盖的连接方式，包括星地互联和星星互联，实现全球连接。

一是覆盖偏远地区。在卫星互联网建设成熟、设备终端成熟轻便的情况下，通过小型化卫星中继站，借力星座系统低轨卫星在用户收发终端与地面卫星站之间建立地空通信链路。

二是海洋作业及科考。通过船载卫星设备终端，实现海上船只与地面通信网络的互联互通，满足船载设备、科考设备、船员等数据交换、网页浏览、即时通信、邮件收发、VoIP 语音等通信需求。

三是航空机载无线服务。Gogo、松下航电等为大多数的航空公司提供航空互联网服务。随着卫星互联网链路搭建完成，飞机无线上网将普及，为航空公司和卫星运营公司带来巨大收益。

四是灾备服务。包括应急呼叫、数据保护与恢复、异地灾备系统等。当今信息时代下，短暂的网络中断可能酿成巨大的经济损失和社会损失。通过卫星互联网提供的高速备份链路，将关键业务上星备份，形成稳定的网络环境。

（三）卫星互联网的发展趋势

随着社会需求和通信技术的发展，以及卫星技术在各行各业的应用，卫星通信将是必不可少的通信手段，具有广阔的应用前景。

一是星地 5G 融合，成为 5G 网络最佳搭档，利用卫星互联网不受地形限制的特点，在沙漠、海洋等偏远地区与地面网络形成互补，实现 5G 信号的全覆盖。

二是扩展通信覆盖广度和深度，以地面网络为基础、以空间网络为延伸，形成空天地海一体化通信网络，为各类用户的活动提供通信保障。

三是融合导航增强、多样化遥感，实现通、导、遥的信息一体化，支持卫星移动通信、物联网、热点信息广播、导航增强、航空监视等服务，实现多种功能的融合发展。

四是成为下一代通信技术（6G）的发展方向。6G 有很大可能以卫星互联网为基础进行构建，并在融合人工智能等技术之后，形成"人工智能＋地面通信＋卫星网络"的新一代通信技术，实现真正的天空地海智慧通信。

二、国内外卫星互联网的典型企业情况和问题梳理

（一）典型企业情况

1. 国内典型企业

卫星互联网产业链上游主要为电器元件及材料、燃料厂商；中游分为卫星制造、卫星发射、地面设备制造和卫星运营及服务四个环节；下游主要是企业、政府、高校、个人等终端用户。国内企业主要集中在产业链的中游，以卫星研发制造和运营服务为主（见表 1）。

表 1　中国卫星行业典型企业代表

领　域	企业名称	企业概况
卫星制造	天辅高分	计划发射 150 颗 300 公斤级 0.5 米分辨率遥感卫星星座"高分地球"
	长光卫星	计划 2022 年完成超 100 颗卫星的"吉林一号"星座组网
	世纪空间	由 3 颗高分辨率卫星组成的商业遥感卫星星座"北京二号"于 2015 年 7 月发射成功

（续表）

领　　域	企业名称	企业概况
卫星运营	航天世景	拥有"高景一号"、QuickBird、WorldView 系列等 40 余颗国际高分辨率遥感卫星资源 中国自然资源部、欧洲太空局及荷兰太空局等权威机构的遥感卫星数据供应商
	欧比特	计划发射 34 颗微纳遥感卫星
	中科星图	拥有 GEOCIS 数字地球基础平台和 GEOVIS 数字地球应用平台
	航天宏图	拥有遥感数据服务平台及 PIE 遥感图像处理软件

国内其他具有竞争力的企业：

中国卫星：中国东方红卫星股份有限公司是中国航天科技集团公司第五研究院控股的上市公司，是专业从事小卫星及微小卫星研制、卫星地面应用系统集成、终端设备制造和卫星运营服务的航天高新技术企业。依托央企资源，把握国家战略性产业发展方向，经过多年的不懈努力，中国卫星现已发展成为具有天地一体化设计、研制、集成和运营服务能力，专注于宇航制造和卫星应用两大主业的企业集团，形成了航天东方红、航天恒星、深圳东方红等一系列知名品牌。

海格通信：广州海格通信集团股份有限公司创立于 2000 年 8 月 1 日，是国家火炬计划重点高新技术企业、国家规划布局内重点软件企业，自 2003 年起连续入选中国软件业务收入前百家企业，拥有国家级企业技术中心、博士后科研工作站、广东省院士专家企业工作站，是全频段覆盖的无线通信与全产业链布局的北斗导航装备研制专家、电子信息系统解决方案提供商。业务覆盖"无线通信、北斗导航、航空航天、软件与信息服务"四大领域。

2. 国外主要企业

由于国外的 5G 技术发展已经落后于中国，想要短期内赶上中国有一定难度。与此同时，卫星制造和火箭发射技术的进步，让卫星上天的成本进一步下降，卫星互联网的搭建成为可能，因此，国外将发展卫星互联网看作是再次超越中国，实现弯道超车的一个重要手段。一些企业纷纷布局卫星通信服务领域，加快推进和搭建自家的卫星通信网络和系统。

SpaceX：太空探索技术公司，是由埃隆·马斯克（Elon Musk）2002 年建立的美国太空运输公司。SpaceX 主要设计、测试和制造火箭发动机等部件，开发了可部分重复使用的猎鹰 1 号和猎鹰 9 号运载火箭。SpaceX 的"星链"（Starlink）计划，预计 2025 年完成 12000 颗卫星的部署，为地球上的用户提供至少 1 Gbps 的宽带服务和最高可达 23 Gbps 的超高速宽带网络，能提供类似光纤的网络速度，且覆盖面积大大提升。

Blue Origin：蓝色起源，是亚马逊 CEO 杰夫·贝索斯旗下的商业太空公司，与"联合发射联盟"（United Launch Alliance，ULA）开展合作。蓝色起源是一家火箭技术成熟的公司，拥有多项可重复利用的火箭技术，2018 年，其成功试飞并回收升级版"新谢泼德"亚轨道飞行器，成功完成载人舱高空逃生发动机系统测试。其 Kuiper 计划，预计将发射 3236 颗卫星，分布在 98 个轨道平面，飞行高度在 366—391 英里之间，为全球数千万人提供宽带通信业务。

OneWeb：由格雷格·怀勒创建于 2012 年，业务主要集中在卫星服务方面，其卫星由来自俄罗斯、英国维珍银河、欧洲等国家或组织的火箭发射升空。早在 2017 年，OneWeb 就提供了首批 648 颗卫星的通信服务，用户涵盖各个大洲。其计划于 2022 年初步建成低轨卫星互联网系统，覆盖包括英国、阿拉斯加、北欧、格陵兰、冰岛、北极海域和加拿大等区域，到 2027 年建立健全覆盖全球的低轨卫星通信系统，为每个移动终端提供约 50 Mbps 速率的互联网接入服务。

（二）国内卫星互联网面临的问题

1. 国家安全和网络主权受到威胁

目前全球各类卫星互联网系统涉及卫星数量巨大，如果相应卫星具有高分辨扫描和观测功能的载荷，将使重要设施处于完全暴露的状态，形成无密可守的局面，给国家安全带来严重威胁。另外，根据国际电信联盟规定，任何覆盖我国的境外卫星均具有在我国境内开展卫星互联网业务的技术能力和手段，且其卫星通信链路不受我国监管，国外的卫星互联网业务无疑将会对我国的网络主权形成挑战，造成安全漏洞，威胁国家安全。

2. 卫星轨道资源遭到侵害

卫星频率轨道资源是国家发展的战略性稀缺资源，是空间基础设施建设的基础。据测算，地球低轨道只有 5 万多颗卫星轨道资源，目前国外企业抢先布局卫星互联网业务，申请相关频段和轨道资源，仅 SpaceX 就计划发射 42000 颗低轨卫星，这势必会对我国卫星轨道资源构成侵害，影响我国卫星网络构建，并对太空观测产生干扰。另外，我国在卫星网络资料申报数量和频段上也落后于国外，在国际频率协调、频率轨道资源竞争等方面较为不利，一旦国外低轨卫星通信系统建成，完成频率和轨道占位，我国将失去自主构建低轨卫星通信系统的机会。

3. 商业化进程落后

同国外 SpaceX 等企业相比，国内卫星互联网的商业化进程较慢，一是卫星频率资源和轨道资源均由国家统一管理，并按照国家战略在稳步推进，可被用于商业化发展的资源有限。二是卫星部件、相关企业和产业已具备国际化竞争力，但国际化输出还有待加强。三是卫星发射的商业化运营尚未形成，目前国内分别有西昌、酒泉、太原及文昌4 个发射场，均为国家拥有，尚无纯商业发射场，卫星的发射也需通过国家相关部门的许可和审批。

三、发展我国卫星互联网的相关建议

（一）抢先布局获得频段轨道资源

一是加强前瞻研究布局，鼓励高校和科研机构，加快卫星无线电频率使用方面的理论研究，尽早形成卫星频率和轨道资源使用方面的研究成果，为国家发展卫星互联网、卫星工程项目建设提供相关依据。鼓励产学研合作研发，实现核心技术突破。二是加快卫星轨道和频率资源部署，根据国际规则，卫星频率和轨道资源在国际电信联盟成员国之间的分配，主要通过"先登记可优先使用"的抢占和"公平"规划两种方式进行，而当前的低轨太空资源还属于跑马圈地阶段，因此，上海应配合国家战略布局，加快卫星网络资料申报，尽快抢占地球低轨道和通信频道资源。

（二）积极发展卫星互联网产业

一是引导企业集约化管理、规模化经营、集聚化发展，利用先进低成本制造优势和人才优势，打造先进世界卫星互联网产业集群。二是加快推动卫星互联网基础设施建设，瞄准卫星制造和地面设备制造两大高端制造领域，加速卫星设备及地面段基础设施建设。三是聚焦产业链头部芯片等电子元器件制造、航空航天基础材料研发应用，夯实航天技术基础底座。四是加快卫星运营维护服务布局，关注移动数据、宽带服务、转发器租赁服务等领域，推动技术创新、产业发展、市场应用，逐步形成卫星互联网信息服务能力。五是探索卫星发射的商业化路径，研究引入社会资本，开发建设商业发射场，研究制造可重复使用的火箭技术等，逐步实现卫星发射的商业化运作。

（三）构建空天地一体化的网络安全保障

一是监测能力方面，加快形成针对卫星互联网的监测能力，开展卫星互联网监测的专项研究，进行微波信号和监测测试实验，充分掌握地面卫星信号的监测定位方法，电磁环境保护要求、干扰查找等技术能力。二是基础设施建设方面，从星基、陆基和空中监测三个角度，规划布局构建空天地一体的监测网络，形成覆盖卫星、基站、系统、终端、数据传输在内的一体化纵深防御体系。

参考文献：

【1】朱立东、张勇、贾高一：《卫星互联网路由技术现状及展望》，载《通信学报》2021年第42期。

【2】王子剑、杜欣军、尹家伟、宣志祥：《低轨卫星互联网发展与展望》，载《电子技术应用》2020年第7期。

【3】李力、戴阳利：《"新基建"背景下卫星互联网发展的机遇和风险》，载《卫星应用》2020年第8期。

第五编

绿色联动

加快发展上海光伏建筑一体化（BIPV）产业

碳中和背景下，光伏建筑一体化凭借其光伏与建筑相结合的形式，顺应可再生能源发展及建筑节能减排的大趋势，成为光伏推广应用的重要领域之一。上海力争在碳达峰、碳中和方面走在全国前列，加快推进光伏建筑一体化将是一条必经之路。通过推动建筑业与光伏产业展开跨行业合作、完善行业标准和规范、依托产业协会等平台加强产业链协同、推动技术升级和模式创新、开发智能管理系统、开展组件回收循环利用研究，实现建筑和光伏一体化全周期绿色化发展，助力建筑业及光伏产业实现协同升级，对上海实现绿色低碳可持续发展具有重要意义。

光伏建筑一体化（Building Integrated Photovoltaic，简称 BIPV）是一种借鉴装配式建筑理念，将光伏组件或光伏构件等有光伏发电功能的材料与建筑相结合的技术。BIPV以幕墙、采光顶、屋顶、阳台、雨篷等形式，在发电的同时也发挥着建筑材料支撑、遮挡的功能，同时满足抗震、抗腐蚀、抗风等各项要求。最早的 BIPV 产品由日本 MSK 公司在 1967 年推出；2003 年美国勇气号火星探测器运用了航天科技太阳能发电技术，安装了太阳能发电板；保定电谷国际酒店项目作为全球第一座应用太阳能发电系统的五星级 BIPV 酒店于 2008 年 10 月建成并网发电。BIPV 逐步拓展到各类建筑中，目前主要应用于规模较大的工业厂房屋顶，以及住宅和商业建筑的屋顶及幕墙。

作为建筑减排的重要实现途径之一，BIPV 在实现"碳达峰、碳中和"的大趋势下具有广阔的发展前景。2021 年 6 月 20 日，国家能源局综合司下发《关于报送整县（市、区）屋顶分布式光伏开发试点方案的通知》，规定试点地区的党政机关建筑屋顶总面积可安装光伏发电比例不低于 50%，学校、医院等不低于 40%，工商业厂房等不低于 30%，农村居民屋顶不低于 20% 等，进一步明确了 BIPV 的市场潜力和发展前景。结合上海在建筑行业及精品钢材制造业的产业基础、丰富的 BIPV 示范项目经验及新城绿色生态城区建设，上海具备深度参与 BIPV 产业链的先发优势。

一、发展 BIPV 的客观需求和现实基础

实现"碳达峰、碳中和"减排目标的迫切需求和光伏发电成本的显著降低成为加快布局 BIPV 的主要驱动力，这将助力 BIPV 从小范围的试点应用过渡到产业化、市场化发展阶段。

（一）实现"碳达峰、碳中和"减排目标的迫切需求

2020 年 9 月习近平主席在第七十五届联合国大会上表示，中国将力争于 2030 年前达到碳排放峰值，努力争取 2060 年前实现碳中和。《中共中央关于制定国民经济和社会发展第十四个五年规划和二○三五年远景目标的建议》提出加快推动绿色低碳发展。具体包括推动能源清洁低碳安全高效利用，发展绿色建筑，降低碳排放强度，支持有条件的地方率先达到碳排放峰值，制定 2030 年前碳排放达峰行动方案等。

建筑减排势在必行，具有可观的市场潜力。伴随我国工业化和城镇化的持续推进，根据《中国建筑能耗研究报告（2020）》，2018 年全国建筑全过程能耗总量占全国能量总耗的 46.5%，全国建筑全过程碳排放总量占全国碳排放的比重为 51.3%。根据中国建筑科学研究院的数据，我国 2020 年 BIPV 的装机容量达到 709 MW 左右，总安装面积达到 3774000 m^2，若假设全部用于工业建筑，仅占 2020 年国内厂房仓库竣工面积的 1%—2%，在"碳达峰、碳中和"趋势之下，未来 BIPV 的市场潜力十分可观。根据天风证券预测，2025 年 BIPV 市场空间有望达到 693 亿元，行业正处于快速扩容阶段。

配套政策逐步完善，多省市出台鼓励措施大力推动 BIPV 应用。2020 年 6 月 9 日，中国工程建设标准化协会发布《建筑光伏组件》，初步确定了行业标准。2020 年 7 月，住建部、发改委、工信部等七部门联合印发《绿色建筑创建行动方案》，明确到 2022 年城镇新建建筑中绿色建筑面积占比达到 70%。目前国内多个省市已发布政策支持分布式光伏发展。2020 年 11 月 18 日，北京市发布《关于进一步支持光伏发电系统推广应用的通知》，明确全部实现光伏建筑一体化应用的项目度电补贴 0.4 元（含税），时间持续 5 年。2021 年 3 月 16 日，南京市出台《南京市绿色建筑示范项目管理办法》，提出太阳能光伏项目按照不超过 500 kW 的标准予以资金补助，单个可再生能源建筑应用示范项目补助金额最高不超过 200 万元。山东省在《2021 年全省能源工作指导意见》中提出实施可再生能源倍增计划，支持利用厂房、商业建筑屋顶等建设分布式光伏电站。浙江省提出，"十四五"期间新增光伏发电 1300 万千瓦，积极开发应用建筑一体化光伏发电系统。

（二）光伏产业技术迭代显著降低了发电成本

根据中国光伏行业协会，2011—2020 年，光伏系统价格下降超 4.3 倍，组件价格下降超 5.7 倍。根据中国光伏行业协会发布的《2020 年版中国光伏产业发展路线图》中的 LCOE（平准发电成本）估算，随着系统效率的提升，2021 年后光伏电站 LCOE 在大部分地区可实现与煤电基准价同价。"十四五"初期，光伏发电将全面进入平价时代。此外，中国 BIPV 联盟数据显示，"十三五"期间中国 BIPV 系统造价（含材料和人工）降幅高达 90%，达到 5 元 / W 左右，并预测"十四五"末 BIPV 系统造价有望降至 2.5 元 / W，届时将具备全面替代传统建材的条件。

表 1 2020 年地面光伏与分布式光伏在不同利用小时数下的 LCOE 估算（单位：元 / W）

电 站	1800 h	1500 h	1200 h	1000 h	初始投资成本
地面光伏电站	0.20	0.24	0.29	0.35	3.99 元 / W
分布式光伏电站	0.17	0.2	0.26	0.31	3.38 元 / W

数据来源：2020 年中国光伏产业发展路线图-中国光伏行业协会。

（三）BIPV 产业特性使其具备明显应用优势

相比于常规的光伏地面电站，BIPV 凭借着无需额外占用土地、可实现就地发电就地应用、满足建筑节能减排的目标、减少输配电网络的能源损耗等多项特点，已成为光伏技术应用的重要方向之一。分布式光伏电站的另一种模式是建筑附加式光伏（Building Attached Photovoltaic，简称 BAPV），是在现有的建筑上安装光伏组件。与没有建筑功能 BAPV 的相比，BIPV 采用集成式 BIPV 光伏组件作为建材，直接替代原有屋顶，应用场景更为多样，在美观度、使用寿命、耐用性、投资收益等方面具有明显优势，具备在工业园区、城市等高密度建筑群拓展应用的潜力。国内领先的光伏企业已纷纷布局 BIPV 并先后落地示范项目，不少公司已经率先将 BIPV 列为战略业务之一，光伏龙头企业如隆基股份、晶科能源等，分别推出了"隆顶"、彩色幕墙等 BIPV 产品。

表 2　BIPV 系统与 BAPV 系统对比

对比项	BIPV	BAPV
属性	光伏 + 建筑	光伏
对建筑的影响	建筑物的一部分	增加建筑承压
铝镁锰屋面板	无	包括直立锁边铝镁锰屋面板和铝合金 T 型支座，约 200 元 /m²
系统支架配件	包括配套轻钢檩条、铝合金压条、橡胶密封条、固定件等，约 0.6 元 /W × 120 W/m²=72 元	包括夹具、导轨、固定件等，约 0.3 元 /W × 120 W/m²=36 元
光伏发电组件单元板	包括光伏发电板和铝合金边框，约 120 W/m² × 2.8 元 /W=336 元	包括光伏发电板和铝合金边框，约 120 W/m² × 2.8 元 /W=336 元
综合造价（材料价）	系统支架配件 + 光伏发电组件单元板 =408 元 /m²	铝镁锰屋面板 + 系统支架配件 + 光伏发电组件单元板 =572 元 /m²
使用寿命	50 年	20 年更换一次
结论	采用光伏建筑一体化屋面系统可节约材料 164 元 /m²	

数据来源：王强、洪艺然：《光伏建筑一体化屋面系统研究与实践》，载《水电与新能源》2020 年第 1 期。

（四）上海具备发展 BIPV 的良好基础

上海建筑行业和精品钢材制造业具备深度参与 BIPV 产业链的先发优势。通过对光伏组件的建材化改造，上海建工等建筑行业龙头企业可以结合其产业传统优势，发挥产业创新带头作用，重点推进绿色建材、幕墙结构、建筑防水等建筑光伏应用领域的发展，提供 BIPV 定制化服务。在精品钢材制造业重点行业发展基础之上，鼓励金属屋面围护和钢结构龙头联手光伏企业拓展 EPC+BIPV 等业务，进一步开拓高等级建筑用钢及 BIPV 市场。上海具备丰富的 BIPV 示范项目经验。基于绿色建筑及 BIPV 示范项目经验，例如，上海世博园区主题馆屋面一体化光伏系统、上海地铁光伏发电项目、松江体育馆屋顶光伏发电项目等项目，持续拓展易推广、可复制的 BIPV 多元应用场景。新城绿色生态城区建设潜力巨大。2020 年 3 月 2 日，上海市印发了《关于本市"十四五"加快推进新城规划建设工作的实施意见》，提出要"积极开展光伏建筑一体化建设，充分利用工业建筑、公共建筑屋顶等资源实施分布式光伏发电工程，探索光伏柔性直流用电建筑或园区示范"。此外，《实施意见》明确，新城"新建城区 100% 执行绿色生态城区标准，新建民用建筑严格执行绿色建筑标准，大力提升既有建筑能效。优化新城能源结构，鼓励使用清洁能源，推广分布式供应模式"。新城建设将进一步催生光伏建筑一体化需求。

二、发展 BIPV 的制约瓶颈分析

光伏组件发电成本的下降让 BIPV 具备了初步的经济性，但目前在部分地区仍然依赖于补贴政策的支持，离"平价上网"仍有一段距离。在从试点项目到大范围推广的过程中，BIPV 仍面临着来自行业标准和规范不完善、成本控制及产业链协同等方面的制约。

（一）BIPV 产品标准和规范仍需完善，其中安全性是重中之重

BIPV 要求在产品设计、施工和安装等各个环节实现建筑材料和光伏产品的完美融合，BIPV 的大规模应用需要光伏和建筑这两个行业在应用领域、商业模式、专业技术等不同方面跨越差异建立合作。而目前光伏与建材结合的标准、设计规范、专利、施工工艺、设计计算软件等等仍然存在空白。同时，建筑领域对光伏产品的快速发展和应用场景仍存在一定的疑虑，其中安全因素就是关键问题之一。无论是大规模厂房、住宅还是商业建筑，都是人员密集、附加值较高的场所，相较于开展集中式光伏电站的大片空旷场地而言，这些建筑设施对安全的要求更高。在具体的产品设计和安装中，结构承受力、抗风、防火、防水、防漏电、安全电压等各个方面的标准和规范制定仍需完善。

（二）成本距离大规模应用仍有下降空间

虽然在环境改善、绿色建筑等方面，BIPV 具有广阔的应用前景和社会效益，但是目前投资收益仍较低。与地面光伏电站相比，BIPV 的成本约高一倍左右，且发电效率更低，甚至在极端情况下低至一半。相应的，BIPV 的投资周期也更长，以地面光伏电站在 3 年左右为例，BIPV 往往需要 6—10 年，取决于不同地区的补贴情况。同时，"隔墙售电"目前仍在试点阶段，自发自用之外的余量市场化交易仍不成熟，还未产生可观的经济效益。不同技术路线在转换效率、成本、温度系数等各个方面各有优劣势，量产组件转换效率仍有提升空间。此外，根据不同的建筑风格和类型，BIPV 产品定制化的需求较高，由于还未大批量投入市场，规模化效应不明显导致成本较高。

表 3　BIPV 光伏技术对比

组件类型	转换效率（量产组件）	成本	温度系数	弱光效果	外观	稳定性	定制化
晶硅	16—18	低	高	差	色差大、不均匀	高	较好
非晶硅	7—10	较高	低	好	红褐色	差	好
铜铟镓硒（CIGS）	12—16	高	较高	好	蓝黑色	较高	差
碲化镉（CdTe）	13—17	低	低	好	黑色	较高	好
钙钛矿	未量产	低	低	好	黑色	极差	未量产

数据来源：《碲化镉薄膜太阳能组件与光伏建筑一体化》，载《建筑学报》2019 年第 8 期。

（三）产业链协同仍需加强

BIPV 产业链相对较长，需要上游电池生产企业、中游系统集成商、下游投资企业，以及各环节的配件辅助企业和建筑设计、施工企业通力合作，才能实现 BIPV 的应用。目前 BIPV 项目大部分由光伏企业推动，主要出发点为降本增效，往往在建筑后期才介入实际建设，缺乏对早期建筑规划设计和建筑协同技术的考量，譬如在有关建材属性、光电建筑工程、安全性能和环境改善等环节中缺乏协作，增大了项目工程量和施工难度。此外，目前市场仍然缺乏一批能够兼具光伏和光电建筑行业知识，业务覆盖厂房、住宅与商业建筑 BIPV 市场的专业运营商。

三、对上海加快发展 BIPV 的对策建议

（一）推动建筑材料行业与光伏行业在标准制定、项目验收、行业规范等方面开展跨行业合作

积极发挥政府引导作用，联合企业代表，共同完善 BIPV 实践过程中的标准和规范制定，推动行业向效率更高、经济效益更突出、使用寿命更长等方向发展。由于 BIPV 往往建于高附加值厂房或人员密集的住宅和商业区域，需加强 BIPV 安全性研究，确保其防水、防火、抗风能力，以及在极端天气情况下保证产品耐用性及用电安全。

（二）依托产业协会及平台，加强产业链协同

BIPV 涉及光伏及建材产业链各个环节，应积极对接中国光伏产业协会、中国可再生能源学会、上海新能源行业协会等产业机构，联合中国建筑设计研究院等建筑行业机构，通过产业协会和科研平台，加强产业链协同，共同推进 BIPV 在绿色建筑中的研究与应用。借助 SNEC 上海光伏展等行业展览，把握 BIPV 行业未来发展趋势以及龙头企业的科创突破和战略布局，为上海 BIPV 发展提供最优解决方案。引导产业链龙头企业强强联合，推动建筑围护、钢结构、幕墙等行业与光伏融合发展。引入、培育一批专攻 BIPV 市场的运营商，为 BIPV 的投资、运营及维护提供专业服务。

（三）持续推进降本增效，探索"隔墙售电"等模式，提升经济效益

一方面，持续鼓励光伏及建筑行业企业开展科技攻关，提升发电能效，降低光伏组件成本。另一方面，随着财政补贴逐步撤出工商业分布式光伏电站及户用光伏，应开展"隔墙售电"上网模式试点项目建设，探索分布式发电市场化交易，允许分布式能源项目通过配电网直接将电力销售给就近的电力用户。利用项目收益提升绿色能源投资的可持续性，通过价格手段调节光伏发电供求关系，从而建立长效的市场化发展机制。

（四）布局智能管理系统，拓展产业生态边界

引入、培育 BIPV 智能管理系统开发商和运营商，开展智慧储能、智慧用能等平台

的研发。通过智能管理系统，实时监测光伏发电和用电波动，构建合理调控 BIPV 发电、存储、充电及用电的生态系统。通过智能微电网，智能调节峰谷电价差，优化光伏发电、储能电池存储电能及电网供电的能源配置，实现离网、并网模式的智能切换。基于物联网，通过温度、湿度、空气质量等数据监测，智能控制空调系统、照明系统、节能系统等建筑管理系统，在统一平台上实现能源消耗透明化管理，并通过数据分析提供最优能耗解决方案。

（五）开展 BIPV 组件回收再利用研究，实现全生命周期绿色化

理想情况下，BIPV 耐用期可长达 50 年之久，而在气候变化等自然因素及运维水平等人为因素的影响下，发电性能和使用寿命均会产生衰减。随着 BIPV 装机量的提升，将不可避免出现大量组件维修、更换需求。因此应提前着手，展开 BIPV 材料回收再利用研究，推进无害化处理和资源循环利用。由政府牵头出台相关政策，确立回收利用标准体系，同时联动长三角组件回收企业成立回收研发平台。参考欧洲、日本等地的分布式光伏组件回收经验，建立具有经济效益的回收网络，通过多点布局，分散回收和集中处理达到高效循环利用。借鉴欧洲光伏组件回收组织 PV CYCLE、CERES CYCLE 的会员运营模式，落实生产企业的回收责任，建立长效循环利用机制，构建全生命周期管控体系，避免环境污染的同时催生新的产业增长点。

参考文献：

【1】王强、洪艺然：《光伏建筑一体化屋面系统研究与实践》，载《水电与新能源》2020 年第 1 期。

【2】鲍荣富、王涛：《绿色产业链系列报告之一：BIPV——打开碳中和背景下建筑建材新蓝海》（天风证券行业报告，2021 年 4 月 1 日）。

【3】王世江：《2020 年中国光伏产业发展路线图》（中国光伏行业协会报告，2020 年 2 月 3 日）。

【4】房建军：《光伏建筑一体化融合理念和光伏系统设计要点》，载《科技和产业》2021 年第 5 期。

【5】游家训、赵旭：《光伏系列报告之四十一：BIPV 酝酿突破，将是光伏领域的下一个重要应用》（招商证券行业报告，2021 年 4 月 9 日）。

【6】武魏楠、田甜:《BIPV崎路曲折》,载《能源》2021年第4期。

【7】吴越:《碲化镉薄膜太阳能组件与光伏建筑一体化——龙焱能源光电建筑的新尝试》,载《建筑学报》2019年第8期。

【8】李淳伟、胡露等:《光伏组件回收利用现状研究及标准探讨》,载《中国标准化》2020年第1期。

加快储能技术在电力系统中的示范应用

　　储能是支撑新型电力系统的重要技术和基础装备，对推动能源绿色转型、应对极端事件、保障能源安全、促进能源高质量发展、实现碳达峰碳中和具有重要意义。2021 年 7 月，国家发改委、国家能源局发布了《关于加快推动新型储能发展的指导意见》，大力推进电源侧储能项目建设、积极推动电网侧储能合理化布局、积极支持用户侧储能多元化发展，到 2025 年，装机规模达 3000 万千瓦以上，实现新型储能从商业化初期向规模化发展转变。《2021 年储能产业研究白皮书》显示，2020 年新增投运项目中，储能在新能源发电侧的装机规模最大，同比增长 438%。未来新型储能将呈现爆发式增长，上海亟须抢抓储能产业新赛道，大力激活储能资源价值，推进先进储能技术规模化发展。

　　储能技术是电网运行过程中"采—发—输—配—用—储"六大环节中的重要组成部分。电力系统中引入储能环节后，可以有效地实现需求侧管理，消除昼夜间峰谷差，平滑负荷，不仅可以更有效地利用电力设备，降低供电成本，还可以促进可再生能源的应用，也可作为提高系统运行稳定性、调整频率、补偿负荷波动的一种手段。

一、储能技术在电力系统中的典型应用

储能技术的研究和发展一直受到各国能源、交通、电力、电讯等部门的重视。电能可以转换为化学能、势能、动能、电磁能等形态存储，按照其具体方式可分为物理、电磁、电化学和相变储能四大类型。

抽水蓄能电站投入运行时必须配备上、下游两个水库（上、下池），负荷低谷时段抽水储能设备工作于电动机状态，将下游水库的水抽到上游水库保存，负荷高峰时抽水储能设备工作于发电机的状态，利用储存在上游水库中的水发电。抽水储能是在电力系统中应用最为广泛的一种储能技术，其主要应用领域包括调峰填谷、调频、调相、紧急事故备用、黑启动和提供系统的备用容量，还可以提高系统中火电站和核电站的运行效率。

压缩空气储能电站（CAES）是一种调峰用燃气轮机发电厂，主要利用电网负荷低谷时的剩余电力压缩空气，并将其储藏在典型压力 7.5 MPa 的高压密封设施内，在用电高峰释放出来驱动燃气轮机发电。CAES 建设投资和发电成本均低于抽水蓄能电站，但其能量密度低，并受岩层等地形条件的限制。CAES 储气库漏气开裂可能性极小，安全系数高，寿命长，可以冷启动、黑启动、响应速度快，主要用于峰谷电能回收调节、平衡负荷、频率调制、分布式储能和发电系统备用。

飞轮储能系统由高速飞轮、轴承支撑系统、电动机/发电机、功率变换器、电子控制系统和真空泵、紧急备用轴承等附加设备组成。谷值负荷时，飞轮储能系统由工频电网提供电能，带动飞轮高速旋转，以动能的形式储存能量，完成电能—机械能的转换过程；出现峰值负荷时，高速旋转的飞轮作为原动机拖动电机发电，经功率变换器输出电流和电压，完成机械能—电能转换的释放能量过程。

超导磁储能系统利用超导体制成的线圈储存磁场能量，功率输送时无需能源形式的转换，具有响应速度快（ms 级），转换效率高（≥96%）、比容量/比功率大等优点，可以实现与电力系统的实时大容量能量交换和功率补偿。超导磁储能系统在技术方面相对简单，没有旋转机械部件和动密封问题，可以充分满足输配电网电压支撑、功率补偿、频率调节、提高系统稳定性和功率输送能力的要求。

超级电容器储能根据电化学双电层理论研制，可提供强大的脉冲功率，充电时处于理想极化状态的电极表面，电荷将吸引周围电解质溶液中的异性离子，使其附于电极表

面，形成双电荷层，构成双电层电容。由于电荷层间距非常小（一般 0.5 mm 以下），加之采用特殊电极结构，电极表面积成万倍增加，从而产生极大的电容量。但由于电介质耐压低，存在漏电流，储能量和保持时间受到限制，必须串联使用，以增加充放电控制回路和系统体积。

电池储能系统主要是一个利用锂电池／铅电池作为能量储存载体，一定时间内存储电能和一定时间内供应电能的系统，而且提供的电能具有平滑过渡、削峰填谷、调频调压等功能。该系统有控制有功功率流的能力，能够同时对接入点的有功功率和无功功率进行调节，为高压输电系统提供快速的响应容量，由于电池储能具有技术相对成熟、容量大、安全可靠、噪声低、环境适应性强、便于安装等优点。

二、兄弟省市电力储能示范项目建设典型案例

（一）浙江探索储能应用场景和商业模式

2021 年 11 月，浙江省发展改革委、省能源局发布《关于浙江省加快新型储能示范应用的实施意见》，未来三年，将建成并网 100 万千瓦新型储能示范项目，"十四五"力争实现 200 万千瓦左右新型储能示范项目的发展目标。浙江正积极打造国家电网新型电力系统省级示范区，探索新型储能发展模式，与新型电力系统发展相适应，重点支持集中式较大规模和分布式平台聚合新型储能项目建设，为电力系统提供容量支持及调峰能力。目前，浙江已催生出"新能源＋储能"联合运营、共享储能、储能并网"一站式"服务等新业态新模式，实现点上开花。

2021 年 12 月，宁波杭州湾新区 110 千伏越瓷变 10 千伏前湾储能电站成功投运。作为浙江省首个电网侧预制舱式储能电站，前湾储能电站占地面积仅为两个篮球场大小，但它选用了能量密度大、循环寿命高的磷酸铁锂电池，可以实现高效率储能。实现用电低谷时段充电储能，高峰时段通过变电站向电网放电，及时弥补缺口，增强电力供应的灵活性和安全性。

（二）广东省积极推进新型储能技术创新发展应用

2021 年 4 月，广东华电韶关热电公司 AGC（自动发电控制装置）储能辅助调频项目建成投产，这是国内首个采用高压级联 +1C 电池方案的电源侧储能系统。南方电网积极推进新型储能技术创新发展应用，通过火电机组加装储能系统联合调频，对有

效解决区域电网调频资源不足、提升电网运行的可靠性及安全性具有重要意义。该项目配置了长循环寿命的磷酸铁锂电池系统，储能系统总容量为 10 兆瓦 /10 兆瓦时，采用高压级联 +1C 电池方案的电源侧储能系统具有能量转换效率高（可达 88%）、响应快调节灵活（0.604 秒实现满功率输出）、电池均衡效果优越、占地面积小等特点，连续充放电时间最长达 51 分钟，电池循环寿命在 5000 次左右，核心指标均达国内领先水平。

（三）山东首个储能示范项目在华电正式投产

2021 年 12 月，华电国际莱城发电厂 9 兆瓦 / 兆瓦时储能调频电站圆满完成 168 试运行，标志着山东省首个储能示范项目正式投产。莱城发电在运 4 台 30 万千瓦煤电机组，是鲁中电网高负荷区的重要电源支撑，也是山东电网调峰调频的主力机组。为进一步提高机组调节性能，适应电网调频市场竞争需要，莱城发电投资建设 9 兆瓦 / 兆瓦时储能调频电站，利用电储能调节速度快、精度高的优势，通过"火储联合调频"实时调整发电出力，满足发电侧出力和用户侧负荷的实时平衡。项目投运后，将大幅提高莱城发电机组调频性能，提高企业辅助服务收益，同时改善山东电网运行的可靠性，提高可再生能源消纳能力，为加快构建以新能源为主体的新型电力系统发挥良好的示范效应。

（四）连云港港建成投运国内首套岸电储能一体化系统

2021 年 4 月，国内首套岸电储能一体化系统在连云港港建成投运，该系统能够有效提高港口电网运行效率，改善系统电能质量，降低岸电终端使用成本，对港口安全生产和船用岸电技术的推广应用均具有重要意义。该项目建有功率 5 兆瓦的储能电站，可以满足总量 10 兆瓦以上或单个泊位 3 兆瓦以上岸电接入需求，并且在岸电满负荷运行的情况下，留有足够裕量，满足港口航吊、龙门吊等多种随机性、冲击性负荷的接入需求。推广岸电技术是减少靠港船舶污染的最佳解决方案，通过"油改电"，实现船舶靠港期间的用能替代，可以大幅降低船舶的污染物排放。

三、电力储能系统应用中亟须关注的问题

当前，储能发展速度与电力系统需求还不完全适应，新型储能产业的各方内生动力

还未得到有效激发，产业发展的良好生态有待形成。储能按照应用场景主要分为发电侧、电网侧、用户侧。在电源侧，储能可以与常规火电机组协调运行，提升对电网的支撑作用，但是现在还缺乏相应的市场模式和利益共享激励机制，储能如何参与辅助服务市场还有待进一步研究。在电网侧，储能目前能够满足调峰和调频的需求，但是针对多场景需求的应用和协调控制能力不足。在用户侧，以工商业和家庭储能削峰填谷为主，为充换电站、5G 基站、数据中心等高耗能行业配储，但峰谷电价模式单一，没有发挥用户侧储能的汇聚效应。

新型储能规模化发展也面临新挑战。当前储能发展运营过程中，仍存在运行模式单一、状态评估手段缺乏、安全防控体系不完善及市场交易机制不健全等问题，技术及机制瓶颈也导致储能成本居高不下，难以充分发挥储能在新型电力系统中的作用。在发电企业方面，目前全国多省市出台"新能源＋储能"地方政策，但落地执行难，主因是新能源配套建设储能会增加超过 9% 的初始投资，同时储能盈利空间还待挖掘，运维管理成本高，在缺少政策强约束的情况下，新能源发电企业投资意愿不强烈。在电网企业方面，电网侧储能电站作为保障性、替代性的基础设施的定位尚不明确，其上网电价、充电电价缺乏统一的价格形成机制，在现货市场、辅助服务市场中缺乏主体地位，储能电站调节价值难以兑现，成本疏导机制尚不健全，电网公司无法大规模投建。

四、加快上海电力储能产业发展的对策建议

全球储能材料与装备的开发、电力储能系统的大规模应用已成为热点，储能技术总体上已经初步具备了产业化的基础，产业新赛道发展潜力巨大，加快上海市电力储能产业发展，对上海市"双碳"目标的实现和产业创新发展意义重大。

（一）规划引领，统筹开展储能产业专项规划

建议上海市发改委、上海市能源局、上海市经信委等部门开展新型储能专项规划研究，出台鼓励储能产业多元发展的政策，进一步明确"十四五"及中长期新型储能发展目标及重点任务，加强与全市能源、电力、可再生能源等发展规划的衔接，引导在电力负荷峰谷差大、系统消纳能力薄弱、改造成本高等区域建设新型储能项目，统筹规划各区、各行业的储能产业规模及布局。

（二）创新协同，集中攻克核心储能材料和技术

鼓励和支持有条件的行业龙头企业牵头组建储能创新平台，积极筹建国家级储能实验室，支持储能电池相关生产企业技术攻关和改造；开展储能关键材料、单元、模块、系统和回收技术研究，包括变速抽水蓄能技术、大规模新型压缩空气储能技术、化学储电的各种新材料制备技术、高温超导磁储能技术、相变储热材料与高温储热技术、储能系统集成技术、能量管理技术等。

（三）示范先行，加快新型储能示范项目建设

支持社会各类主体参与储能项目投资，鼓励燃煤电厂配套建设新型储能设施，与燃煤机组联合调频，为电力系统提供容量支撑及一定调峰能力；布局一批配置储能的海上风电、集中式光伏电站项目，通过储能协同优化运行保障新能源高效消纳利用；投资建设一批电网侧储能，提升电网调节、新能源消纳和应急供电保障等能力；探索新的商业模式，大力推进5G基站、数据中心、充电设施（换电站）、电动汽车等储能多元化应用，以示范项目带动储能材料生产、设备制造、储能集成、运行检测全产业链。

（四）政策保障，完善储能技术标准支撑体系

健全储能技术标准及管理体系，开展不同应用场景储能标准制修订，建立储能设备制造、建设安装、运行监测的安全管理体系，研究储能应用风险、使用规范，制定储能应急管理、环保等标准，强化储能设施全寿命周期监管。2022年1月，北京市发布了《电力储能系统建设运行规范》地方标准，规定了电力储能系统的设计、施工、验收、运行维护及退役和应急处置要求等。

参考文献：

【1】张文亮、丘明、来小康：《储能技术在电力系统中的应用》，载《电网技术》2008年第7期。

【2】张明霞、闫涛、来小康等：《电网新功能形态下储能技术的发展愿景和技术路径》，载《电网技术》2018年第5期。

【3】金辰、王雪颖、高九千方等：《电网侧储能发展及共享储能运营模式浅析》，载《科技风》2022年第4期。

积极布局下一代数据存储技术

数字经济的蓬勃发展带来数据量的爆炸式增长，数据的低成本和超长期保存已成为重大需求。传统存储技术面临存储密度受限、时效短及能耗高等问题，新型全息光存储、光分子存储及DNA存储等技术的创新研发为未来数据存储提供可选路径。上海应加快构建绿色高效的数字基础支撑能力，优化数据存储技术创新环境，加快布局下一代数据存储技术。

全球数据总量爆炸式增长以及数据资产价值的提升，已成为当前数字经济时代发展的基本特征。数据存储是数字资产得到有效保护和利用的前提。在数据量持续增长、数据存取速度要求不断提升以及数据分散化、非结构化特征日益明显的数字经济时代背景下，海量数据的低成本和超长期保存已成为目前数字经济产业领域的重大需求，日益受到关注。

一、国内外数据存储技术的发展现状及局限性

（一）现有主流数据存储技术的发展历程

主流数据存储技术按存储介质可分为磁介质、光介质或半导体介质等。磁存储技术是磁性材料通过有磁和去磁两种状态来表示 0 和 1，并以此来存储数据。1947 年磁芯存储器出现，之后被广泛应用到计算机主存，直到 1970 年英特尔开发出半导体内存，磁芯存储器才逐渐退出历史舞台。在计算机外存方面，软盘、机械硬盘是重要的磁存储器件。光存储技术是利用激光照射介质，使介质发生改变，并通过不同状态映射来存储数据。1965 年只读光盘存储器诞生，光学存储开始得到普及应用。目前主流的 CD 存储容量为 700 MB 左右，DVD 存储容量可达 4.7 GB，蓝光存储容量可达 25 GB。蓝光存储因具有性价比高、环境适应性强的特点，是下一代光学存储的重要发展方向。半导体存储技术最早的商用形式是 1966 年国际商业机器公司（IBM）推出的动态随机存取存储器（DRAM）。目前，计算机内存主要以半导体材料为主。1980 年东芝推出的闪存（FLASH）技术，因以闪存颗粒为基础制造的固态硬盘（SSD）具有存取速度快、稳定性好等优势被广泛应用于计算机外存。主流的闪存颗粒包括"与非逻辑"（NAND）和"或非逻辑"（NOR），前者存储容量更大，读取速度更快。近年来，华为、戴尔（Dell）、美国易安信公司（EMC）及国际商业机器公司（IBM）等存储阵列厂商围绕固态硬盘及全闪存阵列开展相关研究。

（二）我国主流存储技术企业发展情况

近年来，我国数据存储需求持续保持高增长，主流存储技术企业不断涌现。尽管我国在磁存储和光存储领域几乎没有什么话语权，但在半导体存储领域，历经多年发展，已逐步打破海外垄断，涌现出一批细分市场龙头企业，上海也集聚了普冉股份、聚辰半导体、复旦微电、上海贝岭、东芯股份、豆其科技、中天弘宇、华为等一批龙头企业。在 DRAM 领域，主要有兆易创新、长江存储、长鑫存储、普冉股份、北京君正、聚辰半导体、复旦微电、上海贝岭、东芯股份、恒烁半导体等企业（IDM 和 Fabless）。Gartner 近期发布了中国半导体 TOP25 榜单，其中，长江存储、兆易创新、北京君正分列全国半导体企业的第 3、第 6 和第 18 位。在 NAND Flash 领域，三星电子、铠侠、西部数据、美光科技、英特尔和海力士六家企业占据全球市场份额达到 96% 左右。长江

存储是大陆唯一规模量产 14 nm 3D NAND Flash 厂商。在 NOR Flash 领域，华邦、旺宏和兆易创新、赛普拉斯等五家厂商合计约占据全球四分之三的市场份额。同时，普冉股份、东芯股份、聚辰半导体、恒烁半导体、珠海博雅、芯天下、复旦微电、豆其科技、中天弘宇等企业正在加快布局，行业开始呈现出多元竞争格局。此外，在全闪存阵列领域，因其读写速度快、数据压缩率高、单盘密度高、功耗低等优势，用全闪存阵列建设替代机械硬盘阵列和混合存储阵列是大势所趋。华为、浪潮、新华三等在全闪存领域掌握关键技术的国内企业，起到了产业引领作用。

（三）主流数据存储技术的问题与局限

一是随着时间推移，存储信息会丧失。硬盘、闪存存储器的储存年限，最多只有数十载，不适合数据的低成本长期保存。该技术主要存在数据极易受高温、潮湿等环境因素影响，存储密度受限，擦写次数有限和电荷流失等缺点。二是随着存储数据量增长，能耗大幅度增加。例如，谷歌（Google）公司数据中心的能耗费用已超过其维持管理费用的 50%。根据麦肯锡（McKinsey）报告，数据中心成为 2020 年最大的温室气体排放者之一。三是随着存储需求的增长，存储介质的总量巨大。美国国际数据集团（IDC）预测，到 2025 年全球数据总量将达到 175 ZB（1 ZB=2^{30} TB）。如果将这些数据用 1 TB 的硬盘保存，需要 1879 亿个。面对如此巨大的数据存储需求量，开发新型高密度、可替代的数据存储技术是未来的必然选择。

二、新型数据存储技术的探索和应用

（一）全息光存储技术

全息光存储是利用全息的方式实现信息记录和再现，它的三维空间记录和二维数据传送方式与传统光盘存储方式相比具有高密度和高速率的优势。针对全息光存储的研究始于 20 世纪 60 年代，八九十年代美国国家项目也曾研究过全息光存储技术，当时主要记录材料是光折变晶体，其特点是可擦写的存储，是迄今为止仍然具有存在价值的一种全息存储材料。1999 年，我国将"光学体全息存储机理研究""全息存储材料研究"分别作为子课题纳入国家 973 计划，为该项研究进行了一定技术储备。进入 21 世纪后，美国阿普里斯（Aprilis）、InPhase 等公司提出了光致聚合物（Photopolymer）作为全息光存储材料，其寿命达到 50 年。

（二）光学分子存储技术

光学分子存储技术在理论上具有较高的存储密度、无需能耗维护等特点，但读写速度慢、读取次数有限等问题制约着其进步发展。为解决这些问题，哈佛大学化学与化学生物系教授 George Whitesides 团队及其合作者使用荧光分子将目标信息编码成二进制并存储，通过荧光显微镜来读取信息。这种信息存储方法原理简单、概念新颖，以可接受的成本实现高密度、快速读 / 写，以及多次读取而不丢失信息，很好地解决了一直以来分子存储技术的问题，为未来数据信息存储技术的发展提供了选择。

（三）DNA 数据存储技术

DNA 存储技术是利用 DNA 分子结构进行数据存储，其存储密度远超传统磁、光介质，且存储介质更稳定、数据更安全。理论上仅需要一公斤 DNA 就可存储目前全球的信息总量，是应对数据量持续飞速增长的有效技术方案之一。目前，DNA 数据存储技术开始向实用化迈进。2021 年，美国在该领域取得一批实用性成果。2021 年 1 月，美国螺旋生物科技公司宣布在尺寸为 1 微米的硅基芯片上成功合成了含 200 个碱基对的寡核苷酸（含 300 纳米的 DNA 合成纳米孔），实现碱基对高效合成；4 月，美国洛斯阿拉莫斯国家实验室宣布，开发出自适应 DNA 存储编解码器，可将数字二进制文件转换为分子存储所需的四个字母遗传代码，并存储在 DNA 分子中；6 月，DNA 数据存储联盟发布行业白皮书，首次明确 DNA 存储的一般流程。

此外，随着大数据、人工智能、物联网等新兴技术的不断发展，软件定义存储（SDS）、超融合系统（HCI）、全闪存阵列（AFA）等先进存储技术与产品加速应用，成为存储市场主流和新热点、新趋势。全球信息存储已经由存储介质向数据中心、云存储、融合存储、智能存储等方向发展，成为存储市场竞争焦点。

三、对上海布局下一代数据存储技术的建议

上海作为国内数字经济发展第一梯队，应顺应数据存储技术发展趋势，立足科创中心、长三角一体化发展等国家战略，发挥自身产业优势，积极谋划下一代数据存储技术布局，推动数据存储产业能级提升。

（一）提升数据存储产业能级，完善存储产业链，构建绿色高效的数字基础支撑能力

发挥完备的集成电路产业链对半导体先进存储技术及产品研发、制造、应用、优化的支撑作用，推动全闪存阵列行业普及率（根据 Gartner/IDC 的数据统计，美国全闪存占比已经达到了 56.4%，全球平均水平是 41.3%，但中国仅有 20.3%），加快存储产业市场迭代与能级提升。一方面，进一步完善全闪存整列、存算一体、分布式存储等先进半导体存储产业链，面向数字化转型数据存储需求，加快供需适配、产业链整合，形成以存储芯片与介质产业、存储硬件与软件产业、存储应用与服务产业为基本的上、中、下游产业相互促进、协同发展的产业发展生态。另一方面，推进全闪存等先进存储技术与产品在数据中心、行业存储等大型场景的广泛应用，完善高性能存储、数据湖、混合存储等领域的产品布局和产业迭代，以先进存储产品迭代推进数据存储产业现代化、体系化布局，实现存储产业运营效率的提升和成本的降低，打造国家"东数西算"工程的战略支点。

（二）推进产学研用多方协同，加快布局下一代数据存储技术，抢占未来存储技术领域的制高点

发挥上海科创资源集聚和数字经济应用场景丰富的优势，形成产学研用多方协同，以产业应用为牵引，推进新型数据存储技术和创新产品应用推广，反哺存储技术创新与突破。一方面发挥领军企业作用，强化自主创新能力，对标国际顶级数据存储技术发展方向和产品，推进底层模块级压缩数据存储空间、软件定义存储（数据去重）等技术产品的研发创新，填补技术空白，保障国内存储产业安全可控。另一方面，发挥创新资源集聚优势，加强新型数据存储技术前沿基础研究，整合跨学科资源开展光存储、DNA存储等应用研究，实现数据存储密度和效率提升，力争在未来基于交叉学科新型数据存储技术领域另辟蹊径，抢占未来竞争制高点。

（三）加强国内外合作，完善政策与制度保障，优化数据存储技术创新环境

加快建设国内领先、国际一流的数据存储技术研究机构，优化存储产业发展的生态

环境。一方面，充分发挥上海的龙头带动作用，推进长三角数据存储产业链协同和数据治理协同，结合产业需求，积极开展长三角和国内合作，强化存储产业创新技术策源功能。另一方面，加强国际合作交流，加大引进世界顶级数据存储技术专家的力度，强化与国际领先数据存储企业合作，加快数据存储底层技术知识和人才交流共享。此外，还要完善相关配套政策，支持掌握新型存储技术研发团队创新创业，完善投资基金、资本市场等多渠道金融支持手段，创新财税支持政策等，营造存储产业发展的良好生态环境。

参考文献：

【1】王艳松、张琦、庄泽岩等：《面向海量数据的存储技术发展分析》，载《通信管理与技术》2021 年第 5 期。

加快发展上海生物降解塑料产业

　　塑料被誉为人类 20 世纪最伟大的发明，同时白色污染成为全球公认的环境问题。随着全球限塑政策的不断强化，作为传统塑料最具替代优势的生物降解塑料产业迎来升级挑战。2020 年 1 月，国家发展改革委、生态环境部发布《关于进一步加强塑料污染治理的意见》，被称为史上"最严限塑令"。2021 年 9 月，国家发展改革委、生态环境部又发布了《"十四五"塑料污染治理行动方案》，提出加大可降解塑料关键核心技术攻关和成果转化，不断提升产品质量和性能，推动生物降解塑料产业有序发展。上海新材料产业应聚焦绿色低碳高质量发展，发挥特色产业载体和科创优势，加快生物降解塑料产业统筹布局，打造未来新的产业增长极。

　　生物降解塑料是塑料替代材料中的一种，是指在土壤、海水、淡水、堆肥等环境条件下可被自然界存在的微生物完全降解变成二氧化碳（CO_2）或 / 和甲烷（CH_4）、水（H_2O）及其所含元素的矿化无机盐等的一类塑料，是解决塑料污染的理想替代品。据 Business Market Insights《北美生物可降解塑料市场》报告分析，北美生物可降解塑料市场预计在 2019—2027 年期间将以 14.0% 的复合年增长率增长，到 2027 年将达到 26.224 亿美元。业内人士预计，"十四五"期间国内可降解塑料市场将以 11.3% 的年复合增速，到 2025 年实现 500 亿元以上的收入规模。随着国家限塑料法规加强和回收利用政策完善，我国可降解塑料作为新材料领域的新兴产业，必将迎来爆发式增长。

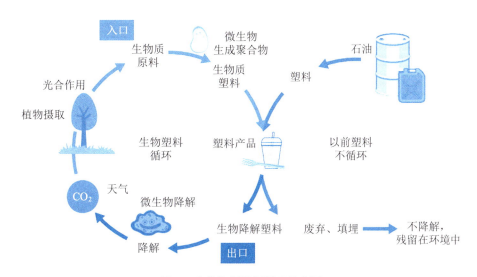

图 1　生物降解塑料循环示意图

一、欧美国家大力引领生物降解塑料发展的典型做法

欧洲最早开始推动可降解塑料的研究、生产，以及推广应用。在 20 世纪 80 年代学界首次提出生物可降解塑料的概念，此外，美国材料与试验协会（ASTM）和国际标准化组织（ISO）也成立了相关监管机构。2012 年，美国康奈尔大学（Cornell University）的杰弗里·科茨教授（Prof. Geoffrey Coates）获得了美国总统绿色化学挑战奖，生物降解塑料引起了多方关注。世界各国对可降解塑料的研究均已成为学界热点之一，这使相关技术创新能力不断增强，大力推动可降解塑料的工业化进程。

（一）欧盟法规不断推动生物降解塑料完善发展

欧盟委员会于 2019 年 6 月通过了关于一次性塑料的指令（EU 第 2019/904 号），旨在防止和减少某些塑料产品对环境，特别是水生环境和人类健康的影响，并通过创新和可持续的商业模式促进产品和材料向循环经济过渡。该指令应转化为国家法律，并自

2021 年 7 月 3 日起实施。欧盟地区历来是国际社会环境政策的领导者和推动者，全世界的塑料循环利用率仅为 15%，欧洲则为 40%—50%，其做法值得借鉴。欧盟成员国已制定了绿色公共采购的《国家行动计划》，超过 50% 的公共机构正在进行绿色采购。推行生产者责任延伸制度，生产厂家需要承担一部分回收利用的费用。德国的《防止和再生利用包装废物条例》则通过押金制度推动部分塑料制品的回收卓有成效。消费者若将塑料瓶等塑料包装，归还到指定回收点，便可领回最初包含在商品费用里的包装费。例如，假设一瓶水的价格为 1.25 欧元，它含有 0.05 欧元的"押金"。消费者每拿这样一个瓶子去回收点，便可领回 0.05 欧元的押金。欧盟正在就是否征收塑料税进行讨论，但是其具体政策是否会落地仍未确定。

（二）美国能源部推动"新型生物基塑料"计划

2020 年 3 月，美国能源部（DOE）宣布将提供 2500 万美元资金，用于塑料回收研究与开发，其下的生物能源技术办公室和先进制造办公室联合发布了题为"在填埋场和环境中去除热塑性塑料的生物优化技术"的项目，以支持具有高回收性的新型生物基塑料的研发，以及改进回收策略，将现有的塑料分解成可用于制造高价值产品的化学构件。能源部推出了 BOTTLE 联盟，由能源部国家可再生能源实验室、橡树岭国家实验室和洛斯阿拉莫斯国家实验室组成，通过与工业界和学术界合作，致力于开发新型塑料设计和塑料回收策略。除了资助项目，美国政府也免除了生物塑料树脂制造方面的税收。

（三）日本研发和应用"海洋中可降解塑料"

2019 年，日本环境省制定了《第 4 次循环型社会形成推进基本计划》，规定 2030 年之前日本要生产相当于目前塑料年产量 20% 的约 200 万吨生物质塑料。环境省致力于从化石资源原材料向生物质 / 生物降解塑料、纸、CNF（纤维素纳米纤维）等可再生资源转换。依照日本修订后《容器包装循环利用法》，从 2020 年 7 月起，日本将大幅推广厚度达到 50 微米、能够重复使用、100% 采用"海洋中可降解塑料"制作、生物质材料含量 25% 以上的塑料袋。日本三菱化学研发出的一种可在海水中降解的塑料袋，采用的是"Bio PBS"材料，主要由甘蔗等植物成分制成，利用了海水中的微生物来实现完全降解。

二、上海生物降解塑料产业的发展现状及面临挑战

目前为止，全球研发的生物降解塑料多达几十种，主要包括 PLA（聚乳酸）、PHA（聚羟基烷酸酯）、PBS（聚丁二酸丁二醇酯）、PBAT（聚己二酸/对苯二甲酸丁二酯）、PCL（聚己内酯）等合成这些材料的单体或者天然高分子材料等。其中，PLA、PBAT 是可降解材料未来的主要发展方向，在一些高附加值领域中，PHA 在医用植入材料中使用广泛。上海在 PLA、PBAT 等生物降解塑料领域集聚了金发科技、上海聚友、上海浦景、上海同杰良等一批代表性企业和技术，具备了发展降解塑料产业的基础优势。

（一）典型生物降解塑料产品发展概况

1. PLA（聚乳酸）

PLA（聚乳酸）是最常见的可降解塑料，是以乳酸为主要原料的聚合物。PLA 生产过程无污染，而且产品可以生物降解，使用后的 PLA 可以通过堆肥，在温度高于 55 ℃或富氧和微生物作用下降解为二氧化碳和水，实现在自然界中的物质循环，不会对环境产生影响。PLA 还具有可靠的生物安全性、生物可降解性、良好的力学性能和易加工性，广泛用于包装、纺织行业、农用地膜和生物医用高分子等行业。全球有过半 PLA 产能集中在美国的 NatureWorks 公司，其年产 15 万吨的生产线均在美国境内。国内企业起步较晚，距欧美企业尚有差距，特别是关键原料丙交酯的连续稳定生产技术尚未突破。上海同杰良生物材料有限公司生产的聚乳酸基料经过国家塑料制品质量监督检验中心检测，取得了欧盟 EN13432、GB19277-2003 标准、SGS 食品接触安全性检验等一系列检测认证。

2. PBAT（聚己二酸/对苯二甲酸丁二酯）

PBAT（聚己二酸/对苯二甲酸丁二酯）属于热塑性可降解塑料，一般以脂肪族酸、丁二醇为原料，经石化途径或生物发酵途径生产，既有较好的延展性和断裂伸长率，也有较好的耐热性和冲击性能。PBAT 因其石油基材料成本更低，技术工程更加成熟，投资强度更小，有望成为最大的可降解塑料品类。随着中科院理化技术所率先突破，2010年左右国内自主技术的 PBAT 工业化装置也开始涌现。金发科技是全球可降解塑料原料龙头公司，随着国内需求的提升，正加紧建设新产能和开发新的生物降解塑料，其建设

的 6 万吨共聚酯（PBAT）生产线和 3 万吨 PLA 生产线将投产。上海聚友化工是 PBAT、PBS 等生物可降解聚酯聚合解决方案提供商，拥有"连续制备生物可降解塑料的设备及系统"专利，包揽了国内 90% 以上 PBAT 装置市场，80% 的产能来自聚友化工的装置。

3. PHA（聚羟基烷酸酯）

PHAs 类可降解塑料含有聚羟基脂肪酸酯（PHA）、聚 3- 羟基丁酸酯（PHB）、3- 羟基丁酸酯和 3- 羟基戊酸酯的共聚物（PHBV），以及 3- 羟基丁酸酯和 3- 羟基己酸酯的共聚物（PHBH）。PHAs 类可降解塑料是细菌在生长条件不平衡时的产物。PHA 可用于一次性用品、医疗器械手术服、包装袋和堆肥袋、医用缝线、修复装置、绷带、骨科针、防粘连膜及支架等领域。上海浦景化工独立开发享有全部知识产权的"合成气制乙醇酸技术"，可制备出 99.6% 以上的高纯度乙醇酸晶体产品。

（二）上海生物降解塑料产业发展面临的挑战

上海生物降解塑料产业仍处于导入期，与国内众多省市有着诸多共性瓶颈问题，产业发展还需要加强产业引导、完善标准体系，进一步加大对核心技术的研发和产业化。产业发展面临以下几个方面挑战：一是产业结构尚不合理。生物降解塑料企业规模小而散，高端产能不足，低端产能面临过剩风险，面临新一轮产业升级的挑战，需要进一步加大对关键核心技术研发和产业化的支持力度。就主流的生物降解材料 PLA 产品来说，国内企业才刚刚起步，其技术距欧美企业还有较大差距，关键原料丙交酯的连续稳定生产技术尚未取得突破；PBS 产品的生产技术国内企业已经掌握，但在连续稳定生产方面还需进一步提升；聚羟基烷酸酯（PHA）产品技术处于全球先进行列，但生产成本还有较大下降空间。二是行业标准稍显滞后。可降解塑料的标准化工作开展得较晚，前期主要以国外先进标准为蓝本进行一定的修改，或者直接等效使用国外标准，目前仍存在相关标准老化、缺失、滞后等问题。GB/T20197-2006 规定了降解塑料的术语和定义、分类和标志、降解性能要求、试验方法，其标龄接近 15 年，适用度已有显著下降，尤其是氧降解塑料问题。三是价格竞争力亟待加强。目前，可降解塑料的成本还是远高于传统的聚丙烯 PP、聚乙烯 PE。可降解塑料市场规模巨大，之前储备的原料产能并不能在第一时间 100% 满足市场供应，且原料产能的建设速度要明显慢于制品加工产能建设，从而导致原料价格上涨。随着国内可降解塑料行业进入产能快速扩张、消费需求上扬的阶段，相信从生产源到消费终端，全产业将对环境友好型材料达成共识，市场需求量和生产规模会越来越大，可降解塑料生产成本将会越来越低。

三、加快发展上海生物降解塑料产业的对策建议

目前，塑料污染已经成为全球共同关注的焦点环境问题。工信部制定了《"十四五"工业绿色发展规划》，把塑料污染治理作为工业绿色发展的重要内容，鼓励发展高端可降解材料，在技术创新、产业化应用等方面加强政策引导，推动生物降解塑料企业开展技术创新、科技成果转化和产品应用，对于科学稳妥推广替代产品做了进一步部署。"十四五"期间，生物降解塑料产业将迎来广阔的发展前景，上海亟须发挥先行先试机制，推进生物降解塑料替代进程，大力支持相关产业的研发、生产和使用，打造未来新的产业增长极。

（一）加快核心技术研发和产业化

以金发科技、华谊集团、上海塑料研究所等龙头企业为引领，引导产业合理布局，完善可降解塑料产业化应用的补贴政策，加强产业协同攻关，开展不同类型降解塑料的降解机理及影响研究，加大可降解塑料关键核心技术攻关和成果转化，不断提升产品质量和性能，降低应用成本。

（二）加大塑料废弃物再生利用

进一步完善垃圾分类体系，明确可降解塑料废弃物的分类收集和分类处理方法。支持塑料废弃物再生利用项目建设，发布废塑料综合利用规范企业名单，引导相关项目向资源循环利用基地、工业资源综合利用基地等园区集聚，推动塑料废弃物再生利用产业规模化、规范化、清洁化发展。

（三）完善标识体系，建全检测认证标准

积极参与工信部可降解塑料与产品的标准标识体系建设，率先在上海试行可降解塑料制品的标识认证，建立可降解塑料制品可追溯体系，将可降解塑料制品生产企业信息和产品信息纳入数据平台；加强与国内权威的可降解制品质量检测认证机构的对接，建立健全可降解塑料制品检测认证制度。

参考文献：

【1】国家发改委：《科学认识可降解塑料等塑料替代产品　引导相关产业有序发展——政策解读之四》，https://www.ndrc.gov.cn/xxgk/jd/jd/202109/t20210915_1296639.html。

【2】陈家运：《可降解塑料投资"疯狂"　总规划产能远大于需求》，载《中国经营报》2021年5月22日。

【3】郭静原、袁勇：《替代品跟得上吗——可降解塑料制品市场调查》，载《经济日报》2021年4月6日。

以数字化转型加快推进上海农业高质量发展

数字技术的应用正加速传统农业各领域各环节的数字化转型，农业数字化转型具有巨大的发展潜力和广阔的应用前景，与其他行业相比，是一片未开发的蓝海。利用数字技术提高土地产出率、劳动生产率、资源利用率，带动农业产业融合发展，将促进形成高标准的农产品、高生产效益的农业产业、高效完备的生产经营体系，实现农业高质量发展。

数字技术逐渐深入到农业产业的各个环节，与农业加速融合，将更加深刻推动农业数字化转型。依托数字技术的领先优势和丰富的应用场景建设，加快推进上海农业数字化转型，以数字化引领都市农业现代化，将助力上海加速推进农业高质量发展。

一、上海农业数字化的现状基础

"十三五"时期，上海围绕"互联网+"推进三农服务和信息资源整合，为农业数字化转型提供了良好的基础。

一是农业数字化基础不断夯实。农业数据资源库已汇聚各类数据5亿条以上，年增数据 1 亿条，数据总量达到 4 T，农业云存储资源 60 T。汇聚基础地理空间数据、土壤环境、遥感与光谱影像等多源数据，完成 80 万亩粮食功能区、50 万亩蔬菜保护区、7 万亩特色农产品优势区、24 万亩水产养殖区的规划图落地。

二是农业生产监管数字化逐步完善。实现标准化生产和资源高效利用，促进农业全要素生产率提升。利用 GPS 北斗卫星导航技术的智能监控设备，有效提高大中型农业机械的使用效率。深入开展农产品质量安全专项整治行动，提高风险防范、监测预警和应急处置能力。

三是农业数字化产业链基本形成。持续打造"从田头到餐桌"的现代农产品产业链，提升农产品生产加工、仓储保鲜、冷链物流等农业全产业链数字化水平。建成光明都市菜园、多利农庄等一批线上线下相结合的生鲜农产品电商平台，进一步顺畅农村生产端和城市消费端联结通道。

二、农业数字化转型的趋势及上海面临的瓶颈问题

（一）农业数字化主要趋势

世界各农业大国和我国农业大省，都把数字农业和农业数字化转型升级作为发展战略重点和优先发展方向，在精准农业、环境监测、农业无人机、智慧温室、智能灌溉等领域加强数字技术应用，呈现以下主要趋势。

一是数字技术全环节应用。物联感知设备广泛部署，简化农业数字资源的收集、检查和全面分配，追踪掌握农作物生长情况、病虫害管理、农机使用状况等，实现农业生产精准化。农业机器人、无人机等的使用，全面提升农业劳动效率、农作物产量和收获效率。

二是生产经营全流程再造。农业生产和物流等传统基础设施数字化升级，破解农产品上市的"最先一公里"难题，实现产地和消费市场的链接。以电商、社交和直播带货为代表的网络销售渠道，实现农产品以销定产、以销优产的新模式。

三是线下线上全方位对接。农业产业链不断延伸，以及农业服务、生产者和消费者等产业链的全方位对接，形成了一系列新模式、新业态。逐步形成标准化生产、集约化加工、网络化服务、品牌化营销体系，产业链供应链现代化水平明显提升。

四是管理服务全生命周期。数字技术持续融入农业生产全过程，推进农业投入精准高效、生产过程精准可控、农产品全程可追溯和全环节精益化管理。物联网、大数

据、节水灌溉、测土配方、生物防治等新技术的应用，有效提升生态环境治理全程感知可控。

（二）上海农业数字化转型面临的瓶颈问题

上海在农业生产智能化、经营网络化、管理数据化和服务在线化方面已具备良好基础，对标打造全国数字农业的标杆典范，仍存在以下瓶颈问题。

一是数据资源应用的深度有待提高。一方面数据采集的及时性和自动化程度还不够，并缺乏统一的数据标准，阻碍数据实现更广泛的汇集。另一方面数据价值的挖掘仍需进一步突破，特别是农户的经营数据、农产品的去向数据、农药化肥的供给使用数据、农产品质量数据等，有待开发形成更加丰富的农业数据应用产品，为农业数字化转型提供有效支撑。

二是公共平台赋能的广度有待提升。现有的农业信息化平台服务功能较弱，主要提供区域性、主体性的数据存储、查询功能，但监测功能、评价功能、调度功能、咨询功能等，有待进一步开发，特别是各类服务于生产者、消费者和管理者的专业性功能服务平台仍然缺失。

三是示范应用推广的强度有待加强。试点示范对农业科技创新引领和带动作用尚未显现，贯穿产前、产中、产后各关键环节的现代农业全产业链标准体系建设有待完善。上海数字农业发展基础、农业智能化生产、全产业链数字化管理等尚未形成大规模、强影响力的品牌效应，对周边和全国辐射服务能力较弱。

三、上海农业数字化转型的举措建议

在全面推进城市数字化转型和建设国际数字之都的进程中，农业数字化转型是不可或缺的重要组成部分。以数字技术全面改造传统农业、全面赋能都市农业，实现农业高质量发展，将是"十四五"时期上海农业发展的重点任务之一。

（一）深化农业数据资源创新应用

完善农业基础、生产经营、质量安全监测等数据体系，加大数据精准采集，促进数据共建共享。进一步挖掘农业数字化转型过程中产生的大量有用的农业数据资源价值，加快农业数据产品的开发，服务于农业生产经营各环节。加强农业数据与工业、服务业、金融业等产业的融合共享，促进农业产业进一步做大做强。

（二）提升数字技术融合应用水平

加快现代数字技术与农业生产技术、农业生物技术深度融合，建立以智慧农场为主体的现代农业生产经营体系，探索基于 5G 的农业物联网集成应用，打造无人农场、植物工厂、智能"车间农业"等生产模式，建设一批智能化菜（果）园等农业智能化生产基地和农产品中央厨房。

（三）加强全产业链数字化管理

夯实数字农业发展基础，推进蔬菜、水稻、特色果品、畜禽产品、水产品等生产过程的数字化监测和信息采集，推进产业链、供应链数据共享，生产端、销售端与监管端数据对接，加快推进农产品和农业生产经营主体数字化身份管理，实现全生命周期可追溯。提升都市农业设施装备水平、生产过程的数字化监测水平，全面提升全产业链数字化管理水平。

（四）完善数字化农业生态圈建设

加快构建包括消费者、运营商和农产品生产者在内的生态伙伴集群，引导农业生产基地、农产品加工企业、农资配送企业、物流企业等共建数字化农业生态圈，让消费者个性化需求与农业供给实现精准高效的对接，全面提升产业链各环节的协同能力，提高生态运营能力。

参考文献：

【1】上海市农业农村委员会、上海社会科学院信息研究所：《加快推进上海农业数字化转型研究报告》。

【2】李敏：《以数字技术推动农业数字化转型》，中国信息通信研究院政策与经济研究所政策研究部。

分类推进上海数字生活场景应用

在城市数字化转型的三个领域中，生活数字化相较经济和治理数字化，场景建设涉及面更广，但上海各区在推进过程中相对较为零散。本文对"数字生活"的场景从发起和推进主体端进行了分类，同时研究了上海各区在"数字生活"场景建设过程中可以改进的地方，最后针对不同类型的场景提出相对应建议。

一、对上海数字生活应用场景的分类

上海是全国首个提出整体推进城市数字化转型的城市，其内容包括经济数字化、生活数字化、治理数字化等三个领域。我们这里研究的"数字生活"主要包括了生活数字化和部分与人民群众生活息息相关的治理数字化。

"数字生活"的本质是以人为本，它以技术为载体，有多种多样的表现形式。但正因其表现形式多样，涉及领域较散，所以较难统一梳理和定义。我们在调研各区应用场景的基础上，按照建设及推进主体的不同，对"数字生活"进行了梳理，大致分为三类：纯政府类、纯市场类和融合类。纯政府类以政府为发起和推进主体，内容主要包括教育、卫生、文化、体育等公共服务，涉及面广且散。纯政府类"数字生活"因其鲜明的领域特色，一般又分为部门单打独斗和多个部门跨域合作两种主要推进方式。单打独斗的场景多集中在特定领域，所涉及数据维度或技术手段相对单一，建设难度相对较低，如上海市杨浦区文旅局打造"书界"O2O图书网借平台、在区级图书馆推出"手机借书"创新服务等。而部门跨域合作场景多从某一领域具体需求点出发，其所涉及数据维度或技术手段较为多样，需要不同部门共同合作才能实现完整的场景建设。如杨浦区"长护险评估服务全过程监管场景"，由区医保局结合区城运中心、区大数据中心、区体育局市民健身中心等现有信息资源，联通医保住院数据库、民政失独、救助、残联残障人士数据库与长护险服务数据库等对长护险大数据进行有效归集，从而打造全面的监管场景。纯市场类以企业、机构等为发起和推进主体，从市场需求出发，以收益为导向，以企业自发推进场景建设为主要形式。如达达集团建设的"本地即时配送智慧信息服务平台"、爱回收打造的"数字化全场景可回收物回收体系"等，都是针对市场需求点，用数字化手段推动传统模式的转型升级，进而提升生活服务品质。政府在其中主要扮演监管和治理的角色，其治理范畴涉及数字生活方方面面。融合类以政府与企业联合合作为主，融合企业市场化手段，推动政府服务品质提升。如尚体健康打造的乐活空间，专为长者提供室内健身场所与智慧运动健康服务。乐活空间由街道提供场地，购买部分服务，尚体负责投资建设、运营管理，对老年人公益收费，形成"政府拿一点，企业投一点，百姓付一点"的体育公共服务模式，提高了老人的参与感、获得感和幸福感，帮助弥合了数字鸿沟，是数字生活建设的有益探索。三类中主要以纯政府类为主，其他两类相对较少。

二、分类推进上海数字生活场景应用需改进的问题

（一）纯政府类项目

上海各区部门协同程度有待加强，涉及多部门的复杂场景建设牵头部门较难确定，且各部门在工作推进过程中力度不一；上海各区在数据处理方面普遍存在问题，数据质量达不到业务要求，数据碎片化、应用条块化、协同对接不到位、静态数据多于动态数据等现象仍较多存在；上海各区现有涉及跨部门协调、重视实战效能的应用场景数量较少，在涉及"管"和"防"的应用场景方面有所欠缺。

（二）纯市场类项目

上海在数字产业生态、产业链的打造方面还有待加强，2021 年 1—6 月，上海市信息传输、软件和信息技术服务业增加值为 1770.06 亿元，其 GDP 占比为 8.8%，同期北京为 3500.9 亿元，其 GDP 占比为 17.2%，整体规模与占比均小于北京，同时由数字产业链上下游企业协同获得规模效应未完全发挥。另外，政府的监管方式、现有的法律法规还有待适应新业态、新模式的转变。由企业牵头推进的数字生活项目在消费者隐私保护、数据使用范围、新的安全漏洞等方面存在问题，是传统监管难以管辖的。

（三）融合类项目

现有的市场力量还未很好地激发出来。目前上海各区涉及民生的数字生活项目配套硬件设施大部分靠政府拨款，资金有限，场景建设、试点推动力度小。政府和企业的合作模式还有待探索，现有模式还是多以政府按比例提供资金、为项目提供场地等，相对较为单一。政府数据开放以及与社会数据融合方面有待进一步加强，数据分析对于管理决策支持度不够，公共数据价值未能得到有效体现，数据资源社会化利用程度不高。

三、对上海数字生活场景应用分类推进的建议

（一）纯政府类项目

绩效考核激励工作，容错机制托底试错。要将数字化场景建设工作与各委办局绩效考核挂钩，引导各部门积极挖掘各领域尤其是涉及"管"与"防"方面的需求点，进一步量化任务目标，明确落实步骤、实施路径和阶段成效；鼓励场景应用、建设过程中的创新突破，建立相应激励与容错机制，让数字生活场景应用敢想敢做。

市区资源互融互通，部门条块联动协作。应整合上海市、区两级在"数字生活"场景建设中的资源，推进互融互通，在保持各区特色的基础上实现资源共享。强化区域内条块联动，推动跨部门、跨层级、跨领域的协作，为场景建设实现搭桥通路。

建立数据编目机制，规范数据共享原则。全面摸清上海各区公共数据的底数，建立数据编目机制，形成衔接一致、完整有效、动态更新的数据资源目录。上海各委办局以共享为原则，不共享为例外，梳理各自数据清单，建立以应用场景为基础的授权共享机

制，推动区内、市区数据共享效率不断提升。

（二）纯市场类项目

持续推进产业发展，构筑蓬勃数字生态。立足数字长三角实践引领区建设，以张江在线、长阳秀带等在线新经济特色园区为引领，打造数字经济特色集聚区，培育领军产业集群，吸引数字骨干产业，构建蓬勃的"数字生活"产业生态。

支持数字创意活动，搭建人才沟通平台。支持头部企业、各大高校等举办数字创意相关比赛、展览、讲坛等活动，通过活动提升数字创意产业企业与人才综合发展能力，进一步完善搭建数字人才沟通交流平台，打造上海市人才创新强阵地。同时鼓励企业对活动中有潜力、市场高度关注的创意进行深度挖掘，对由此衍生建设的标杆场景进行一定比例的奖励。

提升新业态监管能力，做好数字城市"使能者"。针对不断涌现的"数字生活"新产业、新业态、新模式，各部门应做到精明敏锐、开明开放，不断推动业务创新、管理创新和服务创新，来迎合市场对效率和公平、创新和保护的需求等更加多元的需求。

（三）融合类项目

鼓励企业积极参与，充分发挥市场作用。要深入思考数字化转型中政府、社会、企业三者关系，充分发挥市场机制作用，鼓励生活服务类、数字治理类企业更多地参与到场景的建设和应用当中，参与"揭榜挂帅"应用场景工程，打造共性数字生活开发平台。

健全数据管理机制，深化数据开放共享。建立并健全数据管理机制，构建分领域、分行业、分区域的科学的数据资源体系，同时各部门之间构建数据收集、协调及发布机制以及互相连通的相关服务应用体系，让规定内的政府数据能够及时、准确实现共享及开放，企业可及时获取场景建设所需信息。

注重应用场景牵引，推进实现规模化应用。深入听取意见建议，找准找足各领域高频急难问题，针对场景应用的高频、急难事项，重点推进研究和应用，形成需求与供给相互促进、相互赋能的良性互动，推动应用场景"由零到一"向"一到一百"的整体性转变。

参考文献：

【1】上海统计局：《2021年上半年上海市国民经济运行情况》，https://tjj.sh.gov.cn/tjxw/20210721/4004bbe4f8c148559c066e7a99151460.html（上海统计局，转载时间：2022年4月10日）。

【2】北京统计局：《上半年全市经济稳步恢复向好》，https://www.beijing.gov.cn/gongkai/shuju/sjjd/202107/t20210719_2439308.html（北京统计局，转载时间：2022年4月10日）。

加快上海社区生活数字化转型

　　社区邻里是城市承载居民生活、实现社会治理、提供公共服务的最小单元，也是构筑全民畅享的数字生活的基础平台，因此有必要对目前上海社区生活数字化转型发展现状梳理总结，有助于了解上海市社区数字化整体转型进度。通过现状梳理和特点总结，笔者发现社区生活数字化存在转型建设系统性不足、建设运营长效机制缺乏、场景开放度不足、数据安全和隐私保护不足等问题。因此，建议加快出台相关规范指南，强化社区数字化转型指引，通过搭建多方合作平台、加强资金支持、强化数据安全保障、释放数据要素价值等方式促进上海市社区生活数字化转型。

　　全面推进城市数字化转型，是上海"十四五"规划确定的重大战略，也是面向未来塑造城市核心竞争力的关键之举，是上海主动服务新发展格局的重要战略。社区邻里是城市承载居民生活、实现社会治理、提供公共服务的最小单元，也是构筑全民畅享的数字生活的基础平台。通过总结上海市社区生活数字化发展特点，希望以小见大，助力了解城市数字化转型的整体特征。

一、上海社区生活数字化转型的发展特点

（一）智能终端设备加速迭代，社区正成为未来科技试验场

随着云计算、大数据、物联网、人工智能等新一代信息技术与生活服务的广泛深度融合，社区居民生活形态加速向数字化转型，生活方式正发生深刻变革。从智能终端服务载体看，垃圾分类、健康筛查、养老服务、体育健身等领域的社区服务智能终端载体加速迭代更新。同时，越来越多的社区正成为未来科技试验，如嘉定区安亭新镇永辉超市成为"白犀牛"无人配送实验门店，杨浦区新江湾城街道为预防阿尔兹海默症首创线上快速筛查工具。

（二）生活服务平台全面开花，优质服务加速下沉社区

随着本地生活服务企业的加速布局，社区生活服务平台涵盖治理、医疗、健康、养老、生活服务、文旅等方方面面，领域覆盖范围越来越广，社区行业服务面不断扩大。同时，平台功能越来越集成化，如集门诊预约、远程医疗、药品配送、风险管理、信息查询、养老管家等功能于一体的智慧养老综合服务平台，集商业社交、衣食住行等服务于一体的智慧生活服务平台。智能化、一体化的生活服务平台推动更多优质资源和服务加速下沉社区，打通居民服务"最后一公里"，不断提升居民生活便利性。

（三）市场主体日趋多元化，场景建设模式不断创新

随着城市数字化转型的全面推进，社区生活场景开放度越来越高，吸引越来越多的市场主体参与其中，从线上电商平台企业到线下实体企业、从国营企业到民营企业、从生活服务头部企业到创新创业型企业，市场参与主体日益多元化。同时，市场主体不断创新社区生活场景开发和建设模式，如企业与街道、业委会、居委会、物业等社区利益相关者的合作，以及线上平台实体企业合作模式、大中小企业融通发展模式，通过场景共创共建形成新的场景合作模式，如喜马拉雅有声书通过数字二维码参与社区党群服务中心数字图书馆建设。

二、上海社区生活数字化转型中存在的问题

（一）转型建设系统性不足，服务碎片化现象明显

目前社区生活数字化转型主要围绕 11 个标杆场景建设进行，总体仍处于"单点突破"阶段，尚未形成全方位布局。同时，调研发现，社区应用服务碎片化现象明显，一方面，大部分街镇或社区已布局的智能产品或服务平台呈现"信息孤岛化"，各个服务模块之间尚未实现有效衔接；另一方面，场景开发和建设生态链条上各环节未形成顺畅闭环，基层不同部门、基层部门与企业、企业与企业之间缺乏多方创新合作和协同发展机制。总体而言，社区生活数字化转型缺乏系统性的建设理念、整体性的规划和统一的建设标准，在讲述好数字化转型故事、构建社区数字化美好生活愿景方面，任重道远。

（二）建设运营长效机制尚未形成，盈利回报模式有待探索

长效运营是数字化转型可持续发展的重要基础，但目前绝大部分街镇数字化场景以平台建设和搭载为主，尚未形成场景建设运营长效机制。从推动主体看，以政府部门为主，市场主体的主观能动性、居民数字化需求有待进一步激发。从产品生命周期看，场景建设仍以进入期培育阶段为主，可持续发展模式仍在探索阶段。从资金来源看，项目建设和后期运营维护以财政资金为主，特别是社区公共服务方面，尚未形成有效的盈利回报模式。

（三）社区数字化场景开放度不足，场景使用率较低

通过调研发现，部分社区的综合服务中心或党群服务中心已形成一站式、一体化、多功能的智能共享服务空间，但场景开放度不足、空间使用率较低，存在一定的闲置现象。一方面，因疫情防控和区域功能限制开放等客观原因导致服务人群范围确实较窄，场景开放度较低。另一方面，部分社区缺乏数字化宣传手段（如建立线上预约通道等），导致空间闲置现象时有发生。

（四）数据安全保障和隐私保护机制缺乏，要素价值难释放

社区生活与居民息息相关，数字化社区不仅涉及公共数据安全，更涉及居民个人隐私信息。社区数字化转型要实现可持续健康发展，必须消除人们对个人信息收集、使用

过程中的不透明与不确定性的担忧。目前，社区生活数字化转型缺乏强有力的数据安全保障和隐私保护机制，特别是社区公共数据和居民用户数据所有权归属、数据授权使用合理合法合规性等内容缺位，导致企业在数据授权使用方面存在不确定性，数据作为新型生产要素价值难以释放。因此，只有找到数据利用和安全的平衡点，才有利于社区数字化转型发展行稳致远。

三、加快上海社区生活数字化转型的对策建议

（一）强化规范导引和机制保障，助力社区实现全方位赋能和整体性转变

聚焦社区共性需求，加快出台相关规范导引，将社区生活数字化建设打造成为连接城市数字化转型与居民高品质生活的桥梁，助力社区构建数字化美好生活新愿景。依托规范导引，强化政府在场景布局、市场准入、数据安全保障和个人隐私保护、多元评价等方面机制保障建设。以示范变规范、标杆变标准为导向，引导社区向更高层次数字化方向转变。

（二）多措并举提升资金保障支持，助力社区构建多方协同、长效稳定、高效共赢的建设运营新生态

搭建多方合作平台、建立揭榜挂帅机制，充分发挥市场在社区数字化转型中的主导作用，多方协同打造社区数字化转型标杆场景。建立完善有效的激励机制，设立社区生活标杆场景专项资金，加大对社区生活数字化转型资金扶持力度，引导更多市场主体参与转型建设。同时，引导金融机构创新产品种类，增强对参与社区生活数字化转型中小微企业信贷投放力度，缓解市场主体场景建设前期资金投入压力，以保障市场主体后续运维服务，使得社区数字化转型从以场景建设为主向长效运营转变，推动形成市场主导、政府引导的多元参与、多方协同、长效稳定、高效共赢的运营生态，打造互利共赢的生态圈。

（三）充分挖掘社区数据要素价值，探索社区数据交易可行性和数据科研价值转化新路径

依托《上海市数据条例》，建立和完善社区数据安全保障机制和个人隐私保护机制，明确数据归集、授权使用等方面的合理合法合规性。依托上海市大数据交易平台，鼓励

科研机构加强社区数据清洗加工规范、数据交易定价机制等方面研究，通过数据交易实现价值创造，激活市场主体参与数字化转型的主观能动性。探索建立社区数据科研价值转化机制，通过设立"数据科创转化中心"等机构，充分发挥社区数据在医疗、健康等领域的潜在科研价值，打造科学研究新路径。

（四）以居民满意度和场景使用率为导向，建立转型场景多元化评价与考核机制

依托相关规范指引的编制，以急难愁盼问题为导向，以居民满意度为考量，以场景使用率为核心指标，建立以量化指标为依据的多元化场景考核和评价机制，实现建设指引、评价导则和评测指标一体化。同时，从建设运营模式方面，创新转型场景考核机制，探索发现优质社区场景投资运作模式和盈利回报机制，形成可复制可推广的经验。

（五）加强数字化理念和思维宣传，以"数字启民"激发数字化转型需求牵引力

加强对政府管理人员、基层治理人员、社区工作者和居民群体的数字化理念和思维宣传，通过"数字启民"，激活用户市场需求，推动基础单元整体性数字化转变。扩大已建场景数字化宣传，使优质服务精准触达所有居民，通过居民数字化体验产生更多新需求，有效发挥需求对供给的牵引作用。

参考文献：

【1】国家信息中心智慧城市发展研究中心、中睿信数字技术有限公司：《智慧社区建设运营指南（2021）》2021 年 10 月。

提升上海网络安全保障能力

随着城市数字化转型的不断深入，城市面临更复杂的网络安全潜在风险，对城市的网络信息安全保障能力提出更高要求。对标城市数字化转型目标和其他兄弟城市，上海的网络安全产业仍有进一步提升空间。本文从技术创新、产业发展、制度建设三方面提出提升上海网络安全保障能力的举措建议。

城市数字化转型浪潮下，由数据、系统、平台等信息化要素组成的虚拟世界和现实世界之间的交互越来越频繁深入，城市整体性转变、全方位赋能、革命性重塑的进程对城市网络安全保障能力提出了更高要求。随着《网络安全法》《个人信息安全法》等相关法律法规的出台，上海网络安全领域的制度基础进一步健全，为提升城市网络安全能力打开更大的发展空间。

一、城市数字化转型对网络安全能力提出更高要求

（一）万物互联需要更安全的网络安全环境

工业互联网不断渗透、智慧城市不断建设发展、智能化家居广泛应用，数字化技术

的赋能形式使得万物互联成为可能，更多设备得以在虚拟平台中互联互通，同时也暴露在更加开放的网络环境中，容易引发外部的恶意攻击。特别是在工业领域，数据要素的价值较高，对网络的准确性、低延时等性能要求严格，即使是生产链条中的局部遭受破坏，也可能影响所有的生产系统，从而造成严重的危害。相比于之前较为封闭的工业体系，工业互联网时代面临更多的潜在威胁，因此需要构建一个更加稳定安全的网络环境以适应虚拟平台化的生产模式变革。

（二）实现全面的网络安全对多层次合作提出更高要求

长期以来，我国的网络安全企业多以深耕细分赛道、构建竞争优势为主。行业统计数据显示，从软硬件到信息服务，市场上的网络安全产品线可达 60 多种小类；政企主体为防止安全产品的独家专用性，多采用刻意的分散招标，也导致了网安行业的分散化发展。但是，数字化转型的实践既需要基础软件提供商负责底层可用性、安全性、完整性方面的保障，也需要应用系统平台提供安全可信服务，同时对可能存在的数据协作方以及业务方自身的网安意识、能力提出要求。因此，为构建全面安全的网络安全环境，需要网络安全产品之间提升协同性和融合性。

（三）网络安全领域的"软实力"仍需同步强化

除了网络安全保障的技术产品实力进一步创新强化外，网络安全领域的制度、人才两方面的"软实力"也需要在数字化转型过程中不断完善。随着技术创新应用的不断增强，制度上仍需要从国家和地区的法规、行业标准、企业主体的网安制度等层面加强网络安全的制度建设，特别是在数据安全方面，需进一步研究数据所有权的形式特征，明确数据合规使用的范围和形式；人才建设上，现有网络安全人才体系呈现底部过大、顶部过小的结构，多面手型的技术型人才，既懂业务又懂技术的复合人才，具有战略规划、架构设计能力的高级人才仍然普遍缺乏。

二、上海网络安全保障的发展现状

（一）城市数字化转型目标需要上海打造领先且完备的网络安全环境

上海作为城市数字化转型的先行实践者，新型基础设施建设步伐较为领先，数字化技术创新活跃，数字化技术应用较为广泛深入，牵引带动网络安全能力的同步提升，也为网络安全技术创新提供了丰富的场景要素资源。对标建设国际数字之都的发展目标，具备先进全面的网络安全保障能力应是城市数字化转型架构中的重要支柱和应有之意。

（二）现有网络安全保障能力有待进一步提升

从现有的网络安全能力来看，上海在制度建设探索上较为领先，并在个别细分技术领域呈现发展优势。2021 年，上海相继发布《上海市数据条例》《上海市建设网络安全产业创新高地行动计划（2021—2023 年）》等法规政策，为网络安全能力的提升奠定基础。在技术积累和创新方面，上海在国产操作系统、中间件、数据库等基础产品，行业软件和国产密码应用方面具有比较优势，形成了独具特色的产业创新特色，并紧抓技术应用的前沿，树立了工业互联网、云计算、大数据、人工智能等网络安全创新应用标杆。

但是对标北京、深圳等城市，仍存在提升改善空间。一是技术层面，在拟态防御、可信计算、零信任安全等前沿技术方向上，以及"区块链 + 安全"、工业互联网安全等产业增长方向上布局的项目还不多。二是产业集聚方面，上海网安产业整体规模不大，尚缺乏网络安全领域的龙头企业；根据《2020 年 1—11 月国内网络安全行业投融数据》，上海获投融资企业数量占比不足 25%，落后于北京、深圳等地，成长性企业培育力度也可进一步强化。三是生态建设方面，目前上海网络安全发展的资金扶持力度不大，以网络安全为主题的园区载体、产业联盟建设不多，产业集聚发展效应不显著。

三、提升上海网络安全保障能力的对策建议

（一）引导加强需求牵引技术创新布局

鼓励在沪高校、研究机构积极研究探索网络安全领域的核心技术，在进一步增强密码学、专用芯片等优势特色的同时，向技术前沿方向进一步拓展。支持人工智能、区块链、物联网领域的企业发挥技术优势，与网络安全技术融合，加快前沿领域与关键领域的技术攻关突破。引导网安服务商和人工智能、区块链等技术服务商的技术合作，推动产品融合创新。瞄准工业互联网、数字新基建等具有成长潜力的应用方向，依托丰富的场景项目资源，推动供需对接，深挖行业安全防护的重点难点，打造具有行业竞争力的通用性产品。支持产业链不同层级企业围绕云计算、工业互联网、智慧城市等重点领域联合打造覆盖全面的安全产品，引导企业在巩固技术优势的基础上加快向服务化转型。

（二）推动网络安全产业进一步壮大

依托政企信息化建设项目，进一步提升公共领域的网络安全投资支出比例，助力网络安全产业的进一步聚集壮大。加快网络安全领域的企业招引，培育发展一批在主动防御、漏洞图谱、零信任等前沿领域快速成长的企业，进一步提升相关园区载体的规模和发展显示度。在企业扶持资金、产业优惠政策、人才政策等方面探索适当加大对网络安全领域的倾斜，助力网络安全产业的进一步聚集发展。

（三）加强制度创新提升安全发展共识

发挥地方立法优势，围绕数据权属等关键领域，进一步探索引领网络安全领域的制度建设。在重点企业深化落实企业首席信息官制度，提升企业的网络安全防护意识，完善企业的网络安全制度建设。围绕工业互联网、云计算等高频应用方向，加快形成行业网络安全标准体系，缓解企业在数字化转型中想转而不敢转的担忧，助力相关技术的进一步扩散应用。探索完善基于不同行业的安全产品评价体系，引导企业合理规划网络安全产品的投资布局，助力增强网络安全保障能力。

参考文献：

【1】华西证券：《网络安全产业深度报告：拐点之时，格局之变》2021年3月2日。

以 5G 赋能智慧城市建设

2020 年初，中共中央将"5G 基建"确立为"新基建"的首要建设内容。同年 3 月，中共中央政治局常务委员会明确提出"加快 5G 网络、数据中心等新型基础设施建设进度"，5G 正式成为我国"经济发展的新动能"。工信部表示要加快 5G 商用步伐，加大 5G 基站建设力度。而高带宽、低延时的需求使得 5G 网络架构与传统的 2G/3G/4G 网发生较大变化，对 5G 工程建设以及相关产业发展带来一系列挑战。本文旨在对 5G 基础设施建设、产业发展、应用现状进行分析，对存在的问题提出对策建议。

一、我国 5G 发展的现状分析

（一）5G 基础设施建设进展

截至 2021 年 8 月，我国已开通建设 5G 基站 99.3 万个，覆盖所有地级市、95% 以上的县区和 35% 的乡镇。5G 基站选址需综合考虑性能、配套、兼容性及使用要求，特别是基站设备必须与移动交换中心相兼容或配套，才能取得较好的通信效果。

而利旧站点 2G/3G/4G/5G 共存，造成天面资源紧张。5G 的高带宽对回传业务的速率要求迫使对承载设备以及网络设备进行扩容，新设备的增加使得站点功耗以及楼顶承重接近极限，电源设备急需扩容，基站建筑结构急需升级。2019 年，我国 5G 基站耗电量在全社会用电量的占比约为 0.05%。2023 年将达到 1.3%，到 2026 年将增至 2.1%。5G 的高频段信号造成损耗增加，辐射半径减小，基站数量增多，辐射纠纷频发，新站点变得越来越难协调。

（二）5G 产业发展态势

5G 相较于前几代移动通信技术，设计理念新颖，功能更加强大，5G 产业的快速发展将带动我国通信设备产业、智能终端产业、信息服务行业取得突破性进展。但与此同时，射频等底层关键领域技术还不成熟，我国在 5G 高频材料器件领域与美欧等发达国家存在较大差距，核心技术对外依赖度还很高。

从产业自身发展来看，各国为争夺 5G 标准制定权，纷纷加快推进 5G 技术研发、技术试验和网络部署，产业竞争异常激烈，商用时间节点不断前推，5G 产业化速度已追平技术试验和标准制定速度。我国 5G 专利数居全球首位，在 5G 标准制定中处于优势地位。然而，近年来，美国接连制裁中兴、华为等通信设备企业，并以国家安全为由联合澳大利亚、日本等国家拒绝采用华为、中兴等企业的 5G 研发技术。外部环境的变化和产业方面的过度竞争，将大大增加我国 5G 发展的不确定性和成本压力。

（三）5G 应用场景分析

5G 的运用将解决多样化应用场景下差异化性能指标带来的挑战。上海加快推进 5G 应用场景的落地，开展了一系列基于 5G 的应用创新和端到端测试，包含了无人驾驶、高清视频、智慧城市、工业互联网、智慧金融等行业应用。

1. 5G+ 智能警务。2019 中国国际进口博览会期间，蔚来与上海公安共同研发的 ES8 版"智慧巡车"，搭载了先进的巡逻车车载动态识别系统、"警务小百科"语音交互系统等，配合车载 5G 高速网络传输设备，具备动态画面监控、实时数据分析等功能。2020 年 7 月，"智慧巡车"+"可视化警务"为上海高考保驾护航，通过智慧巡车的采集、研判、实时传输功能，可以帮助民警第一时间发现交通堵点，并通过数据研判筛选人流疏导最优方案，为现场警力调度提供精准数据支撑。

2. 5G+ 智慧医疗。上海市第一人民医院与上海移动共同打造首个 5G 智慧医疗联合创新中心，将市一医院建设成为全国 5G 智慧医疗示范标杆，积极推进远程医疗、区域合作、智慧就医、智慧物联、人工智能等医疗信息化建设。在 5G 技术支持下的院前急救联动系统中，救护车中的急救医生和目的医院无需对讲机和纸质病情告知书等，能够实时掌握患者情况。同时，患者也能享受到医疗专家的在线诊疗服务，为后续的治疗赢得宝贵时间。

3. 5G+ 智能巡检。上海宝信软件公司提供的基于 5G 无人机技术钢铁能源动力巡检智能系统解决方案，改变了传统人工攀爬登高目视巡检模式，实现多维度能管现场可视化展现及巡检管控中心直播，无人机自动驾驶实现"一键巡检"，能够每年减少 200 万元人力投入。上海赛科筹建的"基于 5G 网络的电子巡检系统"，将 GPS、图文视频交互、电子围栏、巡检轨迹等与管理系统相结合，实现巡检全过程可视可控，改善现场人员控制，提升现场巡检的移动化、智能化水平，从而确保现场巡检作业有序受控，提高安全管控能力。

4. 5G+ 智能驾驶。2020 年 10 月，中国移动发布全球最大的"5G+ 高精定位"系统，在洋山港区域完成 56 个 5G 基站及 4 个高精定位基准站建设，提供高精度定位、V2X（车对外界的信息交换）人车路协同平台服务，实现集卡编队自动驾驶。在复杂作业环境下，集卡车辆可在 15 秒内自动完成货物装卸，同时自主规划路线精准运输到指定地点。此项应用极大提升了东海大桥的通行能力，释放了洋山港的吞吐潜力。洋山港也成为全国首个实现"5G+ 智能驾驶"的智慧港口。

二、5G 赋能智慧城市建设存在的问题

（一）5G 基础设施建设空间受限

1. 基站机房空间受限。5G 网络的建设需要对 4G 站点进行升级改造，例如需要新增电源柜和蓄电池，需要新增 5G 网络设备，这将造成基站机房拥挤，无法为后续维护升级工作提供空间。

2. 基站天线空间受限。由于 5G 采用了 MassiveMIMO 技术，32T32R 和 64T64R 作为 5GAAU 的主流设备，因此基站需要安装大规模射频天线。这些天线的重量沉重、体积庞大，同时也会存在 2G、3G、4G、5G 天线共存的情况，造成本就不足的天线空间无法再容纳 5GAAU 天线。

（二）5G 产业链薄弱

1. 5G 芯片领域。中国 5G 芯片受到了全球芯片紧缺的影响，从汽车到手机，甚至路由器、摄像头的 5G 芯片也出现了短缺的问题。这凸显了我国 5G 芯片在研发制造领域的技术短板，尤其是高频段、大带宽的射频器件以及测量仪器设备。

2. 5G 应用领域。汽车行业的车联网、自动驾驶成为发展趋势。车联网实现的是车与万物的互联，依赖低延时高速率的可靠互联网传输平台，这需要路侧基础设施部署覆盖率和车载终端部署渗透率的支撑。覆盖全国高速公路和城市道路将面临基础建设投资巨大、回报不确定等问题，同时还具有承担法律安全责任的风险。

（三）5G 需进一步深化融入应用场景

1. 5G 刚性应用场景较少，缺乏"杀手级"应用。虽然 5G 网络已在车联网、智能制造、无线医疗、联网无人机等领域逐渐成熟，经济价值逐步显现，但目前 5G 网络还未涉及核心业务，缺乏个人刚性应用场景，"杀手级"应用仍有待挖掘。

2. 企业资金投入大，难以按期回本。目前，5G 网络扔处于探索商业模式阶段。企业对于 5G 网络建设投入成本巨大，但经济效益见效周期长，无法预测收回成本的具体时间。

3. 5G 门槛高，企业建设基础薄弱。目前，我国的市场主体是中小企业，这些企业普遍存在信息化基础薄弱，数字化普及率低，建设 5G 网络的意愿不强等问题，5G 网络的建设难度大。

（四）5G 消费者认可度较低

1. 消费者认为 5G 网络非必要。根据艾媒咨询《2020 年中国 5G 手机网民体验及态度调查报告》（以下简称《报告》），73.3% 的受访非 5G 手机用户认为大众目前没有购买 5G 手机的需求。5G 在针对个人消费者方面缺乏革新性应用产品，4G 网络仍能满足用户基本需求，5G 缺乏优势成为 5G 手机普及的最大障碍。

2. 消费者认为 5G 资费高。《报告》中指出，有近 49.2% 的受访 5G 手机用户认为目前套餐价格过于昂贵是其最大问题。应用生态的不完善以及昂贵的价格，导致 5G 手机性价比受到质疑。

3. 5G 手机网络体验及省电程度均未达用户预期。5G 手机在总体体验上与市场预期仍有差距，由于可用城市、信号等因素，用户体验较差。同时由于配置提升导致的耗电量增高也对用户体验造成负面影响。

4. 消费者缺乏对 5G 网络的正确认识。不少消费者认为移动通信基站会产生对人体有害的辐射。5G 网络的出现以及高密度的 5G 基站的建设，再次引起了人们对于辐射问题的恐慌。

三、5G 赋能智慧城市建设的对策建议

（一）突破 5G 基础建设限制，扩大 5G 网络覆盖率

1. 优化电源方案。由于建设 5G 网络需要在原有基站中新增设备，因此基站将面临供电不足的问题。通过采用直流升压供电方式可减少电源转换设备的占用空间；通过采用光伏电站等绿色能源供电的方式，解决电力紧缺的问题；通过采用铁锂电池组等高新电池技术，在减少 UPS 系统体积的同时，增加其使用寿命及蓄电能力。

2. 加大 5G 基站建设力度。由于 5G 网络受到电磁信号覆盖范围小、原有基站可使用空间少的问题，通过加大 5G 基站建设力度，解决 5G 信号覆盖范围问题，打破原有基站空间不足的限制。

（二）突破 5G 薄弱领域，加快推动 5G 融合应用发展

1. 注重芯片技术研究。支持高校、科研院所等机构加大芯片产业基础技术研究，为核心技术突破奠定基础。制定产业链发展整体规划，逐步攻破 5G 芯片产业薄弱的环节。

2. 打造行业示范标杆。围绕制造、交通、医疗等市场需求旺盛、应用模式清晰的 5G 先锋应用领域，深入挖掘应用潜力，支持龙头企业先行先试，打造标杆项目。

3. 建设 5G 融合应用示范区。发挥地区优势，聚集多方资源推进 5G 应用产业集聚区建设。

4. 搭建协同创新平台，解决共性技术难题。聚集整合创新资源，集中力量开展产品研发、标准统一、模式创新等工作。

5. 对中小企业加大财政、金融政策支持力度。推动设立 5G 专项基金，支持符合5G 应用发展方向、具有广阔市场前景的科技成果转化。

（三）加快 5G 建设，提升消费者认可度

1. 推广 5G 应用场景。从需求端出发激发消费者刚需，充分发挥 5G 网络在通信传输方面的优势。让消费者充分认识到移动通信技术高度赋能我们的现代生活，使我们的城市更智慧。

2. 提升 5G 资费性价比。推广期实行 5G 资费补助，后续通过提升 5G 技术，达到降低 5G 建设和运维成本的目的，从而降低 5G 资费。

3. 优化 5G 技术。降低 5G 功耗，提升 5G 网络体验。

4. 加大电磁波辐射的科普宣传。通过举办线下科普讲座、线上科普活动，建立民众对电磁波辐射的正确认识，消除恐惧心理。

5. 建设伪装 5G 基站。针对民众对电磁辐射敏感问题，通过将基站伪装成空调外机、水箱、路灯等生活设施、植物、建筑物等，从而消除人们的抵触心理。

参考文献：

【1】中华人民共和国中央人民政府：《新型基础设施建设中蕴藏哪些新动能？》，（2020-03-06）［2021-12-08］. http://www.gov.cn/xinwen/2020/03/06/content_5487982.htm。

【2】中华人民共和国工业和信息化部：《工业和信息化部召开加快推进 5G 发展做好信息通信业复工复产工作电视电话会议》，（2020-02-22）［2021-12-08］. https://www.miit. gov.cn/xwdt/gxdt/ldhd/art/2020/art_db5e01b31ea440ae80434ff2c57546fb.html。

【3】杨桂川、许江、杨波：《5G 建设面临的挑战及解决方案》，载《数字技术与应用》2020 年第 9 期。

【4】海外网：《我国已开通建设 5G 基站 99.3 万个覆盖所有地级市》，（2021-09-01）［2021-12-08］. https://baijiahao.baidu.com/s?id=1709638664491033030&wfr=spider&for=pc。

【5】中关村在线：《5G 基站功耗惊人不容忽视 5 年后占社会总电量的 2.1%》，（2020-12-21）［2021-12-08］. https://baijiahao.baidu.com/s?id=1686634943986960330&wfr= spider&for=pc。

【6】中投顾问：《未来 5 年中国第五代移动通信技术的产业》，（2021-10-09）［2021-12-08］. https://baijiahao.baidu.com/s?id=1713133341952004666&wfr=spider&for=pc。

【7】新华网：《决胜 5G 新战场上海 5G 之花"绽放"》，（2020-09-15）［2021-12-08］.

http://www.xinhuanet.com/info/2020-09/15/c_139368913.htm。

【8】北斗卫星导航系统:《中国移动发布"5G+北斗高精度定位"路测计划》,（2021-04-22）[2021-12-08]. http://www.beidou.gov.cn/yw/xydt/202104/t20210426_22199.html。

【9】艾媒咨询:《2020年中国5G手机网民体验及态度调查报告》,2020年。

【10】陈宏:《浅谈移动通信基站电磁辐射对人体健康的影响》,载《中国无线电》2017年第12期。

图书在版编目(CIP)数据

城市绿色转型发展:"双碳"战略和上海选择/上
海市经济和信息化发展研究中心编著.—上海:上海人
民出版社,2024
(经信智声丛书)
ISBN 978-7-208-18899-0

Ⅰ.①城… Ⅱ.①上… Ⅲ.①城市经济-绿色经济-
经济发展-研究-中国 Ⅳ.①F299.21

中国国家版本馆 CIP 数据核字(2024)第 088592 号

责任编辑 于力平
封面设计 零创意文化

经信智声丛书
城市绿色转型发展
——"双碳"战略和上海选择
上海市经济和信息化发展研究中心 编著

出 版 上海人民出版社
     (201101 上海市闵行区号景路 159 弄 C 座)
发 行 上海人民出版社发行中心
印 刷 苏州工业园区美柯乐制版印务有限责任公司
开 本 787×1092 1/16
印 张 18
插 页 4
字 数 288,000
版 次 2024 年 7 月第 1 版
印 次 2024 年 7 月第 1 次印刷
ISBN 978-7-208-18899-0/F·2875
定 价 88.00 元